"十三五"职业教育国家规划教材

高等职业教育电子商务专业系列教材

电子商务基础

第3版

主　编　魏亚萍
副主编　高　歌　邱联章
参　编　孙秀平　张　倩　徐　琳　杨　瑾

机械工业出版社

本书为"十三五"职业教育国家规划教材。

本书是在前两版内容体系的基础上，融入最新电子商务理论研究及案例和实操内容修订而成的。新增了 O2O、C2B、P2P 等电子商务模式，以及移动技术、网络金融等电子商务发展的新趋势、新动态，对移动电子商务和跨境电子商务知识进行了梳理。全书共 9 章，包括电子商务概述、电子商务模式、电子商务信息技术、电子商务支付、电子商务安全、电子商务物流、网络营销、移动电子商务、跨境电子商务。每章都设计了学习目标，通过引导案例激发学习者探索将要进入的学习领域。每章还设置了技能实操，以期达到拓展职业技能、引导学习效果的目的。

本书可作为各类职业院校电子商务、物流、市场营销等专业的教材，也可作为中小型企业和贸易类岗位从业人员的培训参考书。

本书配有电子课件，选用本书作为教材的教师可以从机械工业出版社教育服务网（www.cmpedu.com）免费注册下载或联系编辑（010-88379194）咨询。

本书配套微课视频（扫描书中二维码免费观看），通过信息化教学手段，将纸质教材与课程资源有机结合，成为丰富的"互联网+"智慧教材。

图书在版编目（CIP）数据

电子商务基础/魏亚萍主编．—3 版．—北京：机械工业出版社，2018.6（2023.8 重印）
高等职业教育电子商务专业系列教材
ISBN 978-7-111-60190-6

Ⅰ．①电⋯ Ⅱ．①魏⋯ Ⅲ．①电子商务—高等职业教育—教材 Ⅳ．①F713.36

中国版本图书馆 CIP 数据核字（2018）第 160986 号

机械工业出版社（北京市百万庄大街22号 邮政编码100037）
策划编辑：梁 伟　责任编辑：梁 伟　王 慧
责任校对：马立婷　封面设计：鞠 杨
责任印制：李 昂
河北新华第一印刷有限责任公司印刷
2023 年 8 月第 3 版第 15 次印刷
184mm×260mm・13.25 印张・317 千字
标准书号：ISBN 978-7-111-60190-6
定价：39.00 元

封底无防伪标均为盗版

电话服务　　　　　　　　　网络服务
客服电话：010-88361066　　机 工 官 网：www.cmpbook.com
　　　　　010-88379833　　机 工 官 博：weibo.com/cmp1952
　　　　　010-69326294　　金 书 网：www.golden-book.com
　　　　　　　　　　　　　　机工教育服务网：www.cmpedu.com

关于"十三五"职业教育国家规划教材的出版说明

2019年10月,教育部职业教育与成人教育司颁布了《关于组织开展"十三五"职业教育国家规划教材建设工作的通知》(教职成司函〔2019〕94号),正式启动"十三五"职业教育国家规划教材遴选、建设工作。我社按照通知要求,积极认真组织相关申报工作,对照申报原则和条件,组织专门力量对教材的思想性、科学性、适宜性进行全面审核把关,遴选了一批突出职业教育特色、反映新技术发展、满足行业需求的教材进行申报。经单位申报、形式审查、专家评审、面向社会公示等严格程序,2020年12月教育部办公厅正式公布了"十三五"职业教育国家规划教材(以下简称"十三五"国规教材)书目,同时要求各教材编写单位、主编和出版单位要注重吸收产业升级和行业发展的新知识、新技术、新工艺、新方法,对入选的"十三五"国规教材内容进行每年动态更新完善,并不断丰富相应数字化教学资源,提供优质服务。

经过严格的遴选程序,机械工业出版社共有227种教材获评为"十三五"国规教材。按照教育部相关要求,机械工业出版社将坚持以习近平新时代中国特色社会主义思想为指导,积极贯彻党中央、国务院关于加强和改进新形势下大中小学教材建设的意见,严格落实《国家职业教育改革实施方案》《职业院校教材管理办法》的具体要求,秉承机械工业出版社传播工业技术、工匠技能、工业文化的使命担当,配备业务水平过硬的编审力量,加强与编写团队的沟通,持续加强"十三五"国规教材的建设工作,扎实推进习近平新时代中国特色社会主义思想进课程教材,全面落实立德树人根本任务。同时突显职业教育类型特征,遵循技术技能人才成长规律和学生身心发展规律,落实根据行业发展和教学需求及时对教材内容进行更新的要求;充分发挥信息技术的作用,不断丰富完善数字化教学资源,不断提升教材质量,确保优质教材进课堂;通过线上线下多种方式组织教师培训,为广大专业教师提供教材及教学资源的使用方法培训及交流平台。

教材建设需要各方面的共同努力,也欢迎相关使用院校的师生反馈教材使用意见和建议,我们将组织力量进行认真研究,在后续重印及再版时吸收改进,联系电话:010-88379375,联系邮箱:cmpgaozhi@sina.com。

机械工业出版社

前　言

互联网发展至今已走过 40 多年，前 25 年主要应用于学术领域，自 1994 年互联网商业化开始，中国也步入互联网世界。20 多年来，互联网应用于国民社会生活的方方面面。

信息技术和互联网的革新，使得电子商务已经渗透到人们生活的各个领域，成为主导社会经济和民众生活的主要形式。尤其是 2017 年政府工作报告中，"一带一路"建设、鼓励发展"互联网+"、支持"共享经济"发展、互联网与传统行业结合加快发展、农村电商融入新电商产业等的提出，给电子商务行业的发展提供了新的机遇。跨境电商、移动电商、农村电商、共享经济、新零售等都将成为电子商务的新方向。

本书是在前两版的基础上结合电子商务的新发展和新需求，对知识进行的更新。本书自 2006 年 6 月第 1 版至今，被多所院校使用，不仅被评为"2008 年度机械工业出版社精品教材"，而且承蒙各院校电子商务专业教师与学生们的厚爱，多次重印。在本书的编写过程中，仍沿用前两版的思路，贯彻"概念—技术—实际操作及应用"这一流程，由浅入深，循序渐进，以概念和方法为铺垫，重点放在电子商务系统的实际操作上，尽量做到理论与实际相联系，突出实用性，强化了应用与操作教学环节。由于网络技术的飞速发展使得模拟平台操作作用渐失，因此本书取消了电子商务师考证模拟实操内容。同时，在尽量保持前两版特色、组织结构和内容体系不变的前提下，为适应电子商务的发展，编者努力在电子商务行业案例、产业资讯、教学资料等内容的时效性方面进行更新和充实。

本书由魏亚萍任主编，高歌和邱联章任副主编，孙秀平、张倩、徐琳、杨瑾参加编写。其中，廊坊职业技术学院魏亚萍编写了第 1 章、第 3 章、第 6 章（部分内容）；高歌编写第 2 章、第 6 章（部分内容）；张倩编写了第 3 章（部分内容）、第 4 章；孙秀平编写了第 7 章；杨瑾编写了第 8 章；徐琳编写了第 9 章。江西现代职业技术学院邱联章编写了第 5 章。魏亚萍负责全书的框架体系设计、修订进程安排和统稿校对等工作，高歌协助完成了大量的工作。

本书在修订过程中，参阅了多位专家、学者的相关著作，借鉴了相关领域大量的新成果、数据和案例，在此表示衷心的感谢。同时，感谢编写团队成员们的辛勤付出。另外，也要感谢从第 1 版出版以来，一直给予本书支持的广大读者们，感谢你们的厚爱。

由于电子商务理论和应用仍在不断地发展和完善，加之编者水平有限，书中难免有所疏漏，敬请相关专家和广大读者提出宝贵意见。

编　者

二维码索引

序号	视频名称	图形	页码	序号	视频名称	图形	页码
1	体验新版阿里指数，调查浙江省电子商务发展现状		15	10	体验微信支付的流程		95
2	体验京东商城注册和购物流程		28	11	支付宝"余额宝"操作流程		100
3	体验阿里巴巴网站注册和发布供应信息流程		36	12	计算机安全软件的使用		111
4	体验淘宝网注册和购物流程		42	13	数字证书的申请和使用		117
5	互联网技术体验		57	14	网络信息搜索		147
6	网络工具的使用		63	15	体验网络营销方法——微博营销		156
7	微信订阅号申请		71	16	体验手机淘宝注册及购物流程		175
8	网上银行使用流程		87	17	在亚马逊国际站注册并体验跨境购流程		189
9	支付宝注册流程		91				

目 录

前　言

二维码索引

第1章　电子商务概述 1
学习目标 1
引导案例：电子商务发展的新业态——
　　　　　共享单车 1
1.1　初识电子商务 2
　1.1.1　电子商务的产生 3
　1.1.2　电子商务的发展 3
　1.1.3　电子商务就业岗位 6
1.2　电子商务的定义与组成 8
　1.2.1　电子商务的定义 8
　1.2.2　电子商务与传统商务的比较 10
　1.2.3　电子商务的基本组成 11
1.3　电子商务的分类 13
　1.3.1　按参与交易的对象分类 13
　1.3.2　按交易涉及的商品内容分类 14
　1.3.3　按交易涉及的网络类型分类 15
技能实操　体验新版阿里指数，调查
　　　　　浙江省电子商务发展现状 15
本章小结 20
思考与练习 20

第2章　电子商务模式 22
学习目标 22
引导案例：零食电子商务之路 22
2.1　B2C电子商务模式 23
　2.1.1　B2C电子商务模式概述 23
　2.1.2　B2C电子商务模式的流程 24
　2.1.3　B2C电子商务模式的分类 25
　2.1.4　互联网+传统企业 27
技能实操1　体验京东商城注册和购物流程 28
2.2　B2B电子商务模式 32
　2.2.1　B2B电子商务模式概述 32
　2.2.2　B2B电子商务模式的流程 32
　2.2.3　B2B电子商务模式的分类 33
　2.2.4　跨境电子商务 35

技能实操2　体验阿里巴巴网站注册和
　　　　　发布供应信息流程 36
2.3　C2C电子商务模式 39
　2.3.1　C2C电子商务模式概述 39
　2.3.2　C2C电子商务模式的流程 39
　2.3.3　新零售模式 40
技能实操3　体验淘宝网注册和购物流程 42
2.4　其他电子商务模式 45
　2.4.1　O2O电子商务模式 45
　2.4.2　B2G电子商务模式 46
　2.4.3　C2B电子商务模式 46
　2.4.4　P2P电子商务模式 47
技能实操4　查找对比各类型电子商务平台 48
本章小结 48
思考与练习 49

第3章　电子商务信息技术 50
学习目标 50
引导案例：大数据的应用 50
3.1　互联网技术 52
　3.1.1　计算机网络的功能和分类 52
　3.1.2　互联网协议 53
　3.1.3　IP地址和域名 54
　3.1.4　内联网、外联网 55
技能实操1　互联网技术体验 57
3.2　互联网工具 59
　3.2.1　文件传输协议（FTP） 59
　3.2.2　远程登录Telnet 60
　3.2.3　电子邮件服务 61
　3.2.4　万维网（WWW）服务 62
　3.2.5　电子公告牌（BBS）简介 62
技能实操2　网络工具的使用 63
3.3　电子数据交换技术 67
　3.3.1　EDI的定义 68
　3.3.2　EDI的组成要素 68

3.3.3 EDI 的工作流程 68
3.4 移动技术 69
　3.4.1 移动技术概述 69
　3.4.2 微信与二维码 70
　3.4.3 APP 应用 70
　3.4.4 大数据 71
技能实操 3　微信订阅号申请 71
本章小结 77
思考与练习 77

第 4 章　电子商务支付 79
学习目标 79
引导案例：黑客盗取客户支付宝资金 79
4.1 电子支付 80
　4.1.1 电子支付的定义和组成 80
　4.1.2 电子支付工具 80
4.2 银行支付 83
　4.2.1 网上银行概述 83
　4.2.2 网上银行的业务功能 84
　4.2.3 网上银行支付的安全技术 85
　4.2.4 手机银行、电话银行、微信银行 86
技能实操 1　网上银行使用流程 87
4.3 第三方支付 89
　4.3.1 第三方支付的定义 89
　4.3.2 第三方支付的流程 90
　4.3.3 第三方支付平台 90
技能实操 2　支付宝注册流程 91
4.4 移动支付 94
　4.4.1 移动支付的定义 94
　4.4.2 移动支付的分类 94
　4.4.3 移动支付的方式 95
技能实操 3　体验微信支付的流程 95
4.5 网络金融 97
　4.5.1 网络理财 97
　4.5.2 网络借贷 98
　4.5.3 网络众筹 99
技能实操 4　支付宝"余额宝"操作流程 100
本章小结 102
思考与练习 102

第 5 章　电子商务安全 104
学习目标 104
引导案例：网络安全攻防形势分析 104

5.1 电子商务安全概述 106
　5.1.1 电子商务安全 106
　5.1.2 电子商务安全的威胁 107
5.2 电子商务安全技术 108
　5.2.1 防火墙 108
　5.2.2 病毒防范技术 109
　5.2.3 入侵检测技术 110
技能实操 1　计算机安全软件的使用 111
5.3 电子商务交易安全技术 114
　5.3.1 数据加密技术 114
　5.3.2 身份认证技术 115
　5.3.3 安全交易协议 116
技能实操 2　数字证书的申请和使用 117
本章小结 118
思考与练习 118

第 6 章　电子商务物流 120
学习目标 120
引导案例：顺丰"双十一"的智能物流 120
6.1 物流概述 121
　6.1.1 物流的定义和功能 121
　6.1.2 物流分类 124
　6.1.3 物流技术 125
　6.1.4 物流管理的目标 127
6.2 电子商务物流配送 129
　6.2.1 物流配送的定义 129
　6.2.2 物流配送流程 130
　6.2.3 电子商务物流配送的方案 131
6.3 第三方物流 132
　6.3.1 第三方物流的定义 132
　6.3.2 我国第三方物流企业 133
　6.3.3 第三方物流的发展状况 134
技能实操　对比两家第三方物流企业的
　　　　　服务和价格 135
6.4 供应链管理 135
　6.4.1 供应链管理的定义 136
　6.4.2 供应链管理的内容 137
　6.4.3 供应链管理的作用 138
本章小结 138
思考与练习 139

第 7 章　网络营销 140
学习目标 140

引导案例：欧莱雅男士护肤品的网络营销 140
7.1 网络营销概述 141
　　7.1.1 网络营销的定义 141
　　7.1.2 网络营销与传统营销的区别 142
　　7.1.3 网络营销的分类 143
7.2 网络信息搜索 143
　　7.2.1 网络信息资源概述 143
　　7.2.2 网络信息搜索的工具和方法 144
　　7.2.3 网络信息搜索的步骤 145
　　7.2.4 网络信息调研报告 146
技能实操1　网络信息搜索 147
7.3 网络营销的方法 150
　　7.3.1 网络广告 150
　　7.3.2 搜索引擎营销 152
　　7.3.3 电子邮件营销 153
　　7.3.4 微博营销 153
　　7.3.5 软文营销 154
　　7.3.6 事件营销 155
技能实操2　体验网络营销方法——
　　　　　　微博营销 156
7.4 客户关系管理 160
　　7.4.1 客户关系管理的定义 160
　　7.4.2 客户关系管理的方法 161
　　7.4.3 客户关系管理对电子商务的影响 ... 162
本章小结 162
思考与练习 163

第8章　移动电子商务 164
学习目标 164
引导案例：移动电子商务带来的变革 164
8.1 移动电子商务概述 165
　　8.1.1 移动电子商务的定义 165
　　8.1.2 移动电子商务的技术 166
　　8.1.3 移动电子商务的模式 167
　　8.1.4 移动电子商务的发展 168
8.2 移动电子商务应用 169

　　8.2.1 手机淘宝 169
　　8.2.2 微信营销 170
　　8.2.3 移动支付 171
　　8.2.4 移动商务 172
　　8.2.5 移动生活 174
技能实操　体验手机淘宝注册及购物流程 ... 175
本章小结 178
思考与练习 178

第9章　跨境电子商务 179
学习目标 179
引导案例：用成熟的中国模式开拓欧洲市场 ... 179
9.1 跨境电子商务概述 180
　　9.1.1 跨境电子商务的定义 180
　　9.1.2 跨境电子商务的模式 181
　　9.1.3 跨境电子商务的发展 182
9.2 跨境电子商务支付 183
　　9.2.1 信用卡组织 183
　　9.2.2 第三方支付方式 184
　　9.2.3 其他支付方式 185
9.3 跨境电子商务物流 185
　　9.3.1 邮政物流 185
　　9.3.2 商业快递 186
　　9.3.3 专线物流 187
　　9.3.4 海外仓 188
9.4 跨境电子商务平台 188
　　9.4.1 全球速卖通 188
　　9.4.2 亚马逊 189
　　9.4.3 Wish 189
技能实操　在亚马逊国际站注册
　　　　　并体验跨境购流程 189
本章小结 194
思考与练习 194

附录　思考与练习参考答案 195
参考文献 196

第1章 电子商务概述

 学习目标

知识目标

1)识记电子商务的发展历程和就业岗位。
2)熟记电子商务的概念和组成要素。
3)牢记电子商务的分类。

能力目标

1)会区分电子商务应用的不同类型。
2)能概括电子商务的组成要素。
3)能描述电子商务与传统商务的差别。

 引导案例

电子商务发展的新业态——共享单车

从20世纪80年代末开始,自行车在中国城市中逐渐边缘化,四轮工具不断接管城市交通,"自行车王国"的叫法也成为过去式。但如同复古也能再次成为时尚一样,从2016年开始,自行车在北京大街小巷一夜回归。

这一次,自行车是以智能硬件的形象展示出来的,与其说是交通工具,不如把这些色彩丰富的"共享单车"称为科技产品。更为重要的是,以共享经济为主要驱动力,在"互联网+"、大数据、人工智能等新经济概念的加持下,共享单车成为风头最盛的产业现象。当上亿城市居民重新脚踏青春,回到城市的不只是两个车轮,还是疏解交通、绿色出行、产业升级,甚至是人与城市和谐共处等新使命。

根据中国互联网络信息中心(CNNIC)数据,截至2017年6月,共享单车用户规模已达1.06亿人,占网民总体的14.1%,其业务覆盖范围已经由一二线城市向三四线城市渗透,融资能力较强的共享单车品牌则开始涉足海外市场,用户规模保持超高速

增长。以共享单车为代表的共享出行方式在不同层面对中国现有的城市公共交通进行了有益补充。

交通运输部2017年8月3日公开发布《关于鼓励和规范互联网租赁自行车发展的指导意见》，明确了共享单车的发展定位，是城市绿色交通系统的组成部分，实施鼓励发展政策；明确了城市人民政府的主体管理责任，要求各地建立公平竞争秩序，形成全社会共同参与的治理体系。

2017年6月，市场调研机构易观发布了一份关于国内共享单车的统计报告。ofo市场份额为51.9%，摩拜单车为45.2%，酷奇为4.6%，这是中国共享单车App活跃用户覆盖率的前三名。根据报告了解，在国内市场，摩拜单车、ofo小黄车依然是共享单车行业的两大巨头，远领先于其他平台。其他共享单车与摩拜单车和ofo小黄车的差距较远，大量品牌的市场份额基本上可以忽略不计，行业竞争相当残酷。

摩拜单车副总裁李裕贤在2017中国（成都）移动电子商务年会上，发表了题为《共享经济浪潮，如何打造移动电商新场景》的公开演讲，他指出，共享单车的本质其实就是一个基于物联网技术和移动支付场景下的自行车租赁公司，同时，也是移动电子商务的一个分支。随着中国经济转型发展，人们正跨入"消费升级"的全新时代。移动电子商务引领电子商务发展的最新趋势，不断创造着新的消费需求，引发了新一轮的投资热潮，开辟了就业增收新渠道，为大众创业、万众创新提供了空间与舞台。

过去20年随着经济的发展，两个车轮换成四个车轮，地铁、公交、出租车等出行工具越来越多，随之也带来了很多问题，比如尾气排放，造成空气污染，是形成城市雾霾的重要原因之一；还有拥堵问题，人们也经常遇到，在短短的两到三千米内，走路甚至比开车要快。这些都催生了自行车回归城市这样一个现象，而共享单车正是利用这样的机会，利用互联网和移动支付的技术找到了这样的商机，从而回归到城市。

共享单车在各个城市的接受度正在不断提高，对于节能减排、提升用户出行效率发挥了有益的作用。作为"互联网+交通运输"新业态中的重要成员之一，共享单车的异军突起在给人们出行带来许多方便的同时，也改变了大家的出行习惯甚至是思想观念。

共享单车基于分时租赁模式，便于人们出行。然而，共享单车在发展过程中也出现了乱停乱放、破坏严重、押金难退等一系列问题。针对以上问题，管理部门、企业如何更加行之有效地进行管理，已成为备受关注的焦点问题。

通过"电子商务发展新业态——共享单车"的介绍，请回答以下问题：
1）你使用过共享单车吗？请为共享单车有序停放提出合理化建议。
2）共享交通的电子商务模式有哪些？

1.1 初识电子商务

进入世纪之交的人类社会正在经历一场深刻的变革。互联网的出现和迅速普及不仅改变了人类信息传输和交流的方式，而且已经引起整个社会组织框架结构和制度安排的深刻变革。传统的产业经济模式正在逐渐消失，一种新型的经济模式——网络经济正在崛起。互联网的商业化发展推动了电子商务的迅速增长,这种飞速增长所带来的商机是巨大而深远的,因此也就迫切需要人们进一步了解、认识和应用电子商务。

1.1.1 电子商务的产生

人们对电子商务的了解、认识和应用,与计算机技术及网络的应用和普及密不可分。电子商务是在互联网发展、成熟的基础上产生的。

早在 1969 年,美国国防部先进研究项目管理局(ARPA)就建立了用于国防研究项目的 ARPANET,以联接有关高校、研究机构和国防工程承包商的计算机系统,这是最早的计算机互联网络,也是现代计算机网络诞生的标志。从 1986 年起,由美国国家科学基金会(NSF)接手投资扩建成 NSFNET,对各大学和科研机构开放,用于非赢利性教学和科学研究方面,成为推动科学技术研究和教育发展的重要工具。1992 年美国政府提出"信息高速公路"计划,进一步加强对互联网的资金支持,并取消商业性应用的禁令,给电子商务发展铺平了道路。从 1995 年起,互联网主干网转由企业支持,实现商业化运营,电子商务进入快速成长阶段。

1.1.2 电子商务的发展

随着互联网的普及,电子商务有了进一步的发展。各类企业,不管是创业型、传统型还是互联网企业,或是在互联网冲击下转型升级的传统行业,企业发展要遵循"互联网思维"早已经成为业界共识。在中国社会经济深度转型的今天,它已经开始影响到社会的主流意识。2013 年 11 月 3 号,《新闻联播》播出的头条新闻就是《互联网思维带来了什么》,中央电视台通过海尔和小米两个案例,来讲互联网思维给传统制造业带来的巨大改变。如今,人们已经能够听到很多与互联网相关的名词,比如"互联网手机""互联网电视""互联网汽车""互联网金融",甚至还有"互联网房地产""互联网农业",提出这些概念并参与其中的那些人,几乎都提到了要用互联网思维来改变自己所处的行业,从而改变整个世界。

其实,互联网思维不是在短时间内爆红的,它与互联网在国民经济中所处的地位密切相关。我国互联网产业大致是从 1998 年发展起来的,开始的十多年虽然发展很快,但是非主流,以看新闻、玩游戏为主。而最近几年,随着电子商务这种互联网对零售等传统行业的改变,人们发现各个行业的游戏规则都发生了改变,网民在整个社会生活中的话语权大大增大了。

所谓互联网思维,就是用互联网的模式来思考并解决问题。互联网的特点是平等的、去中心的、零距离的、高效率的,它是人类过去 50 年来最伟大的发明之一。正是由于互联网与传统产业的这些巨大的不同,才孕育出了互联网思维的一些重大特点,比如产品思维、用户思维、服务思维等。

互联网思维有利于互联网行业的发展,这毋庸置疑,那么,它和传统行业有关吗?当互联网开始冲击到某个传统行业和领域时,回答是肯定的。像国美、苏宁这样的家电连锁零售巨头在互联网进入零售行业形成 B2C 电商之后,也开始吃不消,从而崛起了天猫、京东等电商巨头。他们采用了互联网思维，不再有门店当然也就不再有厂商的促销员。他们通过互联网直接与用户打交道，省去了中间环节，能够给用户带去更多的价格实惠。他们通过互联网的服务模式，获得了完整而全面的用户数据，然后针对用户的习惯做个性化推荐，提高了效率。所有这些反传统的思维模式，都让传统巨头们难以招架，所以国美和苏宁的业绩都出现了大幅度的下降。由于这些崛起的新兴企业采用了完全不同的商战策略，让传统企业主们觉醒，在发现世界改变的同时，开始向这些新兴企业学习。

学什么呢？当然要看未来电子商务发展的主流趋势了。

1. "互联网+"

（1）"互联网+"是什么　通俗来说，"互联网+"就是"互联网+各个传统行业"，但这并不是简单的两者相加，而是利用信息通信技术以及互联网平台，让互联网与传统行业进行深度融合，创造新的发展生态。就像第二次工业革命中，电力让很多行业发生翻天覆地的变化一样，未来互联网作为一种生产力工具，也会给各行各业带来大幅度的效率提升。

（2）"互联网+"概念的提出　"互联网+"一词由当代生态思想家张荣寰先生在2007年4月首次提出。2012年11月易观国际董事长兼首席执行官于扬在第五届移动互联网博览会上首次提出"互联网+"的理念。他认为：在未来"互联网+"公式应该是人们所在行业的产品和服务，在与人们未来看到的多屏全网跨平台用户场景结合之后产生的一种化学公式。2014年11月，李克强出席首届世界互联网大会时指出，互联网是大众创业、万众创新的新工具。其中"大众创业、万众创新"正是此次政府工作报告中的重要主题，被称作中国经济体制增效升级的"新引擎"。2015年3月，全国人大代表马化腾在两会上提交了《关于以"互联网+"为驱动，推进我国经济社会创新发展的建议》的议案，对经济社会的创新提出了建议和看法。他表示"互联网+"是指利用互联网的平台、信息通信技术把互联网和包括传统行业在内的各行各业结合起来，从而在新领域创造一种新生态。并希望这种生态战略能够被国家采纳，成为国家战略。2015年3月5日在十二届全国人大三次会议上，李克强总理的政府工作报告中首次提出"互联网+"行动计划。提出制定"互联网+"行动计划，推动移动互联网、云计算、大数据、物联网等与现代制造业结合，促进电子商务、工业互联网和互联网金融健康发展，引导互联网企业拓展国际市场。2015年7月4日，经李克强总理签批，国务院印发《关于积极推进"互联网+"行动的指导意见》，成为推动互联网由消费领域向生产领域拓展，加速提升产业发展水平，增强各行业创新能力，构筑经济社会发展新优势和新动能的重要举措。2015年12月16日，第二届世界互联网大会在浙江乌镇开幕。在举行"互联网+"的论坛上，中国互联网发展基金会联合百度、阿里巴巴、腾讯共同发起倡议，成立"中国互联网+联盟"。

（3）"互联网+"实际应用　现在有这样一种说法：不管你是老百姓还是互联网从业人员，都应该知道"互联网+"。说起"互联网+"，你会想到互联网金融、电子商务、电子支付、在线教育、在线旅游、云计算、大数据、网络安全、物联网、车联网、移动医疗、云平台等。对于老百姓而言，"互联网+"会让传统产业更进一步被互联网渗透和改造。过去已经有很多"互联网+传统行业"的成熟案例，比如"互联网+通信"就是即时通信,如微信、QQ;"互联网+零售"就是电子商务,如淘宝、京东等。在民生、医疗、教育、交通、金融等领域,互联网对传统行业的提升也逐渐成为现实。在民生领域,你可以在各级政府的公众账号享受服务,如某地交警可以 60 秒内完成罚款收取等,移动电子政务会成为推进国家治理体系的工具;在医疗领域,将有更多医院上线 App 全流程就诊,支持网络挂号,这样人们的就医时间就会被大大缩减,就医效率也将提升;在教育领域,面向中小学、大学、职业教育、IT 培训等多层次人群开放课程,你可以足不出户在家上课。

"互联网+"不仅正在全面应用到第三产业,形成了诸如互联网金融、互联网交通、互联网医疗、互联网教育等新业态,而且正在向第一和第二产业渗透。农业互联网正在从电子商务等网络销售环节向生产领域渗透,为农业带来新的机遇。

2. 农业电商

(1) 为什么要发展农业电商 农业是典型的传统行业,其特点是地域性强、季节性强、产品的标准化程度低、生产者分散等,具有较大的自然风险和市场风险。电子商务是通过电子数据传输技术开展的商务活动,能够消除传统商务活动中信息传递与交流的时空障碍。发展农业电商,将有效推动农业产业化的步伐,促进农村经济发展,最终缩短生产和消费的距离,降低交易成本,减少库存,缩短生产周期,增加商业机会,减轻对实物基础设施的依赖等。总之,发展农业电商可有效地克服农业产业化经营中的不利因素,对我国农业产业化进程具有极大的促进作用。

在 2017 中国电子商务创新发展峰会主论坛上,农业部总农艺师孙中华发表了主题致辞,他表示农业、农村电子商务是互联网时代统筹城乡发展、造福城乡居民的一篇大文章,党中央、国务院对此高度重视,目前农村电子商务正进入快速成长期,迎来了前所未有的机遇,呈现出蓬勃发展的态势,成绩令人鼓舞。

(2) 农业电商政策 2017 年中央一号文件《中共中央国务院关于深入推进农业供给侧结构性改革,加快培育农业农村发展新动能的若干意见》出台,这已经是连续 16 年国家聚焦于农业。中央一号文件再次聚焦"三农"问题,彰显了"三农"问题的重要性和特殊性。中央一号文件的政策内容每年都在发生着变化,但一直不变的是中央对于"三农"问题的重视和关切。

中央一号文件中农业电商政策的具体内容如下:

要促进新型农业经营主体、加工流通企业与电商企业全面对接融合,推动线上线下互动发展。加快建立健全适应农产品电商发展的标准体系。支持农产品电商平台和乡村电商服务站点建设。推动商贸、供销、邮政、电商互联互通,加强从村到乡镇的物流体系建设,实施快递下乡工程。深入实施电子商务进农村综合示范。鼓励地方规范发展电商产业园,聚集品牌推广、物流集散、人才培养、技术支持、质量安全等功能服务。全面实施信息进村入户工程,开展整省推进示范。完善全国农产品流通骨干网络,加快构建公益性农产品市场体系,加强农产品产地预冷等冷链物流基础设施网络建设,完善鲜活农产品直供直销体系。推进"互联网+"现代农业行动。

值得注意的是,此次"中央一号文件"首次明确了支持涉农电子商务平台建设政策,农产品电商的关注度又一次被提高了很多。在互联网发展迅猛的今天,如何"让农村成为引人入胜的天地、农业成为令人向往的产业、农民成为令人羡慕的职业",成为解决三农问题的焦点，更是各大农业电商平台的终极目标。

3. 共享经济

（1）什么是共享经济　共享经济，也称分享经济、合作消费或是协同消费，其实质是使用权的共享。它是人类社会发展到特定阶段，借用互联网络平台、以共享使用权为目的的消费模式，当这种消费模式成为一种商业模式并推动社会经济发展时，便可称之为共享经济。共享经济包括三大主体，即商品或服务的需求方、供给方和共享经济平台。共享经济平台作为连接供需双方的纽带，通过移动LBS应用、动态算法与定价、双方互评体系等一系列机制的建立，使得供给方与需求方通过共享经济平台进行交易。

共享经济属于"互联网+"经济模式的一种，是指能让商品、服务、数据（资源）及（人的）才能等具有共享渠道的经济社会体系。作为一种消费协同模式，共享经济的理念在于共享使用权、实现对闲置资源的再配置，既满足人们的物质需求，又克服人们对环境保护的焦虑，通过建立可持续发展的生态型经济，降低新产品的生产量和原材料消耗，最终改变人们的消费观念。

（2）共享经济——一种新的消费模式　共享经济以消费者和社区利益为导向，但带来的结果却是多方获利。新型的共享经济企业并不会对现有商业造成必然的打击，在良好的社会节能效应和高度的用户忠诚度下，完全可以把人类的消费模式从传统的、垂直的零售模式转变为协作的消费模式。共享资源的使用权构建了社会资本，使得商品和服务的分配更加公平。

作为一种新的消费模式，共享经济通过共享使用权对闲置资源实现再配置，这一过程离不开资本的支持，然而资本逐利的本性可能异化共享经济的理念，挑战现行的制度和秩序。因此，理性看待共享经济所蕴藏的商机，探寻符合市场规律和现行制度的发展模式，是共享经济可持续发展的必由之路。

1.1.3　电子商务就业岗位

电子商务是互联网发展的直接产物，也是网络技术应用的发展方向。电子商务行业的极速扩张，使得电商人才缺口巨大，但由于能力、薪资等方面的原因，企业人员流失量大，招聘难度也大。既有理论又有实战经验的电商人才是企业最喜欢的，特别是电商运营、推广销售、技术等方面的人才，缺口非常大。初识电子商务的人往往不知道自己将来可以从事哪些工作，对就业前景感到迷茫。为此，读者有必要了解电子商务的就业岗位。一般来说，企业电子商务部门设置的岗位，技术难度、考核标准及薪酬高低不同；实际岗位设置又与企业规模和管理体系相关，企业会根据发展需要做相应的调整。下面从电子商务的岗位职责和人才类型两个方面做介绍。

1. 按电子商务各岗位职责分类

根据大型电子商务公司岗位职责将电子商务就业岗位分为5类，见表1-1。如果对某个岗位的某个职位感兴趣，则可以进一步查询了解职位描述和任职要求，为以后步入社会求职就业打下基础。

表1-1 电子商务各岗位职责

岗 位	职 位
一、美工	平面设计
	网站/淘宝编辑
	网页设计师
	摄影师
二、运营	电子商务运营总监
	淘宝店长
	淘宝客服主管
三、市场	营销文案策划经理
	市场文案企划
	市场主管
	采购主管
	电商运营经理
四、客服	淘宝客服
五、技术	技术经理
	网站运维工程师
	IT网络主管
	技术主管
六、仓储	仓库主管
	仓库管理员
	打包/仓务员
	配货员/配货文员

2．按电子商务人才分类

根据中国电子商务研究中心发布的《2016年度中国电子商务人才状况调查报告》中的数据，截止到2016年12月，中国电子商务服务企业直接从业人员超过305万人，由电子商务间接带动的就业人数，已超过2240万人。直接就业人员随着电商的规模化发展以及不断向农村市场下沉，更多的传统企业加入到电商的行列，带动了电商从业人员的不断攀升。调查显示，电子商务成为女生最青睐的职业。间接带动就业人员上，随着电子商务产业的迅猛发展，通过其衍生出来的新职业不断涌现，如网络模特、店铺装修师、淘宝文案、电商主播、买手、试客等。这些新兴职业日益成为传统就业模式的补充，被越来越多的年轻人选择。目前我国企业急需的人才如下：40%的企业急需电商运营人才，5%的企业急需技术性人才（IT、美工），26%的企业急需推广销售人才，4%的企业急需供应链管理人才，12%的企业急需综合性高级人才，9%的企业急需产品策划与研发人才。知道了人才需求比例，下面按企业对电子商务人才的需求，将就业岗位分为三类。

（1）技术类人才岗位

1）电子商务平台设计（代表性岗位是网站策划/编辑人员）：主要从事电子商务平台规划、网络编程、电子商务平台安全设计等工作。

2）电子商务网站设计（代表性岗位是网站设计/开发人员）：主要从事电子商务网页设计、

数据库建设、程序设计、站点管理与技术维护等工作。

3）电子商务平台美术设计（代表性岗位是网站美工人员）：主要从事平台颜色处理、文字处理、图像处理、视频处理等工作。

（2）商务类人才岗位

1）企业网络营销业务（代表性岗位是网络营销人员）：主要是利用网站为企业开拓网上业务，进行网络品牌管理、客户服务等工作。

2）网上国际贸易（代表性岗位是外贸电子商务人员）：主要是利用网络平台开发国际市场，进行国际贸易。

3）新型网络服务商的内容服务（代表性岗位是网站运营人员/主管）：主要是进行频道规划、信息管理、频道推广、客户管理等。

4）电子商务支持系统的推广（代表性岗位是网站推广人员）：主要负责销售电子商务系统和提供电子商务支持服务、客户管理等。

5）电子商务创业：借助电子商务这个平台，利用虚拟市场提供产品和服务，又可以直接为虚拟市场提供服务。

（3）综合管理人才岗位

1）电子商务平台综合管理（代表性岗位是电子商务项目经理）：这类人才要求既对计算机、网络和社会经济都有深刻的认识，又具备项目管理能力。

2）企业电子商务综合管理（代表性岗位是电子商务部门经理）：主要从事企业电子商务整体规划、建设、运营和管理等工作。

1.2 电子商务的定义与组成

1.2.1 电子商务的定义

人们对电子商务的了解、认识和应用，是与计算机技术及网络的应用和普及密不可分的。随着互联网的应用和普及，网络为人类社会创造了一个全新的信息空间。在这一空间里，人们以数字信号为媒介进行各种日常工作和娱乐，如在网上收发邮件、讨论问题、在线阅读写作、玩网络游戏等。而商业活动，会以一种最普通的方式渗透到这个空间中。于是人们想到了用数字信号在网上开展商务活动。

所谓电子商务，通俗地讲就是在网上开展的商务活动。它是在计算机技术与网络通信技术的互动发展中产生和不断完善的。当企业将它的主要业务通过企业内部网（Intranet）、外部网（Extranet）以及 Internet 与企业的职员、客户、供销商以及合作伙伴直接相连时，其中发生的各种活动就是电子商务。

事实上，电子商务的定义有多种说法。关于电子商务的定义，国际组织、专家学者、IT行业界和普通消费者都有不同的理解和表述。下面将一些较有代表性的定义加以汇集，以期帮助大家对电子商务有较为全面的认识。

1）全球信息基础设施委员会（GIIC）电子商务工作委员会报告草案中对电子商务定义如下：电子商务是运用电子通信作为手段的经济活动，通过这种方式人们可以对带有经济价值的产品和服务进行宣传、购买和结算。这种交易方式不受地理位置、资金多少或零售渠道的所有权影响，公有和私有企业、公司、政府组织、各种社会团体、一般公民、企业家都能自由地参加广泛的经济活动，其中包括农业、林业、渔业、工业、私营和政府的服务业。电子商务能使产品在世界范围内交易并向消费者提供多种多样的选择。

2）IBM 公司的电子商务（E-business）概念包括三个部分：企业内部网（Intranet）、企业外部网（Extranet）、电子商务（E-commerce）。它所强调的是在网络计算环境下的商业化应用，不仅是硬件和软件的结合，也不仅是通常意义上的强调交易的狭义的电子商务（E-commerce），而是把买方、卖方、厂商及其合作伙伴在互联网（Internet）、企业内部网（Intranet）和企业外部网（Extranet）结合起来的应用。它同时强调这三部分是有层次的：只有先建立良好的 Intranet，建立好比较完善的标准和各种信息基础设施，才能顺利扩展到 Extranet，最后扩展到 E-commerce。

3）HP 公司提出电子商务（EC）、电子业务（EB）、电子消费（EC）和电子化世界的概念。它对电子商务（E-commerce）的定义是：通过电子化手段来完成商业贸易活动的一种方式，电子商务使人们能够以电子交易为手段完成物品和服务等的交换，是商家和客户之间的联系纽带。它包括两种基本形式：商家之间的电子商务及商家与最终消费者之间的电子商务。对电子业务（E-business）的定义：一种新型的业务开展手段，通过基于 Internet 的信息结构，使得公司、供应商、合作伙伴和客户之间，利用电子业务共享信息，E-business 不仅能够有效地增强现有业务进程的实施，而且能够对市场等动态因素做出快速响应并及时调整当前业务进程。更重要的是，E-business 本身也为企业创造出了更多、更新的业务动作模式。对电子消费（E-consumer）的定义：人们使用信息技术进行娱乐、学习、工作、购物等一系列活动，使家庭的娱乐方式越来越多地从传统电视向 Internet 转变。

4）通用电气公司（GE）对电子商务的定义：电子商务是通过电子方式进行商业交易，分为企业与企业间的电子商务和企业与消费者之间的电子商务。①企业与企业间的电子商务：以 EDI 为核心技术，增值网（VAN）和互联网（Internet）为主要手段，实现企业间业务流程的电子化，配合企业内部的电子化生产管理系统，提高企业从生产、库存到流通（包括物资和资金）各个环节的效率。②企业与消费者之间的电子商务：以 Internet 为主要服务提供手段，实现公众消费和服务提供方式以及相关的付款方式的电子化。

5）中国专家王可研究员从过程角度定义电子商务为："在计算机与通信网络基础上，利用电子工具实现商业交换和行政作业的全过程。"

6）中国企业家王新华从应用角度认为："电子商务从本质上讲是一组电子工具在商务过程中的应用，这些工具包括：电子数据交换（EDI）、电子邮件（E-mail）、电子公告系统（BBS）、条码（Barcode）、图像处理、智能卡等。而应用的前提和基础是完善的现代通信网络和人们的思想意识的提高以及管理体制的转变。"

7）世界电子商务会议关于电子商务的概念。1997 年 11 月 6—7 日，国际商会在法国首都巴黎举行了世界电子商务会议（The World Business Agenda for Electronic Commerce），从商业角度提出了电子商务的概念：电子商务（Electronic Commerce）是指实现整个贸易活动的电子化。从涵盖范围方面可以定义为：交易各方以电子交易方式而不是通过当面交换或直接面谈方式进行的任何形式的商业交易；从技术方面可以定义为：电子商务是一种多技术的集合体，包括交换数据（如电子数据交换、电子邮件）、获得数据（如共享数据库、电子公告牌）以及自动捕获数据（如条码）等。

纵览上述定义，由于他们的出发点和角度不同，因此没有谁对谁错之分。人们只是从不同角度，从广义上和狭义上，各抒己见。

这中间，全球信息基础设施委员会（GIIC）和 HP 公司给出的概念内涵最广，它们强调，电子商务包括一切使用电子手段进行的商业活动。从这个意义上来讲，现在已经流行的电话购物、电视购物，以及超级市场中使用的 POS（Point of Sale）机都可以归入电子商务的范围。这说明电子商务中的"电子"一词非常宽泛。但大多数定义还是将电子商务限制在使用计算机网络进行的商业活动。这是有道理的。因为只有在计算机网络，特别是 Internet 普及的今天，才使得电子商务得到如此广泛的应用，也使得商业模式发生了根本性的转变。因此，电子商务的定义有"广义"和"狭义"之分，如图 1-1 所示。

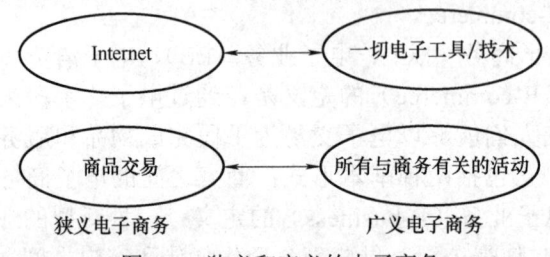

图 1-1　狭义和广义的电子商务

狭义的电子商务也称电子交易（E-commerce），主要包括利用网络进行的商品交易活动。从发展的角度看，在考虑电子商务概念时，仅局限于利用互联网进行商务活动是不够的。将利用各类电子信息网络进行的广告、设计、开发、推销、采购、结算等全部贸易活动都纳入电子商务的范畴比较符合发展实际。

广义的电子商务亦称为电子商业（E-business），是将运用一切电子工具和技术进行的所有与商务有关的活动——如商务信息、商务管理和商品交易等，都称为电子商务。这些活动可以发生在公司内部、公司之间及公司与客户之间。

从电子商务应用的需要出发，将电子商务中的"商务"仅局限在"交易"而不考虑"信息"和"管理"是不实际的，而将电子商务中的"电子"无限扩大到所有电子工具和电子技术又范围太广，难以突出商务本身的特征。所以，本书的电子商务的定义，将"电子"的含义限定为以 Internet 为主的计算机网络，将"商务"的含义规定为包括商务信息、商务管理和商品交易在内的全部商务活动。

从电子商务的定义中，可以归结出电子商务的内涵，即信息技术特别是互联网络技术的产生和发展是电子商务开展的前提条件；掌握现代信息技术和商务理论与实务的人是电子商务活动的核心；系列化、系统化电子工具是电子商务活动的基础；以商品贸易为中心的各种经济事务活动是电子商务的对象。

1.2.2　电子商务与传统商务的比较

1. 传统商务和电子商务的运作过程

传统商务和电子商务的运作过程，虽然商贸交易过程中的实务操作步骤都是由交易前的准备、贸易的磋商、合同的签订与执行以及资金的支付四个环节构成，但是交易具体使用的运作方法是完全不同的，见表 1-2。

表 1-2 商务实务运作过程

	交易前的准备	贸易磋商过程	合同的签订与执行	资金的支付
传统商务	商品信息的发布、查询和匹配，是通过传统方式来完成的（如报纸、电视、广播、杂志、户外媒体等各种广告形式）	是贸易双方进行口头磋商或纸面贸易单证的传递过程。纸面贸易单证包括：询价单、价格磋商、订购单、发货单、运输单、发票、收货单等。使用的工具有：电话、传真或邮寄等	在商务活动中，贸易磋商过程经常通过口头协议来完成，在磋商过程完成后，交易双方必须以书面形式签订具有法律效应的商贸合同，来确定磋商的结果和监督执行（纸面合同）	方式有两种： 1）支票多用于企业的商贸过程，涉及双方单位及其开户银行 2）现金常用于企业对个体消费者的商品零售过程
电子商务	交易的供需信息都是通过交易双方的网址和网络主页完成的。双方信息沟通的特点：快速、高效	将纸面单证在网络和系统的支持下变成电子化的记录、文件和报文在网络上传递。专门的数据交换协议保证了网络信息传递的正确、安全的特性和快速的特点	电子合同在第三方授权的情况下同样具有法律效应，可以作为在执行过程中产生纠纷的仲裁依据	方式：网上支付（可采用以下形式：信用卡、电子支票、电子现金、电子钱包等）

2. 传统商务和电子商务的区别

传统商务和电子商务的区别见表 1-3。

表 1-3 传统商务与电子商务的区别

项　目	传　统　商　务	电　子　商　务
交易对象	部分地区	世界各地
交易时间	在规定的营业时间内	实施一周 7 天×24h 服务
营销推动	销售商单方努力	交易双方一对一沟通，是双向的
顾客购物方便度	受限于时间、地点及店主态度	按自己的方式无拘无束地购物
顾客需求把握	商家需很长时间掌握顾客需求	能快速捕捉顾客的需求并及时应对
销售地点	需要销售空间（店铺、货架和仓库）	虚拟空间（提供商品列表和图片）
销售方式	通过各种关系买卖，方式多样	完全自由购买
流通渠道	流通环节复杂，流通成本高	简化了流通环节，降低了流通成本

1.2.3 电子商务的基本组成

1. 电子商务的概念模型

随着 Internet 的普及，电子商务在网上的应用领域越来越广泛，并引起了各国政府的重视和支持，得到各界企业和消费者的关注。

电子商务概念模型是将实际运作中的电子商务活动过程进行抽象描述，它由电子商务实体、电子市场、交易事务，以及信息流、商流、资金流、物流等基本要素构成。

1）电子商务实体：在电子商务概念模型中，能够从事电子商务活动的客观对象被称为电子商务实体。它可以是企业、银行、商店、政府机构和个人等。

2）电子市场：电子市场是电子商务实体在 Internet 上从事商品和服务交换的场所。在电子商务中，对于每个交易实体来说，所面对的都是一个电子交易市场，各种各样商务活动的参与者必须通过电子交易市场来选择交易的对象和内容，利用通信装置，通过网络联接成一个统一的整体。

3）交易事务：交易事务是指电子商务各实体之间所从事的具体的商务活动内容，如询价、报价、转账支付、广告宣传、商品运输等。

除以上三种要素外,还包括电子商务的每一笔交易中都包含的四种基本的"流",即信息流、商流、资金流、物流。

1)信息流:既包括商品信息的提供、促销行销、技术支持、售后服务等内容,也包括诸如询价单、报价单、付款通知单、转账通知单等商业贸易单证,还包括交易方的支付能力、支付信誉等。

2)商流:是指商品在购、销之间进行交易和商品所有权转移的运动过程,具体是指商品交易的一系列活动。

3)资金流:主要是指资金的转移过程,包括付款、转账等过程。

4)物流:指交易的商品或服务等物质实体的流动过程,具体包括商品的运输、储存、配送、装卸、保管、物流信息管理等各种活动。

在电子商务模式下,信息流、商流、资金流的处理都可以通过计算机和网络通信设备实现。物流只有交易的无形商品可以直接通过网络传输的方式配送,如各种电子出版物、信息咨询服务、有价信息和软件等,而对于大多数商品和服务来说,物流仍然要经由传统的经销渠道,通过物理方式传输。

在电子商务的概念模型中,强调"四流"的整合。以物流为物质基础,商流为表现形式,信息流作为连接的纽带,引导资金流正向流动。

电子商务的概念模型如图1-2所示。

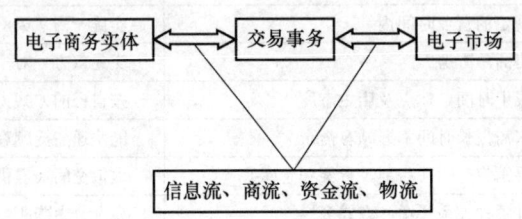

图1-2 电子商务的概念模型

2. 电子商务的组成

影响电子商务发展的因素是多方面的,并且电子商务覆盖的范围很广泛,所以有必要探讨一个完善的电子商务系统应该由哪几部分组成。

1)网络:包括企业内部网 Intranet、企业外部网 Extranet 和 Internet 三个部分。Internet 是电子商务的基础,是商务、业务信息传递的载体;企业内部网是利用 Internet 技术构造的,面向企业内部的专用计算机网络系统,是企业内部服务活动的场所;企业外部网与企业内部网相对应,侧重于企业电子商务的外部环境以及与合作伙伴或外协单位的信息交换关系,是企业与用户进行商务活动的纽带。

2)电子商务用户:包括企业用户和个人用户。企业用户建立 Intranet、Extranet 和 MIS(管理信息系统),对人、财、物、产、供、销进行科学管理。个人用户利用浏览器、电视机顶盒、个人数字助理 PDA(Personal Digital Assistance)等接入互联网获取信息和购买商品等。

3)认证中心:认证中心(Certification Authority,CA)是法律承认的权威机构,负责发放和管理电子证书,使网上交易的各方都能够互相确认身份。

4)配送中心:接受商家的要求,合理组织商品运输,跟踪确定商品流向,准确地将商品送到消费者手中。

5）网上银行：网上银行是虚拟银行，在网上使进行交易的买卖双方能够结算，完成传统的银行业务，为商品交易中的用户和商家提供全天的实时服务。

6）商务活动的管理机构：包括工商、税务、海关和经贸等部门。

1.3 电子商务的分类

对电子商务可以按参与交易涉及的对象、交易涉及的商品内容和交易涉及的网络类型等对其进行不同的分类。

1.3.1 按参与交易的对象分类

按照参与电子商务交易的对象可将电子商务分成5类：

1）企业与消费者之间的电子商务（Business to Customer，B to C/B2C）：又称为电子零售业，主要表现形式是网上商城、网上购物中心等。它是指企业或商业机构利用互联网开展在线销售，建立网上商店，消费者借助互联网的搜索、浏览功能和多媒体界面查找和了解所需商品或服务的品质和价格。消费者在网上购物的过程与在超级商场购物类似，每位顾客都有自己的电子购物车，当顾客看上某种商品时，可通过单击特定的按钮把它放进自己的电子购物车里；当顾客完成选购后，网上商店系统会自动算出该顾客所选购商品的应付金额，顾客可使用电子支付方式支付货款，然后商家利用自己或第三方的物流服务系统送货上门。

通过网上商店买卖的商品可以是实体化的，如书籍、鲜花、服装、食品、汽车、电视等；也可以是数字化的，如新闻、音乐、电影、数据库、软件及各类基于知识的商品；还有提供的各类服务，如安排旅游、在线医疗诊断和远程教育等。

从长远来看，企业与消费者之间的电子商务将取得长足的发展，并将最终在电子商务领域占据重要地位。

2）企业与企业之间的电子商务（Business to Business，B to B/B2B）：又称为批发电子商务，主要是进行企业间的产品批发业务，它是将买方、卖方以及中间商之间的信息交换和交易行为，集成到一起的电子运作方式，是电子商务应用最重要和最受企业重视的形式。

企业间的电子商务还可细分为非特定企业间的电子商务和特定企业间的电子商务。非特定企业间的电子商务，是在开放的网络中对每笔交易寻找最佳伙伴，并与伙伴进行从订购到结算的全面交易行为。特定企业间的电子商务，是过去一直有交易关系而且今后要继续进行交易的企业间围绕交易进行的各种商务活动，特定的企业间买卖双方既可以利用大众公用网络进行从订购到结算的全面交易行为，也可以利用企业间专门建立的网络完成买卖双方的交易。

该交易模式是指以企业为主体，在企业之间通过Internet或专用网方式进行电子交易活动。在可以预见的将来，企业与企业之间的电子商务将是电子商务交易的主流，就目前来看，电子商务最热心的推动者也是商家，因为相对来说，企业和企业之间的交易才是大宗的，通过引入电子商务能够产生大量效益。它也是企业在面临激烈竞争的情况下，改善竞争条件、建立竞争优势的主要方法。典型的 B to B 网站如阿里巴巴（中国）电子商务网站（http://china.alibaba.com）。

3）消费者与消费者之间的电子商务（Customer to Customer，C to C/C2C）：又称为网上拍卖，代表形式就是网上拍卖或网上竞买。它是指网站搭建一个 24h 的交易平台，供买卖双方在这个平台上自由交易，然后对每个交易收取一定的手续费。要参与网上拍卖或竞买的个人只要到拍卖网站注册为会员，便可以参与网上竞价交易。其最大特点在于网站本身不参与交易，既不接触商品也不参与货币结算，既不负责库存更不负担运费，不但可以降低网站的经营风险，而且还能获得较好的利润。典型的拍卖网站如雅宝拍卖网（http://www.yabuy.com）。

4）企业与政府之间的电子商务（Business to Government，B to G/B2G 或 Business to Administration，B to A / B2A）：主要是指政府通过网上服务，处理企业与政府的各种事务。此类电子商务包括政府在网上采购，企业以电子方式响应；政府项目或工程进行网上招标，企业在网上竞标；政府通过网上审批企业上报的各种手续或单证，如网上报关、报验、网上产地证申请；通过电子的方式发放进出口许可证、配额、开展统计工作；网上征税、缴税；政府在网上发布与企业相关的管理条例、经济信息，提供咨询服务等，可以为企业提供决策依据和商机。因此，它是电子政务的有机组成部分。

它是政府机构应用现代信息和通信技术，将管理和服务通过网络技术进行集成，在 Internet 上实现政府组织机构和工作流程的优化重组，超越时间、空间及部门之间的分隔限制，向社会提供优质和全方位的、规范而透明的、符合国际标准的管理和服务。

在电子商务中，政府担当着双重角色，既是电子商务的使用者，进行购买活动，属商业行为；又是电子商务的宏观管理者，对电子商务起着扶持和规范的作用。

5）消费者与政府间的电子商务（Consumer to Government，C to G/C2G 或 Consumer to Administration，C to A/C2A）：它是指政府通过互联网来管理公民的社会活动，如通过网络缴纳个人所得税、发放养老金、进行车辆年检等；政府在网上发布与消费者、公民生活相关的管理条例，提供咨询服务等。它也是电子政务的有机组成部分。

1.3.2　按交易涉及的商品内容分类

按照交易所涉及的商品内容（或电子化程度）可将电子商务分为两类：

1）有形商品电子商务（Indirect Electronic Commerce，间接电子商务）：有形商品指实体类商品，它在交易过程中所涉及的信息流和资金流完全可以在网上传输，买卖双方在网上签订购货合同后也可以在网上完成货款支付。但交易的有形商品必须由卖方通过某种运输方式送达买方指定地点，所以有形商品电子商务还必须解决好货物配送的问题。有形商品电子商务由于三流（信息流、资金流、物流）不能完全在网上传输，又称非完全电子商务，如书籍、鲜花礼品、计算机及零配件、家用电器等的交易。

2）无形商品电子商务（Direct Electronic Commerce，直接电子商务）：是指商家将无形商品和服务产品内容数字化，不需要某种物质形式和特定的包装，直接在网上以电子形式传送给消费者，收取费用的交易活动。这类电子商务在网上交易的是无形商品和各种服务，如计算机软件、音像制品、网上订票、网上参团旅游或娱乐、网上咨询服务以及网上银行、网上证券交易等，通过互联网或专用网直接实现交易。无形商品网上交易与有形商品网上交易的区别在于前者可以通过网络将商品直接送到购买者手中。这种无形商品电子商务模式完全可以在网上实现，又称完全电子商务。

1.3.3　按交易涉及的网络类型分类

按照电子商务所使用的网络类型可以将电子商务分为 3 类：

1）EDI 电子商务（Electronic Data Interchange，电子数据交换）：是指将商业或行政事务处理（Transaction），按照一个公认的标准，形成结构化的事务处理或报文（Message）数据格式，从计算机到计算机的数据传输方法。EDI 电子商务主要应用于企业与企业、企业与批发商、批发商与零售商之间的批发业务。EDI 电子商务在 20 世纪 90 年代已得到较大的发展，技术上也较为成熟，但是因为开展 EDI 电子商务对企业有较高的管理、资金和技术的要求，因此普及受到限制。

2）Internet 商务：Internet 商务是利用连通全球的网络开展的电子商务活动。它以计算机、通信、多媒体、数据库技术为基础，在网上实现营销、购物服务，真正实现了网上商务投入少、成本低、零库存、高效率的优势，避免了商品的无效搬运，从而实现了社会资源的高效运转和最大节余。消费者不再受时间、空间和厂商的限制，在网上以最低的价格获得了最为满意的商品和服务。

在 Internet 上可以进行各种形式的电子商务业务，这种方式涉及的领域广泛，全世界各个企业和个人都可以参与，是目前电子商务的主要形式。

3）Intranet 商务：Intranet（企业内部网）是在 Internet 基础上发展起来的企业内部网，它在原有的局域网上附加一些特定的软件，将局域网与 Internet 连接起来，从而形成企业内部的虚拟网络。Intranet 与 Internet 最主要的区别在于 Intranet 内的敏感或享有产权的信息受到企业防火墙安全网点的保护，它只允许被授权者访问内部网点，外部人员只有在许可条件下才可进入企业的 Intranet。

Intranet 将大、中型企业分布在各地的分支机构及企业内部有关部门和各种信息，通过网络予以连接，使企业各级管理人员能够通过网络获取信息，利用在线业务的申请和注册代替纸张贸易和内部流通的形式，通过这种形式形成一个商务活动链，这样可以大大提高工作效率并降低业务的成本。

技能实操　体验新版阿里指数，调查浙江省电子商务发展现状

扫码看视频

1. 实操要求

学生注册或使用已有的淘宝账号登录阿里巴巴网站，通过阿里指数探寻浙江省的区域动态和行业变化，解读数字，说明该省电子商务发展的基本状况。

2. 实操步骤

（1）用户注册登录

1）用户注册。在浏览器地址栏中输入"http://www.1688.com"，打开阿里巴巴官网，免费注册个人账户，如图 1-3 所示。

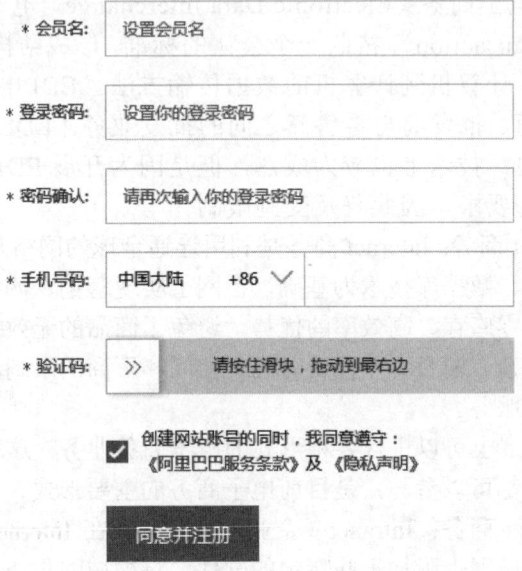

图1-3　阿里巴巴账户注册

2）用户登录。用户可以用刚注册好的新账号登录，也可以用已有的淘宝会员名和密码登录，如图1-4所示。

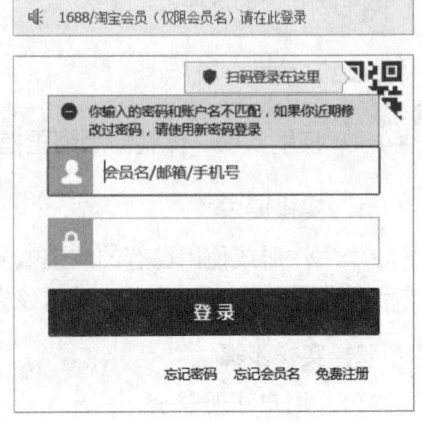

图1-4　登录阿里巴巴网站

（2）找"阿里指数"

找到"我的阿里"，选择"卖家中心"→"服务"命令，从"未添加的服务（58）"中找到"阿里指数"，如图1-5和图1-6所示。

图1-5　我的阿里——卖家中心

图1-6　未添加的服务（58）——阿里指数

（3）数据分析

1）在页面顶部单击"立即体验"按钮，如图1-7所示。

图1-7　立即体验新版阿里指数

打开"阿里指数"页面，按区域指数和行业指数进行分析，说明该省电子商务发展的基本状况。

"区域指数"是从地区角度看贸易动向、市场态度和人群特征。"行业指数"是从行业角度定位产业带、消费热点、人群特征等。

　　阿里指数体验版只有5个省份，如图1-8所示。

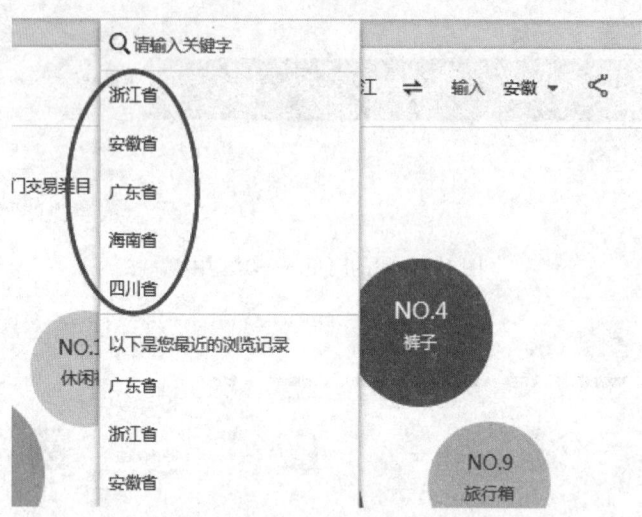

图1-8　阿里指数体验版包含的省份

　　2）该地区销售商品的种类：主要介绍排名前十的热门交易类商品，热门排名前十的商品类别与贸易往来的地区有关，如图1-9所示。

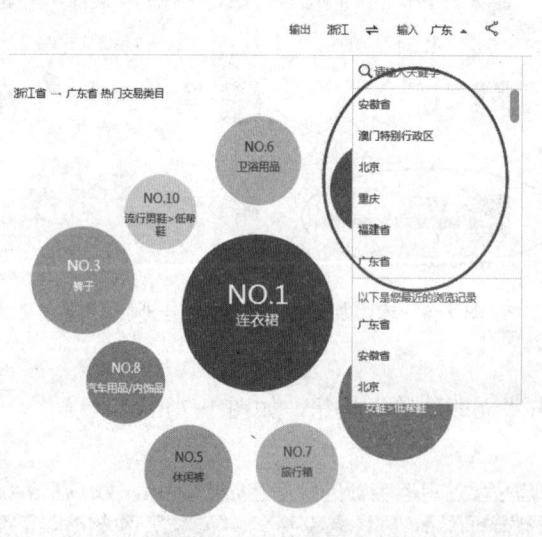

图1-9　与浙江省贸易往来的省份——热门交易类目

　　搜索词排行中的"搜索指数"和"搜索涨幅"是指最近7天搜索的结果，如图1-10所示。

　　3）卖家概况：是对卖家的主营行业、星级和经营阶段进行分析，如图1-11所示。

　　4）热门地区：是从区域指数、行业指数、热卖情况三个方面综合得出的数据比较，列出销往地区前十的排名，如图 1-12 所示。

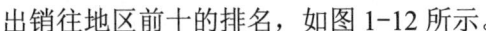

图 1-10 搜索词排行榜

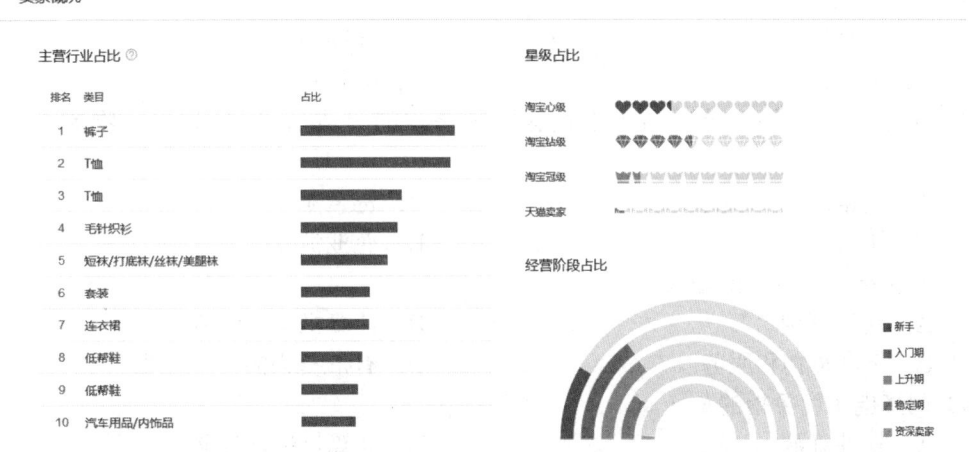

图 1-11 卖家概况

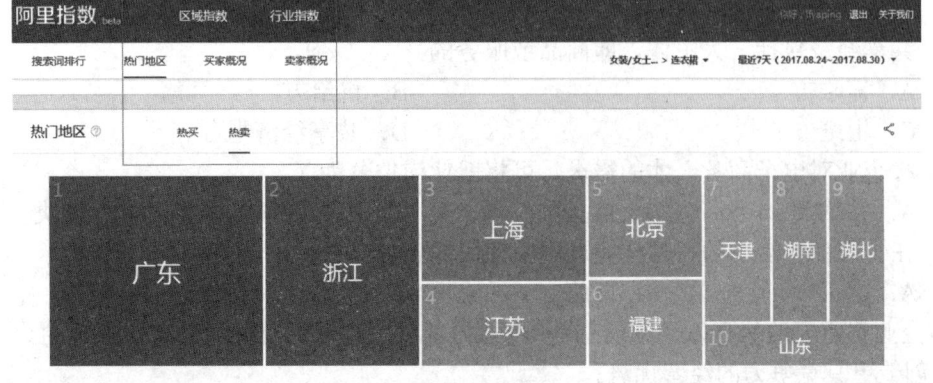

图 1-12 热门地区

3. 学生任务

尝试在阿里巴巴网站注册个人账户，可以用刚注册好的新账号登录，也可以用已有的淘宝会员名和密码登录，体验用阿里指数调查海南省电子商务的发展现状。

本章小结

本章是全书的先导，在引导学生识记相关知识的同时使其熟悉相应的就业岗位；重点是熟悉电子商务发展的新趋势、熟记电子商务的概念和组成要素、牢记电子商务的分类。通过学习，学生应能区分电子商务应用的不同类型；能概括电子商务的组成要素等。最后，通过技能操作提高学生对数据的分析运用能力。

思考与练习

1. 单选题

1)"互联网+"是利用信息通信技术以及（   ），让互联网与传统行业进行深度融合，创造新的发展生态。

  A. 物联网平台   B. 互联网平台
  C. 大数据   D. 云计算

2) 电子商务的每一笔交易中都包含四种基本的"流"，即信息流、物流、商流和（   ）。

  A. 数据流   B. 资金流
  C. 知识流   D. 企业流

3) 直接电子商务指的是（   ）。

  A. 软件订购   B. 计算机配件订购
  C. 无形货物和服务   D. 有形货物的电子订货

4) 间接电子商务指的是（   ）。

  A. 软件订购   B. 计算机配件订购
  C. 无形商品和服务的网上交易   D. 有形货物的电子订货

2. 多选题

1) 共享经济包括三大主体，即商品或服务的（   ）。

  A. 需求方   B. 供给方
  C. 生产方   D. 共享经济平台

2) 按企业对电子商务人才的需求，可将就业岗位分为（   ）。

  A. 技术类   B. 商务类   C. 综合管理类   D. 仓储类

3) 在传统商务活动的贸易磋商过程中使用的工具有（   ）。

  A. 电话   B. 网络   C. 传真   D. 邮寄

4) 企业将重要的信息以全球信息网、企业内部网或外联网直接与分布在各地的（   ）连接，创造更具竞争力的经营优势。

  A. 客户   B. 员工   C. 经销商   D. 供应商

3．填空题

1）传统商务和电子商务的运作过程，其商贸交易过程中的实务操作步骤都是由 4 个环节构成的，即_____、_____、_____、_____。

2）电子商务概念模型是将实际运作中的电子商务活动过程进行抽象描述，它由_____、_____、_____和信息流、商流、资金流、物流等基本要素构成。

4．思考题

1）电子商务的定义是什么？

2）按照参与交易涉及的对象，电子商务可分为哪几类？

第 2 章

电子商务模式

 学习目标

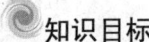 知识目标

1) 识记各类型电子商务模式的概念和分类。
2) 熟记各类型电子商务模式的交易流程。

能力目标

1) 熟练应用各类型电子商务平台,学会交易流程,体验与传统商务的不同。
2) 能准确区分各类型电子商务平台归属的交易模式。

 引导案例

零食电子商务之路

2016 年"双十一"排名前三的零食电商品牌为三只松鼠、百草味、良品铺子。短短一天,三家零食电商的销售额就突破了 9.13 亿元的规模。以前,坚果零食在人们的印象中还是"贵族化"的食品。这三家以坚果为主打的零食电商用更加亲民的价格走进年轻群体,逐渐让坚果消费成为一种时尚、一种流行。日渐兴起的零食电商们,正以迅雷不及掩耳之势"掠夺"着休闲食品这座大金矿。

三只松鼠电子商务有限公司总部设在安徽,其品牌创立于 2012 年 6 月,是中国第一家定位于纯互联网食品品牌的企业,也是当前中国销售规模最大的食品电商企业。2017 年 1 月,三只松鼠宣布其 2016 年年销售额突破 55 亿元,净利润达 2.63 亿元,拥有 3100 名员工、4000 万用户以及超过 35 万平方米的仓储。与此同时,三只松鼠也开始了线下店铺的布局。2016 年 9 月 30 日,三只松鼠第一家线下店"三只松鼠投食店"在芜湖开业;2016 年 12 月 23 日,第二家投食店在蚌埠开业;2017 年 1 月 18 日,第三家投食店在苏州开业;春节前的这两天,第四家投食店在南通开业……2017 年,三只松鼠要在线下开 100 家投食店。

在这排名前三的品牌中,其他两家品牌是从传统渠道转型而来。百草味成立于 2003

年,在 2010 年全面转型线上之前它已经在休闲食品行业深耕了 10 年,自 2010 年年底入驻天猫商城,百草味开启了互联网商务新纪元,年销售额也已超过 20 亿元。值得一提的是,2016 年 8 月,百草味与中国枣业第一集团达成并购协同战略,率行业之先成功上市。

良品铺子尽管出身传统,但近年来线上转身速度极快,已连续两年位列天猫"双十一"零食电商第一阵营。良品铺子是从 2006 年武汉第一家实体店开始,逐渐进军江西、湖南、四川、河南市场,一路扩张至 2100 多家线下门店。2012 年良品铺子组建电商团队,2013 年进入电商高速增长年,注册独立电商公司,在组织、人员、资源和渠道上进行全方位拓展。

互联网品牌卖的不仅是产品,还有服务与文化。它们用 360°面面俱到的服务向消费者提供了前所未有的贴心服务。三只松鼠的一句"主人"就让消费者爽翻了;百草味的"开箱器""回收舱""亲嘴巾""3D 互动卡片"等周边产品让消费者感受到了前所未有的趣味消费文化。

通过零食电子商务发展模式的介绍,请思考以下问题:
1) 目前我国电子商务的模式有哪些?
2) 随着互联网和信息技术的发展,未来电子商务的模式会有哪些新的变化?

2.1 B2C 电子商务模式

随着信息技术的发展,以互联网为基础,方便快捷、价格优惠的网上购物受到消费者青睐。在互联网中遍布着许多网上商城,它们提供从书籍、音像制品到汽车、房产的各类商品和服务,为消费者的生活带来了诸多便利和实惠。

2.1.1 B2C 电子商务模式概述

B2C(Business to Customer)电子商务模式是企业对消费者的商务模式,中文简称"商对客",是以互联网技术为基础,企业依靠网站向消费者提供产品和服务的一种经营模式。它是目前常见电子商务模式,也是主要的网购模式之一。

目前 B2C 电子商务模式主要由以下 3 部分组成:
1) 为顾客提供在线购物场所的商场网站。
2) 负责为客户所购商品进行配送的物流系统。
3) 负责顾客身份的确认及货款结算的银行及认证系统。

B2C 电子商务极大地改变了传统的商业模式。首先,在交易环境上,以网络技术为基础,企业在互联网上构建网上商城提供网络交易场所,消费者通过互联网足不出户完成网上产品和服务的购买。其次,在支付环节上,不再采取"一手交钱一手交货"的面对面交易方式,而是网上付款、移动支付和货到付款等多样性网上支付方式相结合。最后,在商品流转上,采取物流服务外包、企业自营配送等方式,实现物品从企业到消费者的流通。

在网购行为方面,B2C 电子商务模式的优势主要体现在:
1) 企业提供品类全、质量佳、服务优的商品和服务,依赖信息技术的发展,使消费者的购物方式更加便捷,也让消费观念产生了改变,成为电子商务市场最主流的发展模式。根据艾瑞监测数据显示,2017 年 3 月电子商务服务类网站日均覆盖人数排行榜的前十名中,有六家属于 B2C 商城，在市场份额方面远超其他电子商务模式。这是因为 B2C 电子商务拥有较高的商品质量和更有保障的服务，如图 2-1 所示。

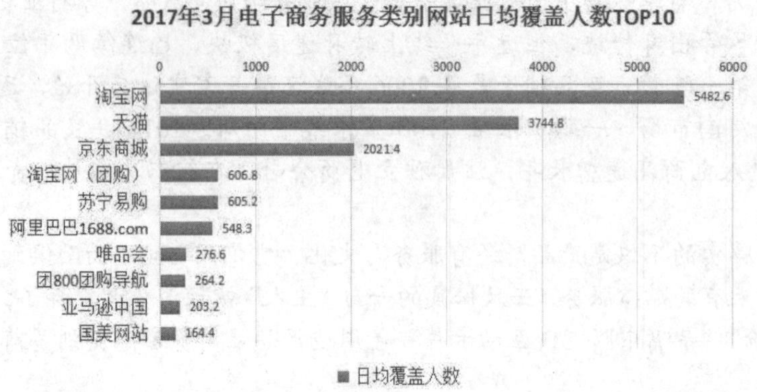

2017年3月电子商务服务类别网站日均覆盖人数TOP10
0
1000
2000
3000
4000
5000
6000
淘宝网
5482.6
天猫
3744.8
京东商城
2021.4
淘宝网（团购）
606.8
苏宁易购
605.2
阿里巴巴1688.com
548.3
唯品会
276.6
团800团购导航
264.2
亚马逊中国
203.2
国美网站
164.4
日均覆盖人数

图 2-1　2017 年 3 月电子商务服务类别网站日均覆盖人数 Top10

2）企业以互联网为基础，高效地管理信息，为消费者提供低成本、快响应的交易平台，使消费者和企业在商务活动中实现双赢。B2C 企业以网上商城平台为依托，分析消费者的购买行为，并做出及时的反馈，以低成本的销售和快速的流程反应，赢得在市场中的竞争优势。同时，在这个过程中消费者也享受到企业提供的低价格和优质服务。

3）B2C 电子商务企业较其他电子商务模式的企业而言，更依赖于服务优、速度快的物流。B2C 企业在实现物品流转过程中，主要采取配送中心和第三方物流公司合作的物流方式，将产品第一时间传递给消费者，快速实现线上到线下的物品流通。同时，为保证产品的品质，无论是产品的包装还是运输，配送中心和第三方物流公司都采取标准化运营，以便给消费者留下优质服务的印象。

2.1.2　B2C 电子商务模式的流程

B2C 电子商务模式虽然平台众多，但交易模式基本相同。可以分为用户注册、商品选购、商品加入购物车、支付结算、物流配送和购后评价 6 个步骤，如图 2-2 所示。

填写收货人信息
注册/登录
挑选商品
放入购物车
去结算
选择支付方式
提交订单
支付
选择配送方式

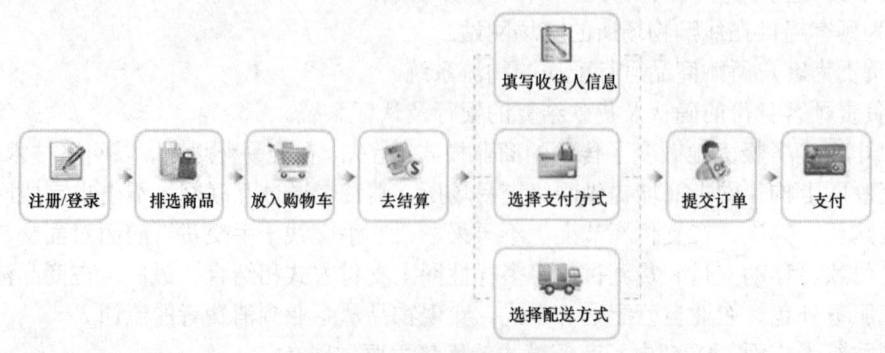

图 2-2　B2C 商城购物流程图

1）用户注册。消费者在网上商城购物前，必须先进行新用户注册。虽然网站的界面不同，但是用户的注册信息较为相似。一般来说，必要信息主要包括用户名、用户密码、送货地址和电话、支付方式、物流配送方式等。

2）商品选购。注册好用户后就可以在网上商城选购商品。若用户购买目标明确,则可利用网站提供的搜索功能来查询商品。若用户购买目标较为模糊,则可利用商品分类或者商城广告等边浏览边选购。

3）商品加入购物车。对于选购出的商品,可以加入购物车并修改产品数量,完成该商品的选购。

4）支付结算。对于购物车中的订单确认无误后,网上商城会显示选购商品的明细以及商品的总价格,此时消费者选择支付结算的方式完成支付。目前,网上商城结算的方式主要包括网上银行、支付宝、微信支付、公司转账、货到付款、银行转账等。

5）物流配送。网上商品选购完成后,支付结算的同时,还必须选择物流配送的方式,以方便企业将商品送达消费者手中。一般来说,主要的物流方式包括配送中心配送、第三方物流公司合作运输等方式。

6）购后评价。消费者在收到商品后签字确认,对于商品、企业和物流的服务进行评价,并享有无理由退换货的权利。

2.1.3 B2C 电子商务模式的分类

1. 按照交易双方买卖关系分类

在 B2C 电子商务模式中,交易的企业和个人按照买卖关系可以分为两类,即卖方企业对买方个人、买方企业对卖方个人。

1）卖方企业对买方个人电子商务。这种电子商务模式是较为常见的 B2C 模式,即企业开设网上商城将产品和服务售出给消费者,消费者对产品和服务选购、下单、支付,企业安排物流配送。在我国主要以网上商城的方式体现,如京东商城、天猫商城、苏宁易购等。

2）买方企业对卖方个人电子商务。这种电子商务模式主要是企业在网上发布产品或服务的需求信息,由个人提供并上网洽谈。企业网上人才招聘是该种模式的主要应用领域,如智联招聘,如图 2-3 所示。

2. 按照交易客体分类

（1）无形商品和服务的电子商务模式

信息传输和信息处理是计算机网络的基本功能,因此,诸如计算机软件、数字音像制品、信息等无形的商品和服务一般直接通过网络提供给消费者。具体分为以下 4 种模式。

1）付费浏览模式。企业通过网页安排向消费者提供计次收费的网上信息浏览和信息下载的电子商务模式,被称为付费浏览模式。例如,百度文库资料的付费浏览。消费者根据自身需求,在百度文库中选择性地以下载券或者货币的方式购买一篇文章或者部分内容。这种模式目前在 B2C 的企业中逐渐成为主流。

2）网上订阅模式。消费者先在网络上订阅企业提供的无形产品或服务,企业对消费者订阅的无形产品或服务收费,在收到消费者的付款信息后,允许消费者使用无形产品或服务,被称为网上订阅模式。这种模式被在线教育、视频播放、电子报刊等广泛应用。例如,新东方在线提供各类型在线教育培训课程,如图 2-4 所示。

图 2-3 智联招聘

图 2-4 新东方英语四级在线课程

3）网络广告支持模式。网络广告支持模式是电子商务模式中最为成功的模式之一。它不向消费者收取费用，消费者只负责免费接收平台提供的广告信息服务，而平台企业网站的持续发展，完全由该平台的广告收入来维持。该模式主要依靠网站的知名度，如搜狐、百度在线搜索等。

4）网上赠予模式。网上赠予模式在出版商、软件公司和网络游戏公司较为常见。这种模式简单来说就是"先试用，再付费"。在新软件测试阶段，消费者通过免费下载试用的方式尝试使用。当该软件进入正式发布阶段，需要支付一定金额的费用才能继续使用。例如，Photoshop、Dreamweaver 等软件。

（2）有形商品和服务的电子商务模式

有形商品是相对于无形商品而言，它指的是实体商品。有形商品与无形商品在电子商务领域中的区别在于，无形商品购后无须物流参与，购后即享用；有形商品购后需要物流实现商品使用价值的转移。这种模式也被称为有形商品的在线销售。具体分为以下两种模式。

1）独立 B2C 网站。独立 B2C 网站是对于具有强大的资金保障和技术水平的企业而言，自己构建并维护网站（网上商城）的前台系统和后台系统。这种模式的企业分为两种，一种是实体企业（如苏宁易购、国美在线），另一种是完全虚拟的企业（如京东商城、当当网）。前者依靠网络扩展业务领域和市场规模，形成互补性的经营策略；后者则是全新的商业模式，带来商业领域的变革。

2）中介平台的 B2C 网站。中介平台的 B2C 网站为其他企业和消费者"搭桥"——提供虚拟交易平台，将买卖双方集合到该平台，实现电子商务交易。一般来说，中介平台的 B2C 网站不直接参与到双方的交易过程中，它们只依赖信息和网络技术运营平台。对于许多中小企业来说，中介平台的 B2C 网站为它们的发展壮大，打下了坚实的基础，如天猫商城。

3．按平台商品的种类分类

这种分类方式以商品的种类和相关性为标准，分为 3 类：综合型电子商务商城、垂直型电子商务商城和水平型电子商务商城。

（1）综合型电子商务商城

综合型电子商务商城是指商品的种类多、商品之间相关性复杂的销售网站。如亚马逊、京东商城、天猫商城等，它们经营的商品种类包括图书、鞋服、家居用品等。

（2）垂直型电子商务商城

垂直型电子商务商城是指对某一商品、某一品牌进行深度挖掘，形成该商品、该品牌的专门销售网站，商品间的相关性较为单一。这类电子商务商城往往品牌较有影响力，且拥有多样化的产品，如苹果官网。

（3）水平型电子商务商城

水平型电子商务商城是指在某领域中经营多品种、商品间相关性较为单一的销售网站。它是消费者需求细致划分的结果，它既提供多品牌供消费者选择，也针对某类商品做出了"小而精"的划分，如聚美优品。

2.1.4 互联网+传统企业

"互联网+"是创新 2.0 下的互联网发展的新业态。它代表着互联网与传统行业的结合，是共享经济诞生的基础。"互联网+"是指充分发挥互联网的优势，将互联网与传统产业深入融合，以产业升级提升生产力，最后实现社会财富的增加。"互联网+"代表着一种新的经济形态，它指的是依托互联网信息技术实现互联网与传统产业的联合，以优化生产要素、更新业务体系、重构商业模式等途径来完成经济转型和升级。

1．互联网企业+线下体验店

互联网企业+线下体验店模式是针对网络经营成功的线上商城而言，线下开办实体体验店，实现线上线下相结合的模式。这种模式是将网络商城的商品置于实体体验店中，消费者到店亲自尝试，消除对线上商品的顾虑和疑惑，同时也方便企业提供售后服务。如小米手机商城开设实体体验店。2015年9月，首家小米手机商城体验店在北京当代商城开业。该实体体验店推出面对面维修、全系产品现场购及新品线下同步首发、大宗商品可付款后快递上门等特有服务。

2．传统实体企业+线上商城

随着电子商务的蓬勃发展，传统实体企业受到冲击，为扩大企业的市场影响力，占领更多的市场份额，传统实体企业也开始转战电子商务市场，传统实体企业+线上商城模式就此诞生。该模式表现为以下3种形式。

1）建立自营商城网站。这种形式是指拥有强大经济实力和技术水平的大型实体企业，设立电商部门，独立构建、运营和维护企业商城网站。将企业的品牌优势发展到互联网领域，以扩大产品种类和市场份额，使实体企业在"互联网+"经济中占有一席之地，如苏宁易购、国美在线。

2）借力中介电子商务平台。这种形式适用于刚进入互联网领域的实体企业，它们借助中介电子商务平台构建电子商务商城，既可以占领网络市场份额，同时也为企业培养了电子商务人才，如百雀羚化妆品。

3）开发手机APP软件。这种形式主要是针对移动电子商务市场而言，传统实体企业通过开发手机APP软件，将移动端、PC端和实体店融为一体，使用大数据技术精准定位用户需求，实现线上线下的融合，帮助企业在市场竞争中占据主导地位。

技能实操1　体验京东商城注册和购物流程

扫码看视频

1．实操要求

学生以顾客的身份体验京东商城新用户注册与购买流程。

2．实操步骤

（1）用户注册

首先双击浏览器，在浏览器的地址栏中输入"http://www.jd.com"，打开京东商城的首页。然后单击"免费注册"按钮，进入"欢迎注册"界面输入用户名、密码、手机号、验证码等信息，单击"立即注册"按钮完成用户注册，如图2-5所示。

第 2 章　电子商务模式

图 2-5　京东商城新用户注册

（2）商品选购

1）在京东商城首页左侧的商品分类栏中，按类型搜索商品或者在网站首页上方的搜索文本框中输入商品名称，精确查找所需商品，如图 2-6 所示。

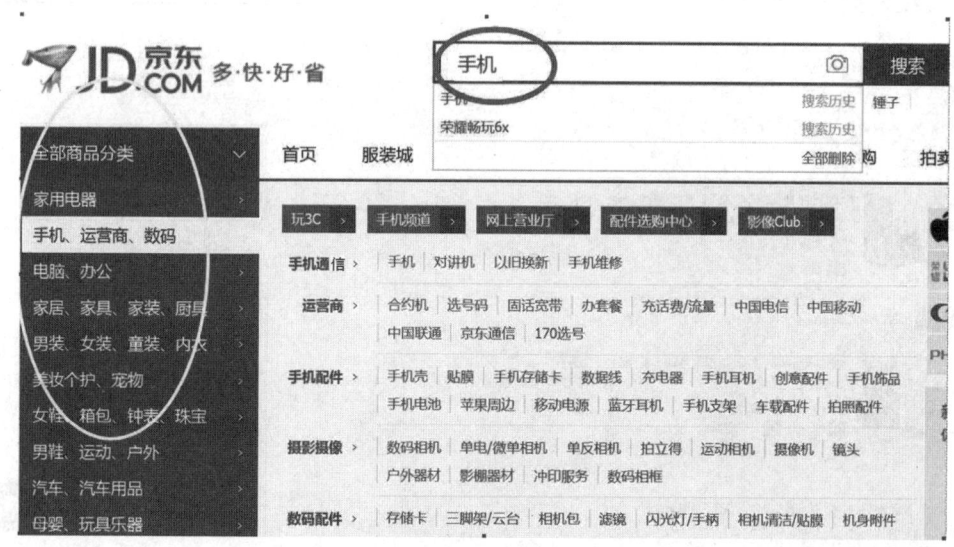

图 2-6　商品搜索页面

2）在结果页面中，选择需购商品并浏览该商品详情信息。单击"加入购物车"按钮，将商品放入购物车。若需购买的单品数量多，可在购物车界面中选择修改。若需购买两件及两件以上商品，可分别将各单品加入购物车，并在购物车界面选择合并，以方便支付结算，

29

如图 2-7 和图 2-8 所示。

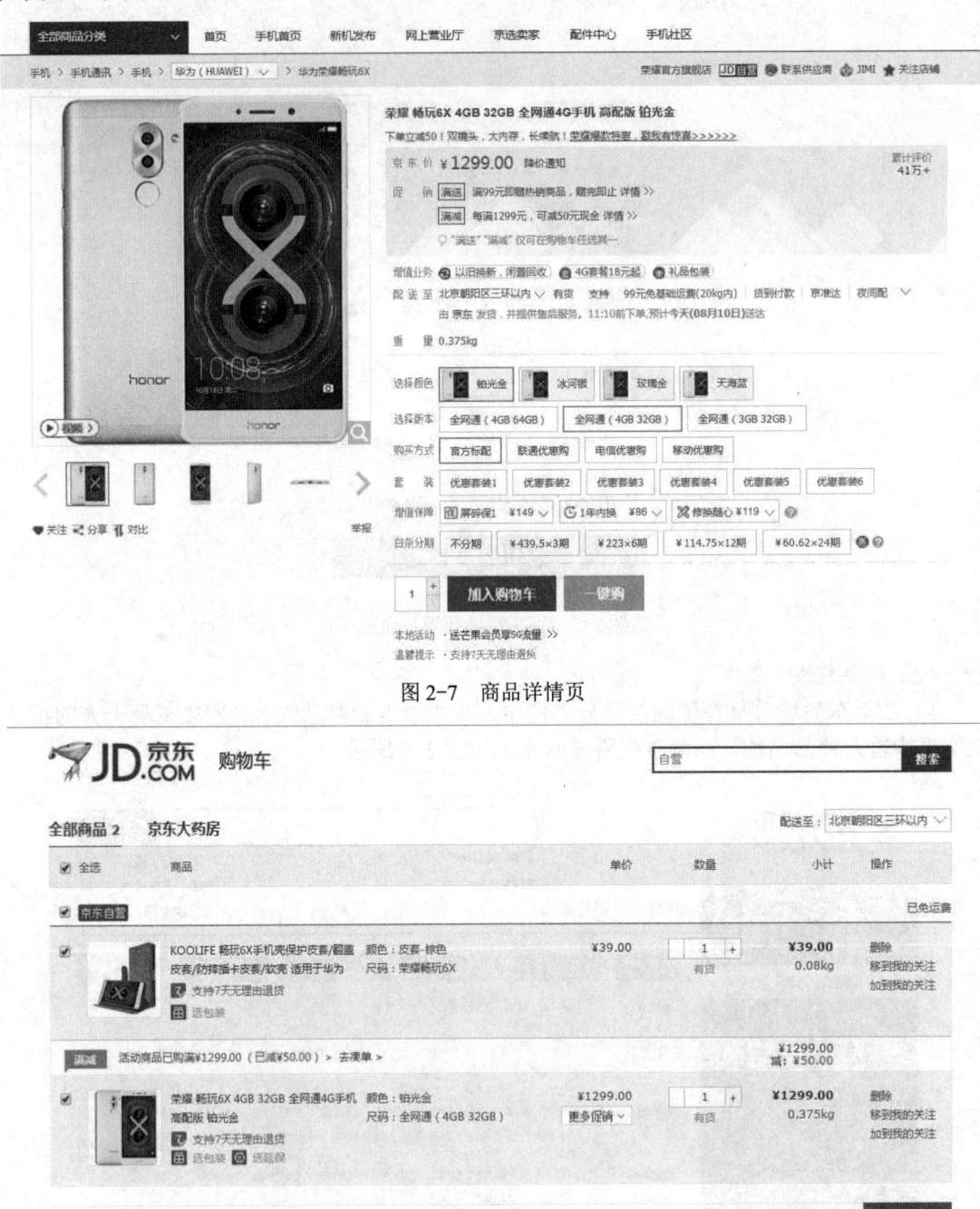

图 2-7　商品详情页

图 2-8　购物车界面

（3）订单制定

1）在购物车中，确认所购商品后，单击"结算"按钮，进入订单制定界面。新顾客需填写收货信息，并根据顾客自身要求选择送货的时间和方式，如图 2-9 所示。

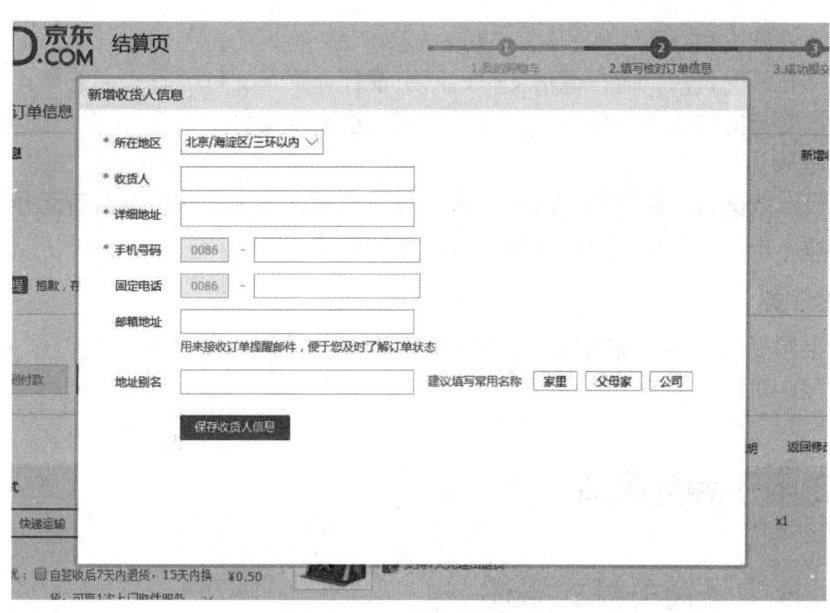

图 2-9 填写收货信息

2)在订单制定界面,收货人信息填写完毕,用户选择该订单的支付方式(公司汇款、在线支付、货到付款、邮局转账等),还可在发票栏中索要个人或公司发票。

3)核实该订单的商品信息、收货信息、支付信息无误后,单击"提交订单"按钮,订单生成,如图 2-10 所示。

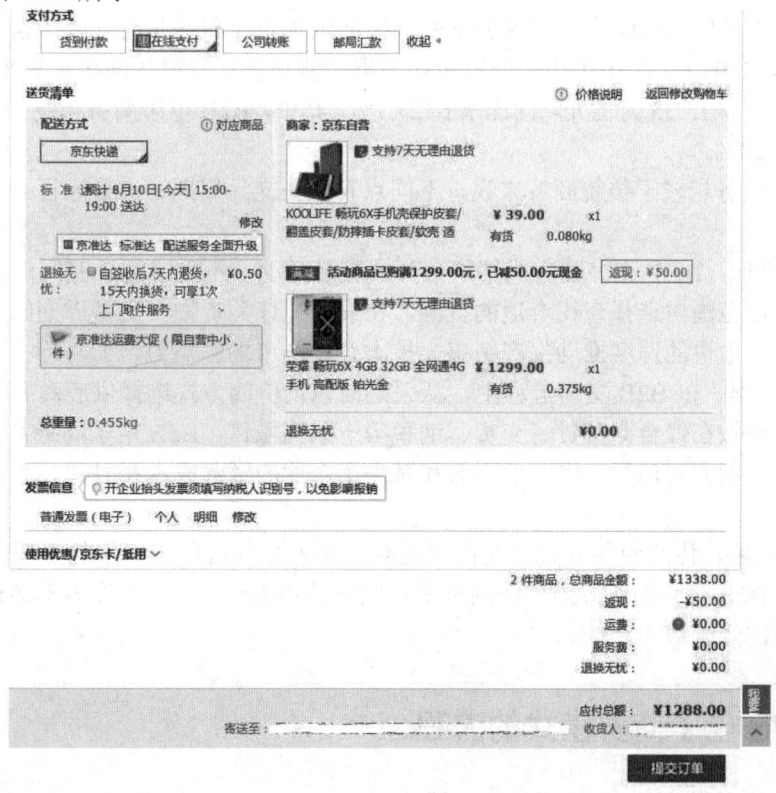

图 2-10 网上商城购物订单

(4) 订单在线支付

用户选择在线支付后,需在微信支付、网上银行、京东支付等方式中选择其一,输入支付账户的用户名与支付密码,单击"提交"按钮完成在线支付。

(5) 收货确认

顾客若已在线支付,则等待商城配送人员送达商品并签字确认;顾客若选择货到付款,则在商城配送人员送达商品签字确认的同时,支付货款。

3. 学生任务

尝试在京东商城、苏宁易购两个 B2C 网上商城注册新用户,分别体验两个 B2C 网上商城的交易流程,对比二者的优缺点。

2.2 B2B 电子商务模式

2.2.1 B2B 电子商务模式概述

B2B (Business to Business) 电子商务模式是企业间的商务模式,有业务联系的企业之间通过互联网或各种商务网络平台进行产品、服务及信息交换的商务活动。具体来说,它是指通过业务联系起来的上下游企业,将传统商务中的信息发布、商业洽谈、招投标、订购货物、签订合同等活动过程,利用互联网、私营或增值网络平台连接起来,形成虚拟企业网。网络的快速反应,不仅使企业间联系得更加紧密,也促进了企业和行业的发展。据中国电子商务研究中心《2017 年(上)中国电子商务市场数据监测报告》监测数据显示,2017 上半年中国电子商务交易额 13.35 万亿元,同比增长 27.1%。其中,B2B 电子商务市场交易额 9.8 万亿元,同比增长 24%。

B2B 电子商务相较于传统商务来说,不同点表现在交易周期、交易流程、交易成本 3 个方面。

1) 交易周期。B2B 交易因在网络平台开展交易活动,不受时间、空间的限制,企业可以 24h 内在全球范围内选择查找合适的货源,在线选择订购货物。交易周期的缩短,使企业以最短的时间、最快的速度推动生产销售,扩大企业的市场影响力。

2) 交易流程。在 B2B 交易过程中,从采购商以询价的方式选择供应商并签订合同订购产品,到供应商按在线合同发货、交货、纳税等一系列操作,B2B 电子商务都按照规范化、标准化及流程化的方式运行,极大地降低和减少了企业的经营成本和时间,有效地提高了工作效率。

3) 交易成本。传统商务方式企业在销售和采购方面都占用了大量的资源和时间,交易成本极高。而 B2B 交易的双方因依赖网络平台完成业务流程,减少了许多不必要的流程与费用,使得企业的经营成本降低。

2.2.2 B2B 电子商务模式的流程

B2B 电子商务模式的流程如图 2-11 所示。

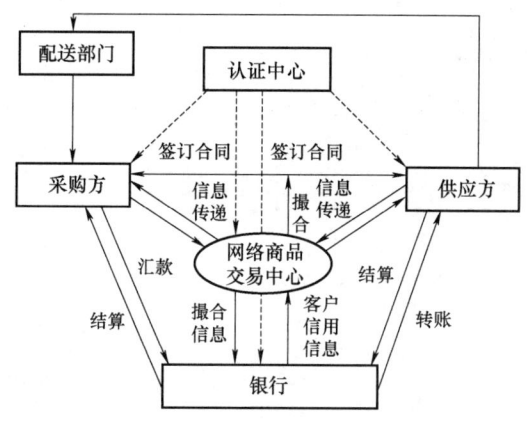

图 2-11 B2B 电子商务交易流程

1）采购方向供应方表明交易意向，提出商品报价请求并询问想购买商品的详细信息。
2）供应方向采购方回答该商品的报价，并反馈信息。
3）采购方向供应方提出商品订购单。
4）供应方对采购方提出的商品订购单做出应答，说明有无此商品及目前存货的规格型号、品种、质量等信息。
5）采购方根据供应方的应答决定是否对订购单进行调整，并最终确定购买商品信息。
6）采购方向供应方提出商品运输要求，明确使用的运输工具和交货地点等信息。
7）供应方向采购方发出发货通知，说明所用运输公司的名称、交货的时间和地点、所用的运输设备和包装等信息。
8）采购方向供应方发回收货通知。
9）交易双方收发汇款通知。采购方发出汇款通知，供应方告之收款信息。
10）供应方备货并开出电子发票，采购方收到货物，供应方收到货款，整个 B2B 交易流程结束。

为确保企业间的 B2B 交易安全有效，认证中心还需对在线交易企业、网络平台、网络银行颁发数字证书，以确认交易各方的身份。如果是跨境贸易，还将涉及海关、商检、国际运输、外汇结算等业务。

2.2.3　B2B 电子商务模式的分类

B2B 电子商务按照不同的标准存在以下两种分类。

1. 按交易网站构建主体的不同划分

（1）供应商构建 B2B 网站

在这种 B2B 电子商务模式中，供应企业独立构建维护网站，并公布产品或服务的信息，然后等待采购企业上网洽谈、交易。这是一种最普遍的 B2B 电子商务模式，以期寻求众多的采购商，旨在建立或维持其在交易市场中的地位。例如，全球路由器、交换机和其他网络互联设备的领导厂商思科公司（Cisco）使用互联网提供电子化支持，包括在线订货、软件下载、故障跟踪和技术建议等，如图 2-12 所示。

图 2-12　思科中国

(2) 采购商构建 B2B 网站

采购商构建 B2B 网站是以需求产品或服务的企业为主导建立网站,将需求信息公布在网站上,等待供应企业上网洽谈和交易。这种 B2B 电子商务模式旨在使采购企业在市场中享有主动权。目前,随着国内外经济的影响,我国 B2B 电子商务正逐渐从服务供应商到服务采购商的转变。例如,世界工厂网,它是以服务采购商为主的 B2B 模式,不仅通过独特的、高附加值的产品及服务,提升了采购商的在线采购体验,也增加了企业的竞争优势,如图 2-13 所示。

图 2-13　世界工厂网

(3) 第三方企业构建 B2B 网站

第三方企业是独立于供应企业和采购企业的中立平台公司。这种 B2B 电子商务模式是以第三方企业的平台为基础吸引买卖双方，便于匹配双方的需求与价格。第三方企业构建的 B2B 网站以降低企业交易成本并拥有大量用户信息为主，往往在较为分散的买方和卖方市场中应用广泛，如环球资源网。

2．按面向目标市场的不同划分

1）面向制造业或面向商业的垂直 B2B。垂直 B2B 可以分为两个方向，即上游和下游。生产商或商业零售商可以与上游的供应商之间形成供货关系；生产商与下游的经销商可以形成销货关系。如 Dell 公司与上游的芯片和主板制造商就是通过这种方式进行合作。

2）面向中间交易市场的 B2B。这种交易模式是水平 B2B，它是将各个行业中相近的交易过程集中到一个场所，为企业的采购方和供应方提供了一个交易的机会。B2B 只是企业实现电子商务的一个开始，它的应用将会得到不断发展和完善，并适应所有行业和企业的需要。如阿里巴巴为千万企业提供海量商机信息和便捷安全的在线交易市场。

2.2.4 跨境电子商务

跨境电子商务对于推动经济一体化、贸易全球化具有非常重要的战略意义。对于消费者来说，跨境电子商务使他们可以非常容易地获取其他国家的信息并买到物美价廉的商品；对企业来说，跨境电子商务构建的开放、多维、立体的多边经贸合作模式，极大地拓宽了进入国际市场的路径，大大促进了多边资源的优化配置与企业间的互利共赢。跨境电子商务不仅使国际贸易走向无国界贸易，同时它也引起了世界经济贸易的巨大变革。

1．跨境电子商务概述

跨境电子商务简称跨境电商，是指分属不同关境的交易主体，通过电子商务平台达成交易、进行支付结算，并通过跨境物流送达商品、完成交易的一种国际商业活动。据中国电子商务研究中心监测数据（100EC.CN）显示，2017 年上半年中国跨境电商交易规模 3.6 万亿元，同比增长 30.7%。

跨境电子商务由跨境电子商务平台、跨境支付和跨境物流三个部分构成。

1）跨境电子商务平台主要是用于产品和服务的信息发布，并在线匹配双方交易，如速卖通、亚马逊、Wish 等。

2）跨境支付是指为交易双方提供线上线下的支付手段完成收汇款服务，如信用卡支付、银行转账、第三方支付等。

3）跨境物流是跨境电商的最后环节，实现将跨境交易的产品由卖方转移到买方手中的活动，一般采用国际快递、国际物流专线、海外仓等方式。

2．跨境电子商务分类

跨境电子商务的模式多种多样，一般来说主要分成以下两类。

1）按照进出口方向来分，分为进口跨境电子商务和出口跨境电子商务。

进口跨境电子商务是境内买家购买境外卖家的商品，通过国际电子商务网站下单购买，由国际快递负责将产品送达给国内消费者。从中国电子商务研究中心《2017 年度中国跨境电商政策研究报告》监测显示，2017 年上半年中国进口跨境电商交易规模达 8624 亿元，同比增长 66.3%。

出口跨境电子商务是指境内卖家将商品销售给境外买家,国外买家访问跨境电子商务平台,选择、订购、支付商品后,由国内卖家发国际物流至国外买家。据中国电子商务研究中心(100EC.CN)监测数据显示,2017 上半年中国出口跨境电商交易规模 2.75 万亿元,同比增长 31.5%。伴随着"一带一路"以及"互联网+"的政策支持,跨境电子商务将进一步发展。目前,出口类 B2B 电子商务平台为阿里巴巴国际站、中国化工网英文版、环球资源、中国制造网、MFG.com、聚贸、易唐网、大龙网、敦煌网等。

2)按照交易主体来分,分为 B2B 跨境电子商务、B2C 跨境电子商务、C2C 跨境电子商务。

B2B 跨境电子商务是指不同关境的企业之间,通过跨境网络平台进行产品、服务和信息交换的国际商业活动。代表性的跨境电子商务平台有阿里巴巴国际站、敦煌网、环球资源网等。据商务部分析称,跨境电子商务在中国进出口贸易中已占有重要位置,未来跨境电子商务将成为主要的外贸模式之一,其中 B2B 已经占跨境电子商务进出口的七成以上。我国对 B2B 跨境电子商务也给予了极大的支持。2015 年,杭州成为首个跨境电子商务综合试验区,2016 年相继在广州、深圳、天津、上海、重庆、大连等 12 个城市新设跨境电子商务综合试验区,推动了跨境电子商务的发展。

B2C 跨境电子商务是指不同关境内的企业与消费者之间,企业利用网站实现直接销售产品或服务给消费者的国际商业活动。代表性的网站有速卖通、亚马逊、兰亭集势等。近几年,出口 B2C 跨境电子商务发展迅猛,据阿里跨境电商研究中心与埃森哲联合发布的《全球跨境 B2C 电商市场展望趋势报告》显示,全球跨境 B2C 电商的年均增长率高达 27%,估计全球市场规模将由 2014 年的 2300 亿美元升至 2020 年的接近 1 万亿美元。预计 2020 年跨境 B2C 电商消费者总数将超过 9 亿人,年均增幅超过 21%,形成一个强劲的消费大军。

C2C 跨境电子商务是指不同关境内的消费者之间,通过第三方电子商务平台实现产品或服务从卖方到买方转换的国际商务活动。代表性的第三方电子商务平台有 eBay、淘宝全球购等。

随着 2015 年"互联网+"时代的来临,跨境电商已经成为对冲出口增速下台阶的利器。近年来,以跨境电商为代表的新型贸易的发展脚步正在逐渐加快,并有望成为中国贸易乃至整个经济的全新增长引擎。

  技能实操 2　体验阿里巴巴网站注册和发布供应信息流程

扫码看视频

1. 实操要求

学生以供货商的身份体验阿里巴巴网站企业注册和发布供应信息流程。

2. 实操步骤

(1)企业注册

双击浏览器,在浏览器的地址栏中输入"http://www.1688.com",打开阿里巴巴的首页。在首页的左上角找到"免费注册"入口,单击进入。根据企业情况,填写详情页面中的各类信息,如图 2-14 所示。单击"同意并注册"按钮,完成企业注册。

第 2 章 电子商务模式

图 2-14 阿里巴巴企业注册

（2）发布供求信息

1）登录账户。注册成功后，打开阿里巴巴首页，单击左上角的"请登录"按钮，输入会员名和登录密码，进入首次登录的提示界面。在界面中完善企业的联系信息，方便企业间进行联系。

2）单击进入发布供求信息栏目。进入"我的阿里"界面，在左侧分类栏中选择"发布供应产品"，或者打开全部功能菜单，选择"发布供应产品"，如图 2-15 所示。

图 2-15 寻找发布供求产品栏目

3）选择发布商品类目。在发布供应产品信息的栏目中，单击"我要发布"按钮，进入发布页面。在发布商品类目中，根据商品特性，选择发布商品的类目，如图 2-16 所示。

图 2-16　发布商品类目选择

4）填写商品详情页。在产品详情页面中，填写商品详情，然后单击"同意协议条款，我要发布"按钮，完成商品详情的编辑，如图 2-17 所示。

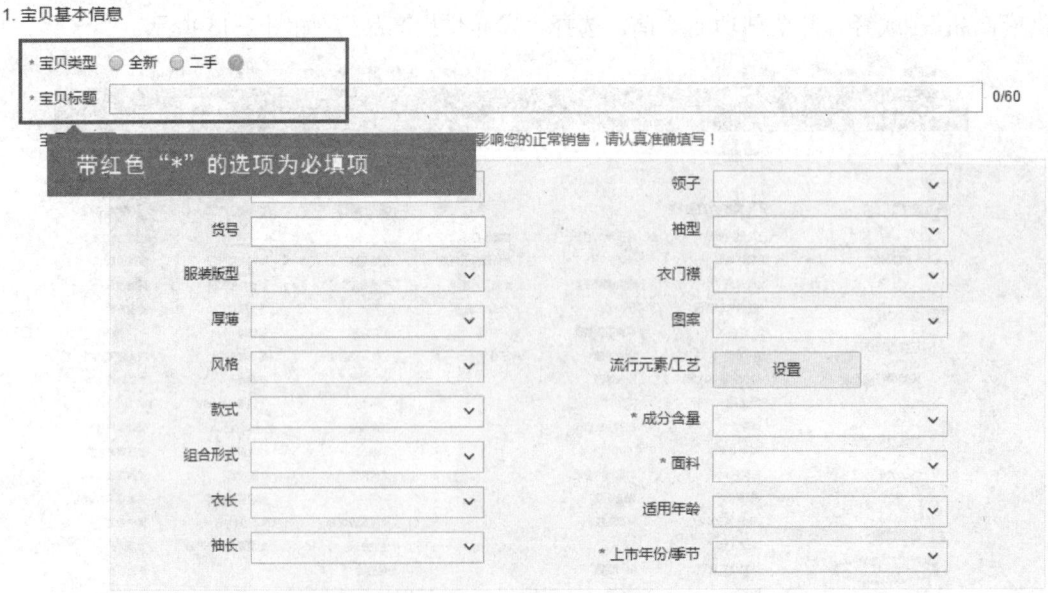

图 2-17　商品详情页

5）信息发布成功。商品详情页编辑提交后，页面会显示"发布成功，您的信息已提交审核！"供求信息提交后需要两个工作日进行审核，审核通过后发布上线。

3．学生任务

尝试作为采购企业在阿里巴巴网站上体验采购进货的流程，分析阿里巴巴的经营模式。

2.3 C2C 电子商务模式

2.3.1 C2C 电子商务模式概述

C2C（Customer to Customer）电子商务模式是消费者对消费者的商务形式，简单地说就是在互联网平台上个人消费者之间交易服务或产品的活动。这种模式是由第三方企业构建网络平台，卖家在该平台上搭设网络店铺，买家通过浏览网店寻找需求，并使用即时通信工具进行交流，买卖双方意见统一之后借用支付工具支付货款，卖家依靠物流公司发送货物给买家，至此 C2C 电子商务的购买过程完成。

相较于 B2B、B2C 电子商务模式，C2C 电子商务模式的特点表现在以下 4 个方面：

1）参与者众多，具有双重身份。C2C 电子商务平台平等开放，使得用户数量大且分散，而且平台中个人既可以是卖家，也可以是买家。

2）交易产品数量多，种类丰富。C2C 类似于网络上开办的"自由市场"，数量众多的个体经营者在第三方平台上，为消费者提供多种多样的产品和服务。

3）单笔交易金额小，但交易次数较多。因 C2C 交易是在个人之间开展，所以交易频繁，但交易的金额较小。

4）支付、物流的服务支持必不可少。在 C2C 交易过程中，第三方平台只提供给买卖双方选购、洽谈、订购的服务，要满足资金和货物的需求还要为买卖双方提供支付平台和物流系统的支持，保证信息流、资金流、物流、商流的实现。

2.3.2 C2C 电子商务模式的流程

C2C 电子商务模式主要是卖方在一个在线交易平台上开设店铺，买方在该交易平台上选择购买商品的过程。我国目前最大的 C2C 交易平台是淘宝网。因此，下面将以淘宝网为例从开店和购买两个方面介绍 C2C 交易流程。

1．开店流程

卖家开店流程，如图 2-18 所示。

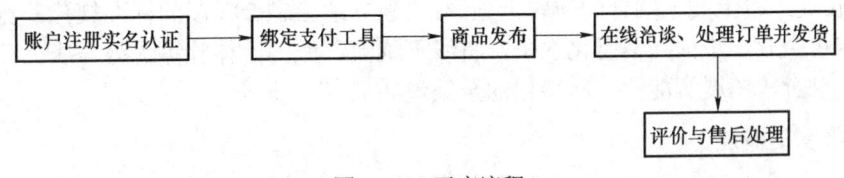

图 2-18 开店流程

1) 账户注册。在 C2C 电子商务平台注册账户信息，成为会员享有开店购物的权利。一般须填写会员名、密码、手机号等个人信息，以手机验证码方式激活会员账号。

2) 实名认证。在交易过程中，C2C 电子商务平台为了保证交易真实有效，要求卖家提交个人身份证信息进行实名认证。

3) 绑定支付工具。为了便于网络收付款，卖家需绑定第三方支付工具，提交银行卡号、身份证号、真实姓名等个人信息。

4) 商品发布。实名认证成功后，卖家可以设置店铺，并免费发布商品。虽然发布商品是免费的，但在店铺设计过程中，为了适应市场的需求，平台会收取一些增值服务费。

5) 在线洽谈、处理订单并发货。在 C2C 交易过程中，卖家通过即时通信软件随时解决买家的疑问，并引导其下单。在收到买家已支付的订单后，卖家需确认订单商品和数量、精细包装、安排物流公司发货。

6) 评价与售后处理。买家收到商品后，会在平台中给出购后评价。卖家应本着客观、公平、礼貌的方式予以回应，对于有售后需求的客户给予帮助并提供相应的服务，如退换货、维修、质保等。

2．购买流程

买家购物流程，如图 2-19 所示。

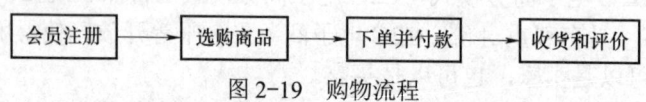

图 2-19 购物流程

1) 会员注册。C2C 电子商务平台需注册为会员方可进行购物，买方注册步骤和卖方注册步骤相同。

2) 选购商品。买家登录后，可以在搜索引擎或者分类栏中，选择要购买的商品。

3) 下单并付款。买家选定购买商品，可使用购物车或者直接购买的方式下单。在订单页面中，买家需要输入收货地址、联系人、联系方式等信息。在支付页面中，输入支付账户和密码，完成下单。

4) 收货和评价。买家收到物流公司的送货后，需确认商品的质量，如不满意应及时联系卖家退换货，并给出客观、公正、礼貌的评价。

2.3.3 新零售模式

随着电子商务的发展，传统的零售行业受到了冲击，零售业被割裂成了对立的线下零售和线上零售两部分。近几年，线下零售因信息技术的进步使得顾客对消费体验的要求越来越高。线上零售的电子商务大格局已经固定，快速增长已经不可能。2016 年下半年，"新零售"这一概念开始迅速火爆起来。同年 11 月，国务院办公厅印发《关于推动实体零售创新转型的意见》，在促进线上线下融合的问题上强调："建立适应融合发展的标准规范、竞争规则，引导实体零售企业逐步提高信息化水平，将线下物流、服务、体验等优势与线上商流、资金流、信息流融合，拓展智能化、网络化的全渠道布局。"

1．新零售的概述

新零售，即企业以互联网为依托，通过运用先进技术手段，对商品的生产、流通与销售过程进行升级改造，进而重塑业态结构与生态圈，并对线上服务、线下体验以及现代物流进行深度融合的零售新模式。简单来说，新零售就是线上、线下和物流的整合。线上是指网络平台，线下是指零售门店或制造商，强物流将库存降到最低，减少囤货量。核心是全息消费者画像，挖掘消费者的需求，将线上、线下的支付、服务、物流统一到一起的新商业模式。

新零售的"新"体现在以下 3 个方面：

1）以消费者为核心。线下零售店不能有效收集、监控消费者行为，无法精细化运营，但新零售可以利用信息技术对消费者数据进行收集分析，检测用户的购买行为，优化营销方案，进而精准地推送商品。

2）交易主客体的双重性。在交易过程中，新零售是将线上线下的人、货、物整合，所以商品、卖方、买方都存在双重身份，即实体身份与数字身份。

3）各行业零售形态产生。借助信息技术的带动和发展，各行各业之间的边界将会模糊化，如餐饮业、物流业、娱乐业等将产生新的零售形态，零售业最终会变成人人零售的新形式。

2．新零售的产生

新零售刚起步，它的发展主要受信息技术发展、消费需求升级、行业变革 3 个方面因素的影响。

1）信息技术发展。新零售最大的特点是以消费者为核心，全息消费者画像，深度挖掘消费者的需求，为了达到这一目的，信息技术的使用功不可没。大数据、云计算、移动互联网、人工智能、智慧物流、互联网金融等信息技术运用到新的商业基础设施，使传统分散的线下零售市场统一成为线上的大市场。

2）消费需求升级。主力消费者发生改变推动了消费的新变革。在年龄上，80、90 后逐渐成为消费主体；在收入上，由中高收入人群引导网络消费。由于主力消费群体变得年轻、高收入，消费升级为追求个性、品牌、服务、体验。据中国互联网信息中心发布的第 41 次《中国互联网络发展状况统计报告》显示，截至 2017 年 12 月，我国网民规模达 7.72 亿，我国网民以 10～39 岁群体为主，占整体网民的 73.0%。其中 20～29 岁年龄段的网民占比最高，达 30.0%；10～19 岁、30～39 岁群体占比分别为 19.6%、23.5%。网民群体中月收入在中高等水平的占比最高，其中月收入在 2001～3000、3001～5000 元的群体占比分别为 16.6% 和 22.4%。

移动支付和线上线下的融合导致消费需求产生新的变化。随着移动支付设备的普及和移动支付体系的完善，移动支付正在逐步融入衣食住行的生活方式中，成为新型的消费方式。同时"互联网+"促进传统商业模式不断发生转变，消费者对消费数字化的需求程度更高，线上线下的融合便于全方位地满足消费者的消费诉求，促进传统商业的转型。

3）行业变革。电子商务增速放缓，单纯依靠纯电子商务难以扩大消费市场。根据艾瑞咨询发布的《2016 年中国 O2O 行业发展报告》统计显示，2015 年网络购物市场交易规模 3.8 万亿元，同比增长 36.2%，预计 2016 年网络购物市场交易规模突破 5 万亿元，同比增速下滑至 30.7%。2014～2016 年"双十一"单日全网成交额分别为 805、1229、1770 亿元，同比增长 79%、53%、44%。

线下零售具有无可替代的价值。具体表现在，线下实体店给顾客提供商品或服务时，具备的可视性、可听性、可触性、可感性、可用性等直观属性，而线上电商始终没有找到能够提供真实场景和良好购物体验的现实路径。另外，线下零售店铺的分布广和品类全，对消费者都极具吸引力，尤其体现在生鲜产品的保鲜方面。

3. 新零售的案例

永辉超市：新零售的超级物种

永辉超市是中国大陆首批将生鲜农产品引进现代超市的流通企业之一，被百姓誉为"民生超市、百姓永辉"。永辉已发展成为以零售业为龙头，以现代物流为支撑，以现代农业和食品工业为两翼，以实业开发为基础的大型集团企业。

近年来，国内零售行业整体增长乏力，线上销售出现瓶颈，线下实体销售额更是出现下滑趋势。永辉按照"全球直采、品牌定制、品质定制"的发展思路，正在构筑一个从生产制造到零售终端，从民政保障到中产消费，从商品零售到整合金融、物流、商贸服务多项周边业务的生态圈。

在具体业务布局上，永辉成立了名为"超级物种"，发展超市+餐饮的综合业态。它是一个基于会员电商平台及体验店的新零售业态，它集"高端超市+食材餐饮+永辉生活APP"于一体，既是超市，顾客可以选购食物带回家；也是餐厅，顾客可以选择食物让大厨现场烹饪；也可以享受便利的线上体验。它以店面为中心，深度融合线上线下，提供3km范围内30min极速送达的服务。它充分发挥公司供应链优势，并进行上下延伸，以超市的低成本，为餐饮提供全球优质食材（三文鱼、波士顿龙虾、澳洲牛肉等），以餐饮的良好消费体验，带动超市销售。

永辉超级物种的具体做法如下：

1）超级物种融合了8个创新项目：鲑鱼工坊、波龙工坊、盒牛工坊、麦子工坊、咏悦汇、生活厨房、健康生活有机馆、静候花开花艺馆。

2）超级物种由多个"物种"组合而来，根据商圈不同任意搭配。每一个物种都是永辉自己孵化，而且首家超级物种的8个产物曾单个在永辉其他业态做过尝试。

3）经营模式采取"线上+线下+餐饮"，线下门店集合卖场、餐饮、仓储、分拣等功能。物流配送方面采取"前场库存+后场物流"的形式，并自建物流。

4）全部自营，一方面可以更好地做产品的研发和推广，另一方面也避免了出现联营模式中合作商户不挣钱、减少品类或者直接撤场的现象。

5）下半年开始，超级物种加速扩张，并表示今年将在全国新开24～50家门店。同时有消息称，永辉已在我国香港、台湾及新加坡、美国、澳大利亚等目标市场注册分公司，未来将采取与当地企业合作进行品牌（包含后端技术及供应链支持）输出的方式，实现超级物种的拓点。

技能实操3　体验淘宝网注册和购物流程

扫码看视频

1. 实操要求

学生以买家的身份体验淘宝网购物流程。

2. 实操步骤

（1）买家注册

双击浏览器，在地址栏中输入"http://www.taobao.com"，打开淘宝网首页，在首页左上角找到"用户注册"，在用户信息注册页面，输入用户的会员名、密码、手机号等信息注册，如图2-20所示。

第 2 章　电子商务模式

图 2-20　淘宝用户注册

用户注册成功后，在支付方式设置界面，输入支付使用的银行卡号、支付密码等信息，便于购物付款。至此，用户注册完成。

（2）购买流程体验

1）查找商品。用户登录后，可在首页左侧的商品分类栏中按类型搜索商品或者在网站首页上方的搜索文本框中，输入商品名称，精确查找所需商品。在搜索页面中，用户可通过精细筛选选择喜欢的商品，如图 2-21 所示。

图 2-21　精细筛选

2）下单并付款。在宝贝详情页面中，查看并选购商品。在下订单界面，输入收货人、收货地址、联系方式和订单要求等信息。确认无误后，单击"提交订单"按钮，如图 2-22 所示。

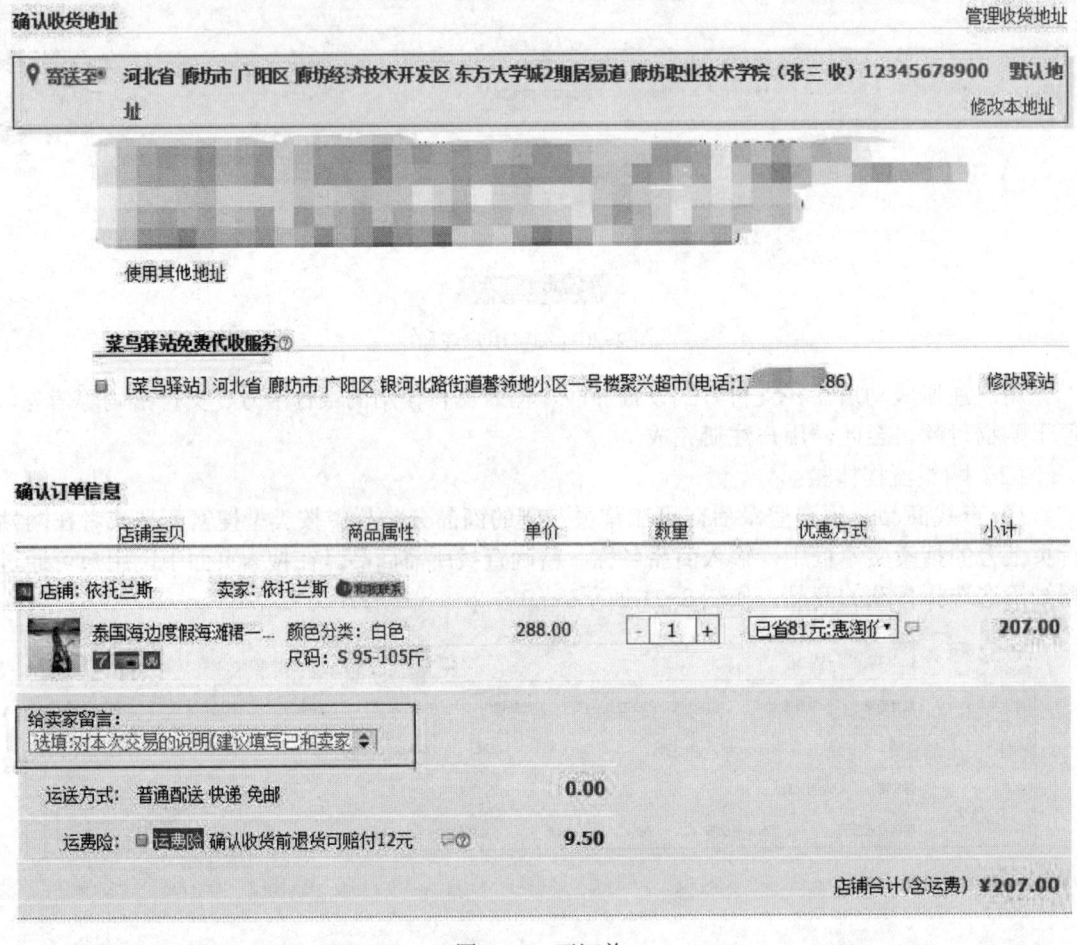

图 2-22　下订单

订单确认后，在支付界面选择银行卡、余额宝、账户余额、花呗中的一种，并输入支付密码进行支付。

3）收货并评价。买家收到货物后，要第一时间检查商品，若有破损或者不满意，应立即联系卖家退换货。首先，用户登录个人账户，在"我的淘宝"中"已买到的宝贝"菜单里，查找该笔订单，单击"退货/退款"按钮，进入退换货流程。其次，在退换货窗口中，填写退换货方式、原因、金额等信息，等待商家处理。最后，保证商品的完整并由物流发回，将物流单号填入平台，等待卖家收到货物后进行退款，如图 2-23 所示。

若购后满意不需要退换货，则应本着客观、公正、礼貌的态度给予卖家评价。评价分为好评、中评、差评三种，对商家来说，好评加一分，中评不加分，差评扣一分。

第 2 章　电子商务模式

图 2-23　退换货

3．学生任务

在淘宝网中体验以拍卖的方式竞买一款商品，尝试 C2C 竞拍购买的过程。

2.4　其他电子商务模式

电子商务模式是指在网络环境和大数据环境中基于一定技术基础的商务运作方式和赢利模式。分析电子商务模式的分类，有助于挖掘新的电子商务模式，为电子商务模式创新提供途径。前面章节提到的 B2C、B2B、C2C 是基本的电子商务模式，伴随电子商务的发展、信息技术的进步和产业的调整，产生了许多电子商务的新形态。

2.4.1　O2O 电子商务模式

1．O2O 电子商务模式的定义

O2O 电子商务模式（Online To Offline）即线上到线下，是指让互联网成为线下交易的平台，将线下的商务机会与互联网结合。O2O 电子商务模式，就是线下商家通过在网上开设店铺将产品和服务信息进行展示，消费者通过线上筛选和比对寻找喜欢的产品和服务，并在线下体验后的选择性的消费，如图 2-24 所示。目前 O2O 模式代表型网站有大众点评、滴滴打车、美团等。

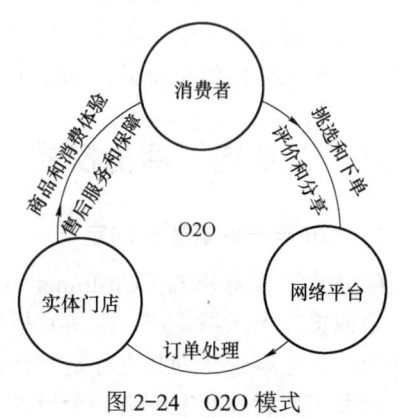

图 2-24　O2O 模式

2. O2O 模式的分类

按照用户的需求，O2O 可以分为线上为线下引流、线下为线上导流、线上线下渠道并行三类。

（1）线上为线下引流

线上为线下引流模式是最为流行的 O2O 电子商务模式，以线下门店为核心，通过线上的流量、信息和产品聚集，给线下合作商家带客户，提高线下门店的销售，如大众点评、美团等。

（2）线下为线上导流

线下为线上导流模式是指充分利用线下门店的体验优势，以及线上的在线支付、物流等服务优势，实现"线下体验+线上销售"的一种模式。该模式适合线下门店的品牌影响力大的企业，尤其是服装、鞋和箱包类等行业，如优衣库。

（3）线上线下渠道并行

线上线下渠道并行模式是以企业的业务为核心，重新整合线上线下的销售渠道，扩大品牌的影响力。这种模式是传统企业线下有大量门店或加盟商，线上同时运营网络商城和个人店铺，会有线上线下价格冲突、总部与加盟商冲突的问题，因此针对这种情况，传统企业整合渠道让线上线下销售的产品规格或品类不一样，让线上与线下品牌形成呼应，如李宁。

2.4.2 B2G 电子商务模式

1. B2G 电子商务模式的定义

B2G 电子商务模式（Business to Government）即企业与政府机构间的电子商务，是企业与政府之间通过网络进行管理活动的运作模式，比如，电子通关，电子报税等。由于活动在网上完成，企业可以随时随地了解政府的动向，还能减少中间环节的时间延误和费用，提高政府办公的公开性与透明度。因此，B2G 电子商务模式以速度快、程序透明、费用低而被广泛应用。

2. B2G 模式的分类

一是政府通过网上服务，为企业创造良好的电子商务空间。网络为政府与企业之间的管理活动提供了平台，如电子报税。

二是政府上网采购，为企业提供大量的商机。政府通过网络精简管理业务流程，为企业提供了各种快捷的信息服务，如电子采购。

2.4.3 C2B 电子商务模式

1. C2B 电子商务模式的定义

C2B 电子商务模式（Customer to Business）即消费者对企业的商业模式，消费者提出需求，企业按需求组织生产。消费者根据自身需求定制产品和价格，或主动参与产品设计、生产和定价，生产企业为其进行定制化生产。这一模式是以消费者为核心，一心一意为客户服务的模式，帮助消费者和商家创造一个更加省时、省力、省钱的交易渠道。

2. C2B 形式的分类

（1）聚合式需求

对于一些还没有生产或销售的产品，通过预售、集体团购等形式将分散着的用户需求集中起来，根据大众客户需求进行生产或销售。对于企业来说，这种模式可有效缓解盲目生产带来的资源浪费，降低企业的生产及库存成本，提升产品周转率，从而避免资源的浪费，如团购。

（2）个性化定制

客户通过定制环节参与到企业生产或销售流程中，用户提出个性化需求，商家根据需求生产或销售个性化产品。这种模式的关键点是解决大规模生产与个性化定制之间的矛盾，如海尔商城定制，如图 2-25 所示。

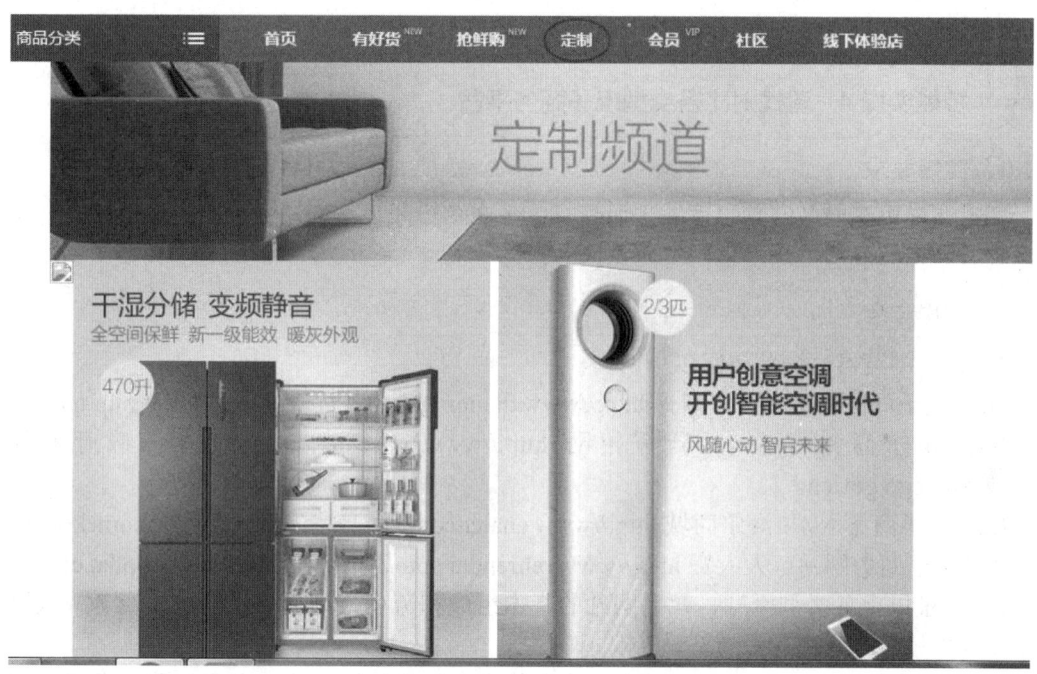

图 2-25　海尔商城定制

2.4.4　P2P 电子商务模式

P2P 电子商务模式（Person to Person 或 Peer to Peer）即个人对个人的商业模式，也被称为互联网金融点对点借贷，是一种将小额资金聚集起来借贷给有资金需求人群的一种民间小额借贷模式。它是随着互联网的发展和民间借贷的兴起而发展起来的一种新的金融模式，借款人在平台发放标书，投资者竞标向借款人放贷，由借贷双方自由竞价，平台撮合成交，在借贷过程中，资料与资金、合同、手续等全部通过网络实现，如拍拍贷、人人贷、PPmoney 等，如图 2-26 所示。

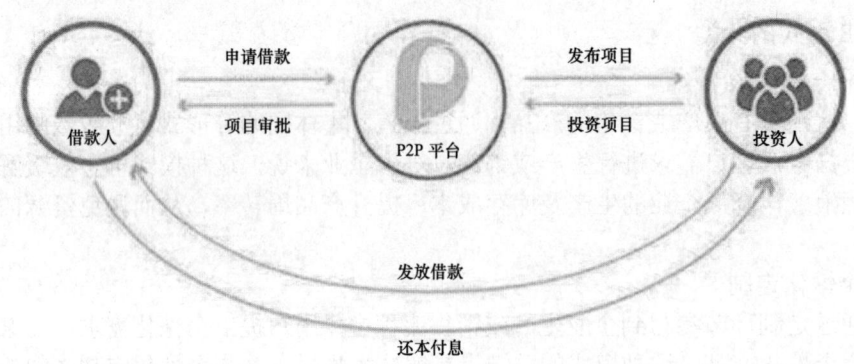

图 2-26 P2P 模式

深圳市钱诚互联网金融研究院（第一网贷）发布的《2017 年全国 P2P 网贷行业快报》显示，2017 年全国 P2P 网贷成交额突破 3.9 万亿元，达到 38 952.35 亿元，比上年增长 38.87%。

技能实操 4　查找对比各类型电子商务平台

1. 实操要求

通过访问电子商务网站，进一步加强对电子商务模式类型的认知，明确各电子商务平台的区别。

2. 实操步骤

1）打开浏览器，浏览访问以下网站。

O2O 电子商务网站：大众点评 http://www.dianping.com、优衣库 http://www.uniqlo.cn。

B2G 电子商务网站：中国采招网 http://www.bidcenter.com.cn、中国政府采购网 http://www.ccgp.gov.cn。

C2B 电子商务网站：海尔商城 http://www.ehaier.com、尚品宅配 http://www.homekoo.com。

P2P 电子商务网站：人人贷 http://www.renrendai.com、拍拍贷 http://www.ppdai.com。

2）登录以上各类型网站，熟悉网站的基本组成和流程，列出以上各电子商务模式网站的主要功能模块或者内容设置。

3）分析和比较以上几类不同的电子商务模式之间的异同，指出各种电子商务模式的特点、网站经营管理范围、客服服务等方面的区别。

3. 学生任务

根据上述步骤查找并对比以上各类型电子商务网站的异同点。

本 章 小 结

本章着重阐述了电子商务的交易模式，重点分析了电子商务模式的在线交易流程、模式分类、模式新发展；最后介绍了随着信息技术和互联网技术的进步，我国电子商务发展过程中出现的新型商务模式。本章的每一小节后都安排了针对性的技能操作，目的在于提高学生的认知和动手能力。

思考与练习

1. 单选题

1）商家要开展电子商务活动，应该用（　　）作为其主要的生意平台。
　　A．BBS　　　　　　B．电子邮件　　　　C．在线商店　　　　D．电话订购
2）电子商务模式是指（　　）。
　　A．使用网络信息技术的商务模式
　　B．企业产品、资金、信息及其创造过程的运行机制
　　C．对一个公司的消费者、顾客、结盟公司与供应者之间角色的叙述
　　D．体现公司在如何获利以及在未来长时间内的计划
3）百度糯米属于（　　）模式。
　　A．B2B　　　　　　B．B2C　　　　　　C．C2B　　　　　　D．C2C
4）第三方构建B2B平台的网站是（　　）。
　　A．世界工厂网　　　B．海尔商城　　　　C．思科中国　　　　D．阿里巴巴
5）企业与消费者之间以Internet为主要服务提供手段进行的商务活动是（　　）电子商务。
　　A．B2C　　　　　　B．B2B　　　　　　C．C2C　　　　　　D．B2G

2. 多选题

1）B2C电子商务网上商城包括（　　）。
　　A．淘宝网　　　　　B．京东商城　　　　C．当当　　　　　　D．亚马逊
2）跨境电子商务由（　　）等部分构成。
　　A．跨境物流　　　　B．跨境支付　　　　C．跨境电子商务平台　D．跨境交易
3）新零售包括（　　）电子商务模式。
　　A．B2G　　　　　　B．P2P　　　　　　C．B2C　　　　　　D．C2C
4）O2O电子商务模式分为（　　）。
　　A．线上为线下引流　　　　　　　　　　B．线下为线上导流
　　C．线上线下渠道并行　　　　　　　　　D．线下线上分离
5）以下属于电子商务平台的是（　　）。
　　A．阿里巴巴　　　　B．淘宝网　　　　　C．敦煌网　　　　　D．美团网

3. 思考题

1）B2C电子商务网站是如何分类的？
2）简述C2C电子商务交易流程。
3）什么是电子商务模式？电子商务模式有哪些？请举例说明。

第 3 章 电子商务信息技术

>
>
> **知识目标**
>
> 1）识记互联网的基础知识，熟记互联网的域名和协议等。
> 2）熟记 EDI 技术，了解它的发展概况。
>
> **能力目标**
>
> 1）能以实例的形式描述 EDI 的工作过程。
> 2）掌握申请微信公众号的方法。

引导案例

大数据的应用

在社会高速发展的今天，科技发达，信息流通，人们之间的交流越来越密切，生活也越来越方便，大数据就是这个高科技时代的产物。"大数据"一词很火，但大数据在实际生活中是如何应用的？通过以下案例来观察它是如何改变一个企业的运营，甚至改变一个行业未来的走势与发展的。

大数据应用案例之电视媒体

对于体育爱好者，追踪电视播放的最新运动赛事几乎是一件不可能的事情，因为有超过上百个赛事在 8000 多个电视频道播出。

而现在市场上开发了一个可追踪所有运动赛事的应用程序 RUWT，它已经可以在 iOS、Android 设备以及在 Web 浏览器上使用，它不断地分析运动数据流来让球迷知道他们应该切换到哪个台看到想看的节目，并让他们在比赛中进行投票。对于谷歌电视和 TiVo 用户来说，实际上 RUWT 就是让他们改变频道调到一个比赛中。

该程序能基于赛事的紧张激烈程度对比赛进行评分排名，用户可通过该应用程序找到值得收看的频道和赛事。

大数据应用案例之医疗行业

Seton Healthcare 是采用 IBM 最新沃森技术医疗保健内容分析预测的首个客户。该技术允许企业找到大量与病人相关的临床医疗信息,通过大数据处理,更好地分析病人的信息。

在加拿大多伦多的一家医院,针对早产婴儿,每秒有超过 3000 次的数据读取。通过这些数据分析,医院能够提前获知哪些早产儿出现问题并且有针对性地采取措施,避免早产婴儿夭折。

它让更多的创业者更方便地开发产品,比如,通过社交网络来收集数据的健康类 APP。也许未来数年后,它们搜集的数据能让医生给你的诊断变得更为精确,比如,不是通用的成人每日三次、一次一片,而是检测到你的血液中药剂已经代谢完成会自动提醒你再次服药。

Express Scripts 就是这么一家处方药管理服务公司,目前它正在通过一些复杂模型来检测虚假药品,这些模型还能及时提醒人们何时应该停止用药。Express Scripts 能够解决该问题的原因在于拥有有关数据。它每年管理着 1.4 亿个处方,覆盖了一亿美国人和 65 000 家药店,虽然该公司是能够识别潜在问题的信号模式,但它也使用数据来尝试解决某些情况下之前曾经发现的问题。

大数据应用案例之保险行业

保险行业并非技术创新的指示灯,然而 MetLife 保险公司却已经投资 3 亿美元建立了一个新式系统,其中的第一款产品是一个基于 MongoDB 的应用程序,它将所有的客户信息存储于同一个地方。

MongoDB 汇聚了来自 70 多个遗留系统的数据,并将它合并成一个单一的记录,运行在两个数据中心的 6 个服务器上。它目前存储了 24TB 的数据,这包括 MetLife 的全部美国客户,尽管它的目标是扩大它的国际客户和多种语言,同时也可能创建一个面向客户的版本。它好像 Facebook 墙一样,当新客户的数据输入时,更新几乎是实时的。

大多数疾病可以通过药物来达到治疗效果,安泰保险目前正尝试通过大数据研究如何让医生和病人能够专注参加一两个可以真正改善病人健康状况的干预项目,从而达到预防疾病的目的。

安泰保险为了帮助改善代谢综合症患者的预测,从千名患者中选择 102 个完成实验。在一个独立的实验工作室内,通过患者的一系列代谢综合症的检测试验结果,在连续 3 年内,扫描 600 000 个化验结果和 18 万索赔事件,将最后的结果组成一个高度个性化的治疗方案,以评估患者的危险因素和重点治疗方案。这样,医生可以通过服用他汀类药物及减重 5 磅等建议而减少未来 10 年内 50%的发病率。或者通过患者目前体内高于 20%的含糖量,而建议其降低体内甘油三酯总量。

大数据应用案例之零售业

"我们的某个客户,是一家领先的专业时装零售商,通过当地的百货商店、网络及其邮购目录业务为客户提供服务。公司希望向客户提供差异化服务,如何定位公司的差异化?他们通过从 Twitter 和 Facebook 上收集社交信息,更深入地理解化妆品的营销模式,随后他们认识到必须保留两类有价值的客户:高消费者和高影响者。通过享受免费化妆服务,用户主动为其进行口碑宣传,这是交易数据与交互数据的完美结合,为业务挑战提供了解决方案。" Informatica 的技术帮助这家零售商用社交平台上的数据充实了客户主数据,使它的业务服务更具有目标性。

零售企业也监控客户的店内走动情况以及与商品的互动。它们将这些数据与交易记录相结合来展开分析,从而在销售哪些商品、如何摆放货品以及何时调整售价上给出意见,此类方法已经帮助某领先零售企业减少了 17%的库存,同时在保持市场份额的前提下,增加了高利润率自有品牌商品的比例。

通过大数据应用案例的介绍,请思考以下问题:
1)你知道的大数据应用领域有哪些?
2)谈一谈电子商务信息技术对电子商务发展的作用。

3.1 互联网技术

随着社会对信息需求量的增加,计算机已经成为信息处理的重要工具,而计算机系统的应用发展也已经深入社会的各行各业甚至家庭。因此,把地理位置分散的计算机应用系统连接在一起,组成功能强大的计算机网络,以达到资源共享、分布处理和相互通信的目的,是信息化发展的必然趋势。

3.1.1 计算机网络的功能和分类

计算机网络是根据应用的需要发展而来的,从本质上说,它应该是以资源共享为主要目的,以便发挥分散的、各不相连的计算机之间的协同功能。关于计算机网络较完整的定义是:计算机网络是利用通信设备和线路将功能独立的多个计算机系统互联起来,通过功能完善的网络软件(操作系统、应用软件等)实现网络中资源共享和信息传递的系统。

计算机网络的功能主要表现在数据交换、资源共享和分布处理 3 个方面。

1. 数据交换

计算机网络为分布在各地的用户提供了强有力的通信手段。用户可以通过计算机网络传送电子邮件、发布新闻消息和进行电子商务活动。

2. 资源共享

(1)硬件资源共享

可以在全网范围内提供对处理资源、存储资源、输入输出资源等昂贵设备的共享,如具有特殊功能的处理部件、高分辨率的激光打印机、大型绘图仪、巨型计算机以及大容量的外部存储器等,从而使用户节省投资,也便于集中管理和均衡分担负荷。

(2)软件资源共享

互联网上的用户可以远程访问各类大型数据库,可以通过网络下载某些软件到本地机上使用,可以在网络环境下访问一些安装在服务器上的公用网络软件,可以通过网络登录到远程计算机上使用该计算机上的软件。这样可以避免软件研制过程中的重复劳动以及数据资源的重复存储,也便于集中管理。

3. 分布处理

通过算法可将大型的综合性问题交给不同的计算机同时进行处理。用户可以根据需要合理选择网络资源,就近快速地进行处理。

从不同的角度看,计算机网络有不同的分类方法。按网络规模大小和通信距离远近分类有广域网、城域网、局域网；按信息交换方式分类有线路交换网、分组交换网及综合交换网；按网络拓扑结构分类有星形网、树形网、环形网及总线型网等；按传输介质带宽分类有基带网络和宽带网络；按通信方式分类有双绞线网、同轴电缆网、光纤网、无线网及卫星网等；按使用目标分类有专用计算机网络和公共计算机网络。

这些分类方法对于网络本身并无实质的意义，只是表明人们讨论问题的立场不同，是从不同的角度观察网络系统、划分网络，有利于全面地了解网络系统的特性。一般最常用的方法，是按网络规模大小和通信距离远近划分为局域网、广域网和城域网。

1）局域网（Local Area Network，LAN）。局域网规模相对较小，计算机硬件设备不多，通信线路不长，距离一般不超过几十千米，属于一个部门或单位组建的小范围网络。例如，一个建筑物内、一个学校、一个单位内等。局域网规模小、速度快，应用非常广泛，是计算机网络中最活跃的领域之一。

2）广域网（Wide Area Network，WAN）。广域网的作用范围通常为几十到几千甚至上万千米以上，可以跨越辽阔的地理区域进行长距离的信息传输，可以是一个地区、一个省、一个国家及跨国集团。在广域网内，用于通信的传输装置和介质一般由电信部门提供，网络则由多个部门或国家联合组建，网络规模大，能实现较大范围的资源共享。

3）城域网（Metropolitan Area Network，MAN）。城域网的作用范围介于广域网和局域网之间，是一个城市或地区组建的网络，地域范围可从几十千米到上百千米。城域网以及宽带城域网的建设已成为目前网络建设的热点。

需要指出的是，局域网、广域网和城域网的划分只是一个相对的分界。随着计算机网络技术的发展，三者的界限将变得模糊化。

3.1.2 互联网协议

协议对于计算机网络而言是非常重要的，可以说没有协议就不可能有计算机网络。ARPANET 是最早出现的计算机网络之一，它是由美国国防部高级研究计划局 ARPA 提出并构建的。其主要目的是希望很多宝贵的主机、通信控制处理机和通信线路在战争中，若部分被破坏，而其他部分还能正常工作，它要求一种灵活的网络体系结构，实现异型网的互联。

网络协议 TCP/IP 正是在此需要的基础上发展而来的。虽然 TCP、IP 都不是 OSI 标准，但它们是目前最流行的商业化的协议，并被公认为当前的工业标准。TCP/IP 出现后，TCP/IP 参考模型也在 1974 年由卡恩（Kahn）提出。TCP/IP 参考模型由上到下可以分为 4 个层次：应用层、传输层、互联网层和网络接口层。

1）应用层。应用层是用户交互的部分，即用户在应用层上操作，必须通过应用层表达出自己的意愿，才能达到目的。

它向用户提供一组常用的应用程序，相当于 OSI 的高三层。该层使用的协议还在不断增加，就目前来说，常用的有以下协议：

网络终端协议（Telnet）：用于实现互联网中远程登录。

文件传输协议（File Transfer Protocol，FTP）：用于实现互联网中交互式文件传输功能。

简单邮件传输协议（Simple Mail Transfer Protocol，SMTP）：用于实现互联网中电子邮件传送功能。

域名系统（Domain Name System，DNS）：用于实现网络设备名字到 IP 地址映射的网络服务。

路由信息协议（Routing Information Protocol，RIP）：用于网络设备之间交换信息。

网络文件系统（Network File System，NFS）：用于网络中不同主机间的文件共享。

超文本传输协议（Hyper Text Transfer Protocol，HTTP）：用于 WWW 服务。

2）传输层。即 TCP 层，它的功能主要包括：对应用层传递过来的用户信息进行分段处理，然后在各段信息中加入一些附加的说明，如说明各段的顺序等，保证对方收到可靠的信息。

传输层包括两种协议：一种是传输控制协议（Transport Control Protocol，TCP），它是一种可靠的面向连接的协议；另一种是用户数据报协议（User Data gram Protocol，UDP），它是一种不可靠的无连接的协议。

3）互联网层。互联网层用于把来自互联网上的任何网络设备的源分组发送到目的设备，而且这一过程与它们所经过的路径和网络无关。就像您发一封信时并不关心它是如何到达目的地的，而只关心它是否到达了目的地。管理这一层的协议称为互联网络协议（IP）。这一层进行最佳路径的选择和分组交换。

4）网络接口层。网络接口层负责网络发送和接收 IP 数据报。TCP/IP 参考模型允许主机接入网络时使用多种现成的和流行的协议，如局域网协议或其他协议。

在 TCP/IP 模型中，不管是哪个应用程序请求网络服务，也不管使用什么传输协议，都只有一种网络层协议：互联网络协议（IP）。IP 作为一种通用协议，允许任何地点的任何计算机在任何时间进行通信。

3.1.3 IP 地址和域名

互联网的地址能唯一确定 Internet 上每台计算机、每个用户的位置。互联网上计算机的地址可以写成两种形式：IP 地址和域名。

1. IP 地址

互联网是一个信息的海洋，这些信息是存放在世界各地称为"站点"的计算机上，为了区别各个站点，必须为每个站点分配一个唯一的地址，这个地址即称为"IP 地址"，IP 地址也称为 URL（Unique Resource Location，统一资源定位符），互联网上的每台计算机（包括路由器）在通信之前必须指定一个 IP 地址，IP 地址由 4 个 0~255 之间的数字组成，如 192.168.0.251。

互联网上的 IP 地址分为 A 类、B 类、C 类、D 类和 E 类 5 种，分别用于不同类型的网络。

A 类地址的最高端二进制位为 0，第一个字节段表示网络标识，后三个字节段表示主机标识。主要用于拥有大量主机的网络，它的特点是网络数少，而主机数多。

B 类地址的高端前两个二进制位为 10，前两个字节段为网络标识，后两个字节段为主机标识。主要用于中等规模的网络，它的特点是网络数和主机数大致相同。

C 类地址的高端前三个二进制位为 110，前三个字节段为网络标识，后一个字节段为主机标识。主要用于小型局域网络，它的特点是网络数多，而主机数少。

D 类地址的高端前四个二进制位为 1110。通常用于已知的多点传送或者组的寻址。

E 类地址的高端前四个二进制位为 1111。它是一个实验地址，保留给将来使用。

当把一台计算机或一个网络连接到互联网上时，大多数情况下，互联网服务提供商将能够为此网络安排 IP 地址登记。

2．互联网域名系统

要通过互联网互相通信，必须记住对方的地址，IP 地址作为互联网上主机的数字标识，对计算机网络来说是非常有效的。但对于使用者来说，就很难记忆这些由数字组成的 IP 地址了。为此，人们研究出一种字符型标识，在互联网上采用"名称"寻址方案，为每台计算机主机都分配一个独有的"标准名称"，这个用字符表示的"标准名称"就是人们现在所广泛使用的域名（Domain Name，DN）。域名采用分层次方法命名，每一层都有一个子域名。域名是由一串用小数点分隔的子域名组成。一般格式为：计算机名、组织机构名、网络名、最高层域名（各部分间用小数点隔开）。

在域名格式中，最高层域名也称第一级域名，代表建立该网络的部门、机构或者该网络所在的地区、国家等。根据 1997 年 2 月 4 日 Internet 国际特别委员会（IAHC）关于最高层域名的报告，它可以分为以下三类。①通用最高层域名：常见的有 edu（教育、科研机构）、com（商业机构）、net（网络服务机构）、info（信息服务机构）、org（专业团体）、gov（政府机构）等；②国际最高层域名：ini（国际性组织或机构）；③国家最高层域名：cn（中国）、us（美国）、uk（英国）、jp（日本）、de（德国）、it（意大利）、ru（俄罗斯）等。

网络名是第二级域名，反映主机所在单位的性质，常见的代码类型有：edu（教育机构）、gov（政府部门）、mil（军队）、com（商业系统）、net（网络服务机构）、org（非赢利性组织或团体）、int（国际性组织）等。

组织机构名是第三级域名，一般表示主机所属的域或单位。

计算机名是第四级域名，根据需要由网络管理员自行定义。

例如，www.tsinghua.edu.cn，其中 cn 代表中国（China），edu 代表教育网（education），tsinghua 代表清华大学，www 代表全球网（或称万维网，World Wide Web），整个域名合起来就代表中国教育网上的清华大学站点。

注意：在域名中不区分大小写字母；域名在整个互联网中是唯一的，当高级域名相同时，低级子域名不允许重复。

在中国，用户可以在国家域名.cn 下进行注册。根据 CNNIC 的规划，.cn 下的第二级域名有两种情况，一种是组织机构类别，通常由 2～3 个字母组成，如.edu、.com、.gov、.org、.net 等。另一种是省市地区，如 bj、tj、gd、hb 等。

有了域名标识，对于计算机用户来说，在使用上的确方便了很多。但计算机本身并不能自动识别这些域名标识，于是域名管理服务器 DNS 就应运而生了。所谓域名管理系统 DNS（Domain Name System）就是以主机的域名来代替其在互联网上实际的 IP 地址的系统，它负责将互联网上主机的域名转化为计算机能识别的 IP 地址。

通过上面的 IP 地址、域名（DN）和域名系统（DNS），就把互联网上的每一台主机给予了唯一的定位。三者之间的具体联系过程如下：当连接网络并输入想访问主机的域名后，由本地机向域名服务器发出查询指令，域名服务器通过连接，在整个域名管理系统中查询对应的 IP 地址，如找到则返回相应的 IP 地址，反之则返回错误信息。

3.1.4 内联网、外联网

1．内联网

近些年来，Internet 技术已经发展成为以 TCP/IP 和 WWW 技术为核心的信息技术。特别是 WWW 技术的发展和普及，使得 Internet 技术更加成熟和完善。在局域网内部，同一网络连接不同类型的计算机已成为许多机构必须面对并要着手解决的问题，只有解决了这一问题，才能使各个机构共享信息并保护自己已经拥有的投资。由于这些计算机可能是包括个人计算机、Macintosh（Mac）和运行 UNIX 操作系统的小型机或大型机，而且硬件的体系结构不同，操作系统也可能不一样，因此网络系统要处理复杂的硬件和软件，就导致了管理员的负担加重。要解决这一问题，迫使许多单位不得不指定使用统一的硬件和软件平台，以保证网络顺利地建立和管理。Internet 技术的出现和发展给这些问题的解决带来了新的希望和转机。信息技术人员从这次成功中，看到了该信息技术的新价值，将 Internet 技术和产品引入企业或机构内部网络，创造出一种全新的内部网络，即内联网（Intranet）。

内联网（Intranet）也叫企业内部网，是指利用互联网技术构建的一个企业、组织或者部门内部的提供综合性服务的计算机网络。

内联网是基于 WWW 的专用网络，它在局域网中使用 Internet 应用软件。从技术角度讲，内联网和 Internet 没有太大的差别，只是访问内联网需要授权。一般来说，Intranet 是局限于企业或机构内部的 Internet。与 Internet 相比，Intranet 具有如下优点：在网络安全方面提供了更加有效的控制措施，克服了 Internet 安全保密方面的缺点；Intranet 属于具体的企业或机构所有，对外界的开放是有限制的，可防止外来的入侵和破坏，适用于金融、保险、政府机构等对安全要求严格的单位；为了确保安全，有些 Intranet 同 Internet 在物理上是隔离的，有些则是连入 Internet，但利用防火墙技术保护内部网络的安全。在确保安全的同时，Intranet 在企业或机构内部同样具有开放性和易操作性。

Intranet 作为用于企业内部信息建设的重要组成部分，它主要利用 Internet 上的服务方式为企业内部提供服务，主要有 WWW、电子邮件技术、BBS 和新闻组、FTP 和 Gopher（信息查找系统）等。

Intranet 主要应用于领导决策的多媒体查询，远程办公，无纸公文传输，公告、通知发布，专题讨论，人事管理或人力资源管理，财务与计划，企业动态与企业刊物，形象宣传与联机服务等。

2．外联网

如果一个公共网络连接了两个或两个以上的贸易伙伴，一般被称为企业的外联网（Extranet），它是内联网的一种延伸。

外联网给企业带来的好处有：提高了生产效率，信息可以以各种形式体现，降低了生产费用，实现了跨地区的各种项目合作，可为客户提供多种及时、有效的服务。

外联网的几种实现方式如下：

1）公共网络。如果一个组织允许公众通过任何公共网络（如互联网）访问该组织的内部网，或两个及更多的企业同意用公共网络把它们的内部网连在一起，这就形成了公共网络外部网。

2）专用网络。专用网络是两个企业间的专线连接，这种连接是两个企业的内部网之间的物理连接。

3）虚拟专用网络（VPN）。这是一种特殊的网络，它采用一种叫作"IP 通道"或"数据封装"的系统，用公共网络及其协议向贸易伙伴、顾客、供应商和雇员发送敏感的数据。

第 3 章　电子商务信息技术

技能实操 1　互联网技术体验

1．实操要求

扫码看视频

使用 ipconfig 命令查询本机 IP 地址；使用 ping 命令检测网络通断性。

2．实操步骤

（1）利用 ipconfig 命令查询本机局域网 IP

ipconfig 程序采用 Windows 窗口的形式来显示 IP 协议的具体配置信息，如果 ipconfig 命令后面不跟任何参数直接运行，程序将会在窗口中显示网络适配器的物理地址、主机的 IP 地址、子网掩码以及默认网关等。

1）单击计算机桌面左下角的"开始"找到"运行"单击运行，如图 3-1 所示。

2）在出现的对话框里面输入"cmd"，如图 3-2 所示。

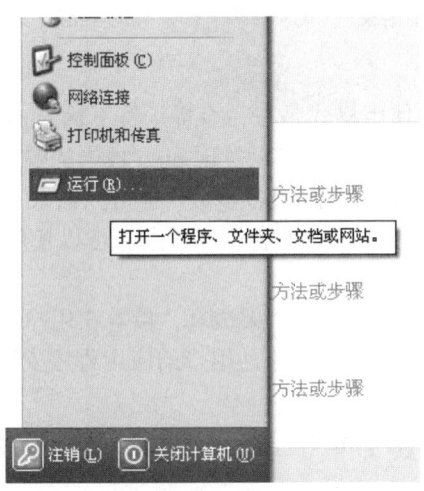

图 3-1　开始界面

图 3-2　运行界面

3）输入后单击"确定"按钮，会出现一个黑色的命令行窗口，">"后面有一个光标在闪动，如图 3-3 所示。

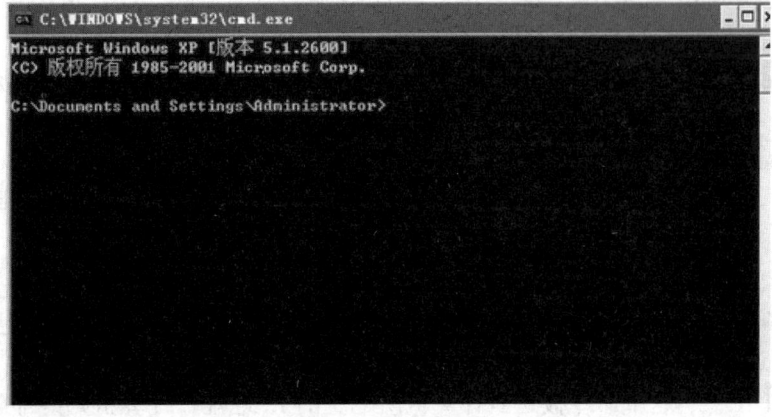

图 3-3　IP 地址查询

4）输入 ipconfig 然后按下<Enter>，会出现一串数据，框内显示即是计算机的 IP 地址，如图 3-4 所示。

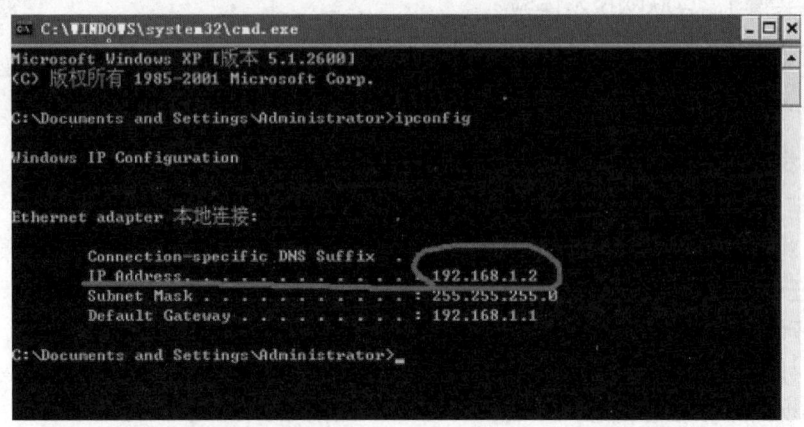

图 3-4　IP 地址查询结果

（2）利用 Ping 命令检测网络通断性

该命令主要是用来检查网络是否能够连通。它的使用格式是在命令提示符下输入 ping+IP 地址或主机名，执行结果显示响应时间，重复执行这个命令，可以发现 ping 报告的响应时间是不同的，这主要取决于网络的繁忙程度。ping 命令后还可跟很多参数，你可以输入"ping"后按<Enter>键，其中会有很详细的说明。如果用户的计算机不能正常联网，可以使用 ping 命令来进行故障排除。

1）网络管理员可在服务器上使用 ping 命令 ping 用户机，如果成功，接着在用户端对服务器执行 ping 命令，如果也成功，则说明这一网络故障很有可能是用户的应用程序安装、设置存在问题。

2）如果网络管理员的 ping 命令执行成功而用户的 ping 命令执行不成功，则故障原因很可能是用户端的网络系统配置文件有问题。

3）如果网络管理员和用户的 ping 命令执行都失败了，这时可注意 ping 命令显示的出错信息。这种出错信息通常分为 3 种情况：

第一，"unknown host"（不知名主机），这种出错信息的意思是该台计算机的名字不能被 DNS 服务器转换成 IP 地址。网络故障可能为 DNS 服务器有故障，或者其名字不正确，或者服务器与用户机之间的通信线路出现了故障。

第二，"network unreachable"（网络不能到达），这是用户计算机没有到达服务器的路由，可用"netstat –rn"检查路由表来确定路由配置情况。

第三，"no answer"（无响应），服务器没有响应。这种故障说明用户计算机有一条到达服务器的路由，但却接收不到它发出或服务器发来的任何信息。这种故障的原因可能是服务器没有工作，或者用户计算机或服务器网络配置不正确。

下面就给出一个典型的检测次序及对应的可能故障：

ping 127.0.0.1——这个 ping 命令被送到本地计算机的 IP 软件，该命令永不退出该计算机。如果没有做到这一点，则表示 TCP/IP 的安装或运行存在某些最基本的问题。

ping 本机 IP——这个命令被送到计算机所配置的 IP 地址，计算机始终都应该对该 ping

命令做出应答，如果没有，则表示本地配置或安装存在问题。出现此问题时，局域网用户请断开网络电缆，然后重新发送该命令。如果网线断开后本命令正确，则表示另一台计算机可能配置了相同的 IP 地址。

ping 局域网内其他 IP——这个命令应该离开计算机,经过网卡及网络电缆到达其他计算机，再返回。收到回送应答表明本地网络中的网卡和载体运行正确。但如果收到 0 个回送应答，那么表示子网掩码（进行子网分割时，将 IP 地址的网络部分与主机部分分开的代码）不正确或网卡配置错误或电缆系统有问题。

3. 学生任务

掌握常用网络命令 ipconfig 和 ping 命令的使用方法。

3.2 互联网工具

从网络通信技术的观点看，Internet 是一个以 TCP/IP 为基础，连接各个大小计算机网络的数据通信网。下面介绍经常使用的互联网工具。

3.2.1 文件传输协议（FTP）

FTP 是 Internet 中最重要的服务之一。使用 FTP 服务用户可以进行相互的文件传输，实现信息共享。它通过网络可以将文件从一台计算机传送到另一台计算机，不管这两台计算机距离多远，使用什么操作系统，采用何种技术与网络连接，文件传输都能在网络上两个站点之间传输文件。

FTP 服务器系统是典型的客户机/服务器工作模式。只要在网络中的两台计算机上分别安装 FTP 服务器和客户端软件，就可以在这两台计算机之间进行文件传输。如果用户有足够的权限，还可以在客户端对服务器上的文件进行管理，如文件重命名、文件删除以及目录的建立删除等。利用 FTP 传输的文件可以是数据、图形或文本文件。把文件从远程服务器上复制到本地主机的过程称为"下载"，把本地主机上的文件复制到远程服务器上称为"上传"。

要登录 FTP 服务器，必须有该 FTP 服务器的账号。如果已是该服务器主机的注册客户，则用户就会拥有一个 FTP 登录账号和密码，并以该账号和密码连上服务器。但 Internet 上有很大一部分 FTP 服务器被称为"匿名"（anonymous）FTP 服务器。这类服务器向公众提供文件复制服务，但不要求用户事先在该服务器进行登记注册。

目前常用的 FTP 客户端程序可分为三类：传统 FTP 命令行、浏览器和专用 FTP 工具。

传统的 FTP 命令行是最早的 FTP 客户端程序，需要在 MS-DOS 环境中运行。对初学者来说较难掌握。

浏览器不但支持 WWW 服务，还支持 FTP 服务。在浏览器的地址栏中写上 FTP 服务器的地址，用户就可以直接登录到该服务器下载文件。例如，要访问廊坊职业技术学院的 FTP 服务器，只需在地址栏中输入"ftp://lfgx.net"即可。

用户在使用 FTP 命令行或浏览器下载文件时，如果在下载过程中网络连接意外中断，那么已经下载完的那部分文件也会被丢弃，一切前功尽弃。而专用 FTP 工具具有断点续传功能，可以在网络重新连接后继续进行剩余文件部分的传输。目前常用的 FTP 工具有 CuteFTP、LeapFTP、FlashFXP 等。

3.2.2 远程登录 Telnet

　　Telnet 服务属于客户机/服务器工作模式，其意义在于实现了基于 Telnet 协议的远程登录。所谓登录是指分时系统允许多个用户同时使用一台计算机，为了保证系统的安全和记账方便，系统要求每个用户有单独的账号作为登录标识，系统还为每个用户指定了一个密码。用户在使用该系统之前要输入标识和密码，这个过程被称为"登录"。

　　远程登录是指用户使用 Telnet 命令，使自己的计算机暂时成为远程主机的一个仿真终端的过程。仿真终端等效于一个非智能的机器，它只负责把用户输入的每个字符传递给主机，再将主机输出的每个信息回显在屏幕上。

　　以上便是一个标准而普通的客户机/服务器模型的服务。那么，是不是有了客户机/服务器模型的服务，所有的远程问题都可以解决了呢？

　　回答是否定的。如果仅需要远程编辑文件，那么刚才所构想的服务完全可以胜任，但假如要求并不是这么简单，还想实现远程用户管理，远程数据录入，远程系统维护，想实现一切可以在远程主机上实现的操作。那么，将需要大量专用的服务器程序并为每一个可计算服务都使用一个服务器进程，随之而来的问题是：远程机器会很快对服务器进程应接不暇。解决的办法就是将远程登录服务器设计为应用级软件，同时要求操作系统提供对伪终端的支持。

　　Telnet 协议进行远程登录时需要满足以下条件：在本地计算机上必须装有包含 Telnet 协议的客户程序；必须知道远程主机的 IP 地址或域名；必须知道登录标识与密码。

　　Telnet 远程登录服务分为以下 4 个过程：

　　1）本地与远程主机建立连接。该过程实际上是建立一个 TCP 连接，用户必须知道远程主机的 IP 地址或域名。

　　2）将本地终端上输入的用户名和密码及以后输入的任何命令或字符以 NVT（Net Virtual Terminal）格式传送到远程主机。该过程实际上是从本地主机向远程主机发送一个 IP 数据报。

　　3）将远程主机输出的 NVT 格式的数据转化为本地所接受的格式送回本地终端，包括输入命令回显和命令执行结果。

　　4）最后，本地终端对远程主机进行撤销连接。该过程是撤销一个 TCP 连接。

　　远程登录有两种形式：第一种是远程主机有自己的账号，可用该账号和密码访问远程主机。第二种形式是匿名登录，一般 Internet 上的主机都为公众提供一个公共账号，不设密码。大多数计算机仅需输入"guest"即可登录到远程计算机上。这种形式在使用权限上受到一定限制。Telnet 命令格式如下：Telnet<主机域名><端口号>。

　　主机域名可以是域名方式，也可以是 IP 地址。一般情况下，Telnet 服务使用 TCP 端口号 23 作为默认值，使用默认值的用户可以不输端口号。但当 Telnet 服务设定了专用的服务器端口号时，必须输入端口号才能使用该命令登录。

　　Telnet 在运行过程中，实际上启动的是两个程序，一个是 Telnet 客户程序，在本地机上运行；另一个叫 Telnet 服务器程序，在需要登录的远程计算机上运行。执行 Telnet 命令的计算机是客户机，连接到上面的那台计算机是远程主机。

连接主机成功后，就是登录主机。要成为合法用户，必须输入可以通过主机验证的用户名称和密码。成功登录后，本地机就相当于一台与服务器连接的终端。可以使用各种主机操作系统支持的指令。

3.2.3 电子邮件服务

电子邮件（Electronic Mail，E-mail）是 Internet 上应用最频繁的业务之一。电子邮件是利用互联网进行通信的工具，是 Internet 上一种典型的客户机/服务器（Client/Server）系统。这个系统主要包括电子邮件客户机、电子邮件服务器以及在电子邮件客户机和服务器上运行、支持 Internet 上电子邮件服务的各种服务协议。

电子邮件具有价格低、速度快、可传送多媒体信息、可以将同一邮件同时转发给多个收件人等特点。

电子邮箱实际上就是在互联网服务商 ISP 的 E-mail 服务器上为用户开辟出一块专用的磁盘空间，用来存放用户的电子邮件文件。每个电子邮箱都有一个地址，称为电子邮箱地址（E-mail Address）。电子邮箱地址的格式是固定的，并且在全球范围内是唯一的。电子邮件的地址格式为：用户名@主机名。其中"@"符号读作"at"，用户名是申请电子邮箱时用户自己起的名字。主机名是拥有独立 IP 地址的计算机的名字。例如，lfyapingwei@lfgx.net，用户名为"lfyapingwei"，主机名为"lfgx.net"。

Internet 上的个人用户是不能直接接收电子邮件的，因为个人计算机经常关闭或没有与 Internet 建立连接。因此，电子邮件的发送和接收实际上是由网络服务提供商的邮件服务器担任的。网络服务提供商的邮件服务器 24h 不停机地运行着，这样用户才可能随时发送和接收邮件，而不必考虑收件人的计算机是否打开。

Internet 上的电子邮件系统的工作过程采用客户机/服务器模式。发送方把一封电子邮件发给收件人，接收方的邮件服务器收到电子邮件后，先将其存在收件人的电子信箱中，并告知收件人有新邮件到来。每当收件人的计算机连接到邮件服务器上后，就会看到邮件服务器的通知，随后打开电子邮箱查收邮件。

Internet 服务提供商（Internet Service Provider，ISP）的邮件服务器就起了网上"邮局"的作用。它管理着众多用户的电子邮箱。当用户有邮件来时就暂存其中，供用户查收阅读。由于电子邮箱容量有限，需用户定期整理，以便腾出空间接收新邮件。

同时，电子邮件在发送和接收过程中，还要遵循一些基本协议和标准，如 SMTP、POP3 等。这些协议和标准保证电子邮件在各种不同系统之间进行传输。电子邮件发送协议 SMTP 是 Internet 上基于 TCP/IP 的应用层协议。SMTP 定义了邮件发送和接收之间的连接传输。其作用是当发送方计算机与支持 SMTP 的电子邮件服务器连接时，将电子邮件从发送方的计算机中准确无误地传送到接收方的电子邮箱中。

电子邮件接收协议 POP3，也是邮件系统中的基本协议之一。它的作用是当用户计算机与支持 POP3 协议的电子邮件服务器连接时，把存储在该服务器的电子邮箱中的邮件准确无误地接收到用户的计算机中。现在 ISP 的邮件服务器都安装了这两项协议，即将 SMTP 服务器作为邮件发送服务器，将 POP3 服务器作为邮件接收服务器。目前，大多数电子邮件客户端软件都支持 SMTP 和 POP3 协议。用户在首次使用这些软件发送和接收电子邮件之前，需要对自己的 ISP 的电子邮件服务器进行设置。

3.2.4 万维网（WWW）服务

WWW 服务是帮助人们从 Internet 网络上浏览所需的信息。万维网 WWW（World Wide Web）是建立在 TCP 基础上的，采用浏览器/服务器（Brower/Server，B/S）工作模式的一种网络应用。它将分散在世界各地的 Web 服务器（专门存放和管理 WWW 资源）中的信息，用超文本方式链接在一起，供 Internet 上的计算机用户查询和调用。

在 WWW 上，每一信息资源都有统一的且在网上唯一的地址，该地址称为 URL（Uniform Resource Locator），它是 WWW 的统一资源定位标志。URL 由三部分组成：资源类型、存放资源的主机域名和资源文件名。

URL 的地址格式如下：

应用协议类型：//信息资源所在主机名（域名或 IP 地址）/路径名/…/文件名

例如：http://www.100e.com/Inspirit/index.asp

表示用 HTTP 访问主机名为 www.100e.com 的一个 asp 文件。

HTTP 是超文本协议，与其他协议相比，它简单、通信速度快、耗时少，并且 HTTP 允许传输任意类型的数据。Internet 上的所有资源都可以用 URL 来表示，如 Ftp、Telnet、Mailto、News、Gopher 等。

3.2.5 电子公告牌（BBS）简介

BBS（Bulletin Board Service，公告牌服务）是 Internet 上的一种电子信息服务系统。BBS 最早起源于美国，1978 年在芝加哥地区的计算机交流会上，克瑞森（Krison）和苏斯（Russ Lane）两人因为经常在各方面进行合作，但两个人并不住在一起，电话只能进行语言的交流，有些问题语言是很难表达清楚的，因此，他们就借助于当时刚上市的 Hayes 调制解调器（Modem）将他们家里的两台苹果 II 计算机通过电话线连接在一起，实现了世界上的第一个 BBS，这样他们就可以互相通过计算机聊天、传送信息了。他们把自己编写的程序命名为计算机公告牌系统（Computer Bulletin Board System）。这就是第一个 BBS 系统的诞生。当时，有一位软件销售商考尔金斯看到这一成果，立即意识到它的商业价值，在他的推动下，CBBS 加上调制解调器组成的第一个商用 BBS 软件包于 1981 年上市。

早期的 BBS 是一些计算机爱好者团体自发组织的，以讨论计算机或游戏问题居多，后来 BBS 逐渐进入 Internet，出现了以 Internet 为基础的 BBS，政府机构、商业公司、计算机公司也逐渐建立自己的 BBS，使 BBS 迅速成为全世界计算机用户交流信息的园地。

大部分 BBS 由教育机构、研究机构或商业机构管理。像日常生活中的黑板报一样，电子公告牌按不同的主题分成很多个布告栏，布告栏设立的依据是大多数 BBS 使用者的要求和喜好，使用者可以阅读他人关于某个主题的最新看法，也可以将自己的想法毫无保留地贴到公告栏中。同样地，别人对你的观点的回应也很快。如果需要私下交流，也可以将想说的话直接发到某个人的电子邮箱中。如果想与正在使用 BBS 的某个人聊天，可以启动聊天程序加人闲谈者的行列，虽然谈话的双方素不相识，却可以亲近地交谈。在 BBS 里，人们之间的交流打破了空间、时间的限制。在与别人进行交往时，无须考虑自身的年龄、学历、知识、社会地位、财富、外貌、健康状况，而这些条件往往是人们在其他交流形式中无法回避的。同样地，也无从知道交谈的对方的真实社会身份。这样，参与 BBS 的人可以处于一个平等的位置与其他人进行任何问题的探讨。这对于现有的所有其他交流方式来说是不可能的。

BBS 系统是由 BBS 服务器、公告牌信息和 BBS 服务软件组成的。现在多数网站上都建立了自己的 BBS 系统，供网民通过网络来结交更多的朋友，表达更多的想法。目前国内的 BBS 已经十分普遍，可以说是不计其数，大致可以分为五类：

1）校园 BBS。CERNET 建立以来，校园 BBS 很快发展了起来，目前很多大学都有了 BBS，几乎遍及全国上下。像清华大学、北京大学等都建立了自己的 BBS 系统，清华大学的水木清华很受学生和网民们的喜爱。大多数 BBS 是由各校的网络中心建立的，也有私人性质的 BBS。

2）商业 BBS。这里主要是进行有关商业的商业宣传、产品推荐等，目前手机的商业站、计算机的商业站、房地产的商业站比比皆是。

3）专业 BBS。这里所说的专业 BBS 是指部委和公司的 BBS，它主要用于建立地域性的文件传输和信息发布系统。

4）情感 BBS。主要用于交流情感，是许多娱乐网站的首选。

5）个人 BBS。有些个人主页的制作者们在自己的个人主页上建设了 BBS，用于接受别人的想法，更有利于与好友进行沟通。

在 Internet 上有许多 BBS 服务器，每一个服务器由于发布的信息内容不同而各有特色，但大多具有以下基本功能：

1）传递信息。这是 BBS 最基本的功能之一。用户使用 BBS 的目的在于通过阅读和撰写文章以及收发信件来互相交流信息。

2）邮件服务。BBS 一般都提供了邮件服务功能，用户可以在站点上给其他的用户发邮件，而不管对方是否在站点上；同样，用户也可以在站点上收到其他人发来的邮件。有些 BBS 站还提供在不同的 BBS 站点之间通过某种程序相互转信的功能。

3）在线交谈。这是 BBS 最为吸引人的一个功能，站点上的用户可以通过键盘的输入进行实时对话。在线交谈时面对的只是对方的账号，交谈的双方是隐蔽的，这使得交谈的双方感觉彼此平等、安全。

4）文件传输。在不同的计算机用户之间，经常需要传输大量的数据和资料，这也是 BBS 的主要用途之一。大多数计算机软件公司都有自己的 BBS 系统，用户可以通过 BBS 购买并下载各种软件产品，获取软件的升级版本，寻求技术支持等。在许多计算机爱好者所建立的业余 BBS 站点上，用户不仅可以从站点上下载自己所需要的文章，而且可以获取一些常用的免费软件或试用软件。有些 BBS 站点还提供上传功能，用户可以将自己编制的程序或自己得到的一些免费软件与别人共享。

5）网上游戏。这是 BBS 提供的网上互动功能。大多数站点都提供网络游戏，用户可以找个网友在 BBS 上打牌、下棋或玩更刺激的游戏。

 **技能实操 2　网络工具的使用**

1．实操要求

下载 QQ 聊天工具，并用邮箱发送邮件。

扫码看视频

2. 实操步骤

1）打开百度网页，搜索"qq"网页会马上显示出结果，单击百度安全认证软件下方的"立即下载"按钮，如图 3-5 和图 3-6 所示。

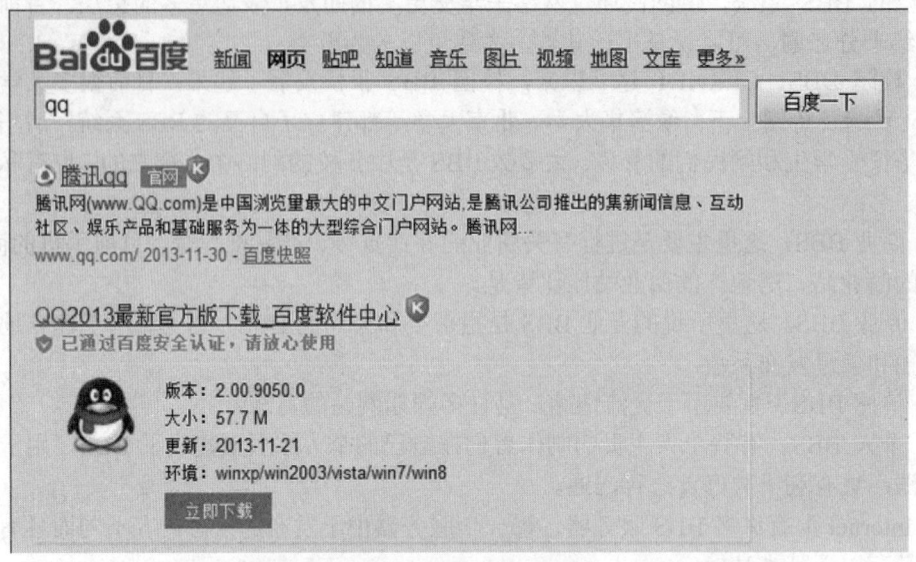

图 3-5　搜索 QQ 软件

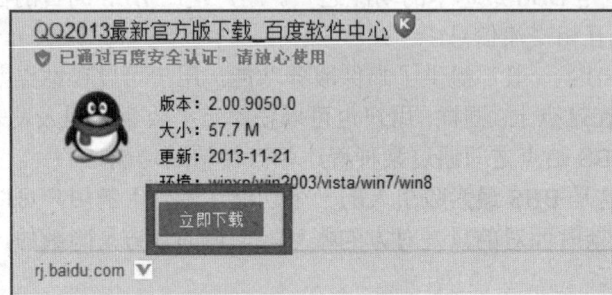

图 3-6　下载 QQ 软件

2）将 QQ 安装包下载到桌面，如图 3-7 所示。

图 3-7　选择存储位置

3）下载完成后双击打开安装文件将软件安装到指定的位置或者直接默认安装，如图 3-8 所示。

4）按照提示一步步地往下走，直到提示安装完成，如图3-9所示。

图3-8　安装软件的图标

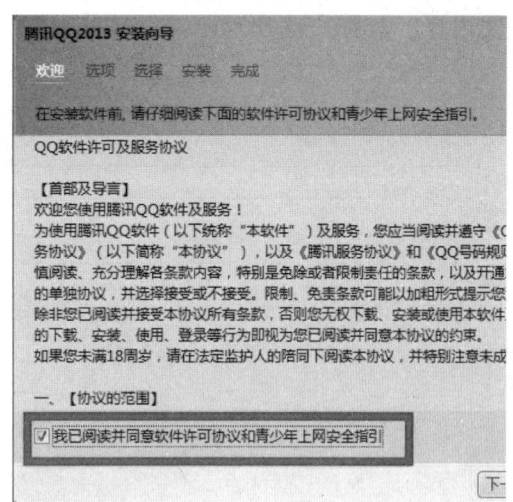

图3-9　安装向导

5）双击QQ图标，登录QQ，如图3-10所示。
6）登录QQ，在主面板单击QQ邮箱的图标，如图3-11所示。

图3-10　安装完成

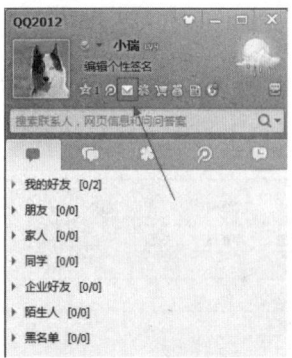

图3-11　QQ主面板

7）进入QQ邮箱的首页，单击左上角的"写信"，如图3-12所示。

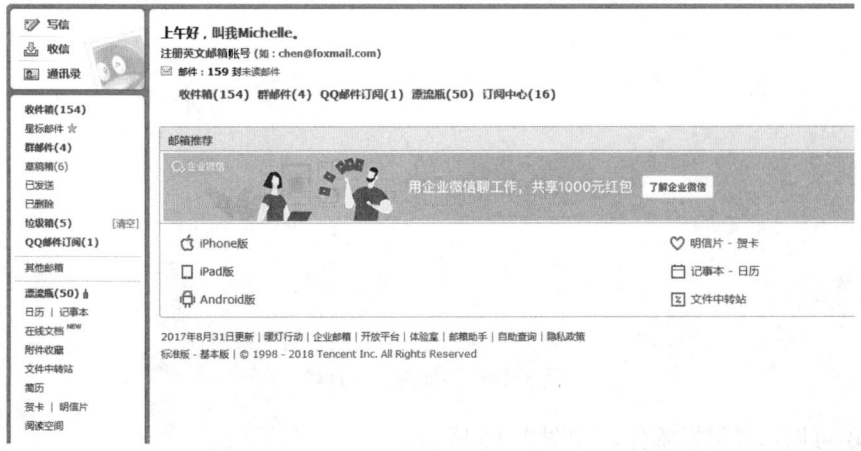

图3-12　QQ邮箱界面

8）在"收件人"文本框中输入要发送到的邮箱地址,如：123@qq.com,接着再输入主题及正文内容,如图3-13所示。

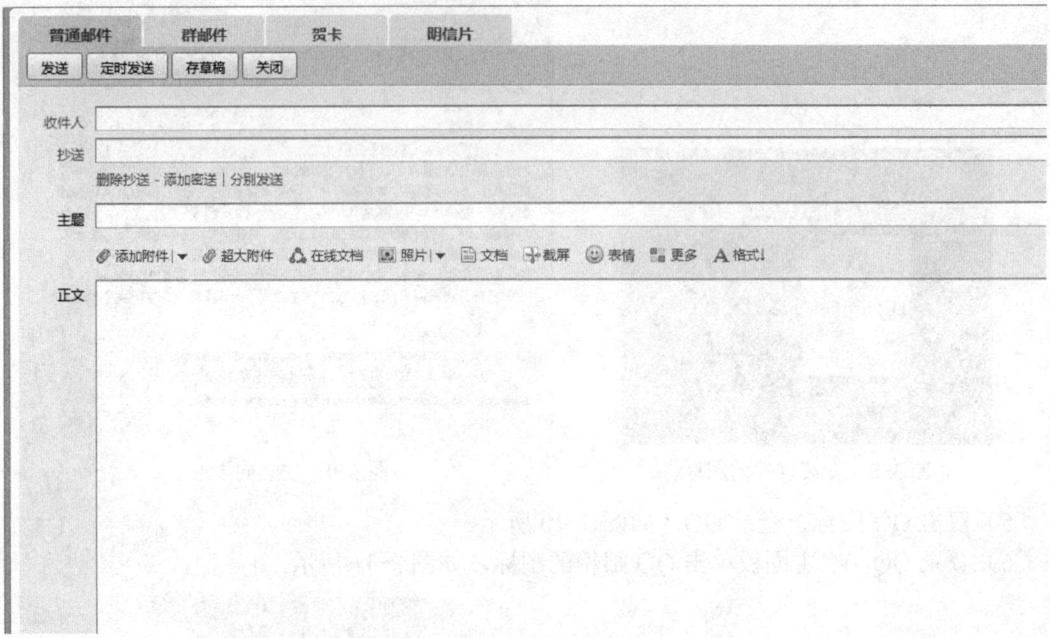

图3-13 普通邮件编辑界面

9）在正文的上方还可添加附件、照片、截屏等,如图3-14所示。

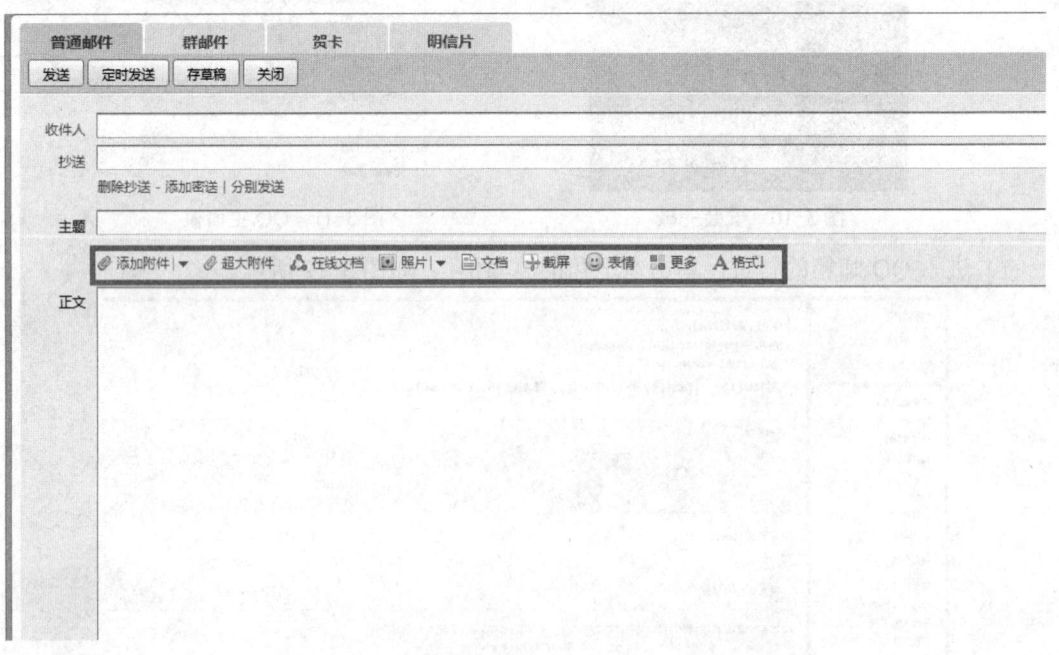

图3-14 添加附件项目栏

10）还可以选择群发邮件,如图3-15所示。

第 3 章　电子商务信息技术

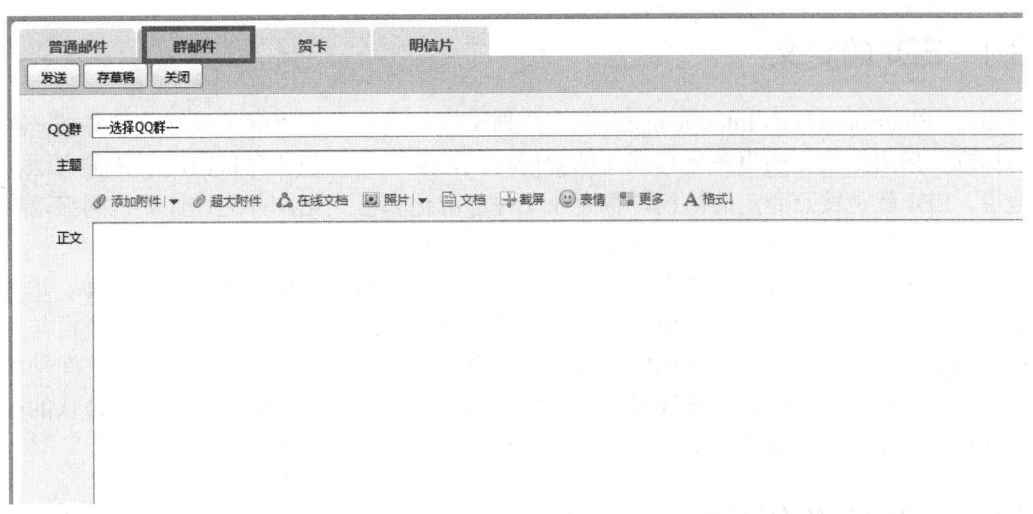

图 3-15　群邮件编辑界面

11）准备完毕后，可以在上方或下方单击"发送"按钮（或存为草稿），这样就能把一封邮件发送出去了，如图 3-16 所示。

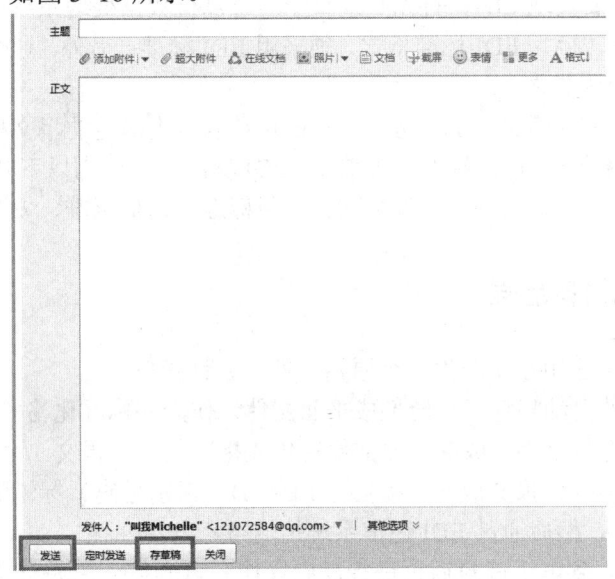

图 3-16　完成邮件编写

3．学生任务

下载并安装 QQ 聊天工具，并用 QQ 邮箱发送邮件。

3.3　电子数据交换技术

电子数据交换（Electronic Data Interchange，EDI）是指按照同一规定的一套通用标准格式，将标准的经济信息，通过通信网络传输，在贸易伙伴的电子计算机系统之间进行数据交换和自动处理。由于使用 EDI 能有效地减少直到最终消除贸易过程中的纸面单证，因而 EDI 也被称为无纸交易。

3.3.1 EDI 的定义

EDI（Electronic Data Interchange，电子数据交换）商务是指将商业或行政事务按一个公认的标准，形成结构化的事务处理或文档数据格式，从计算机到计算机的电子传输方法。简单地说，EDI 就是按照商定的协议，将商业文件标准化和格式化，并通过计算机网络，在贸易伙伴的计算机网络系统之间进行数据交换和自动处理。

它是公司之间传输订单等作业的一种电子手段，它通过计算机网络系统将贸易、运输、保险、银行和海关等行业信息，用一种国际公认的标准格式，实现各有关部门或公司与企业之间的数据交换与处理，并完成以贸易为中心的全部过程。它是计算机到计算机之间结构化的事务数据互换。ISO 将 EDI 描述成"将贸易（商业）或行政事务处理按照一个公认的标准变成结构化的事务处理或信息数据格式，从计算机到计算机的电子传输"。

3.3.2 EDI 的组成要素

构成 EDI 系统的 3 个要素是：EDI 软件和硬件、通信网络、数据标准化。

一个部门或企业要实现 EDI，首先必须有一套计算机数据处理系统；其次，为使本企业内部数据比较容易地转换为 EDI 标准格式，须采用 EDI 标准；另外，通信环境的优劣也是关系到 EDI 成败的重要因素之一。

EDI 标准是整个 EDI 最关键的部分，由于 EDI 是以事先商定的报文格式进行数据传输和信息交换，因此制定统一的 EDI 标准至关重要。EDI 标准主要分为以下几个方面：基础标准、代码标准、报文标准、单证标准、管理标准、应用标准、通信标准、安全保密标准等。

3.3.3 EDI 的工作流程

1）甲企业的商务应用系统产生一个原始文件，如订货单。
2）EDI 转换软件自动将订货单转换成平面文件，作为向标准化格式转换的过渡。
3）EDI 翻译软件将上步生成的平面文件转化成标准化格式报文。
4）通信软件将标准化报文放在含有乙方 EDI ID（识别号码）标识的电子信封里，并同时进行安全加密处理，然后通过 EDI 通信系统传输给乙方。
5）贸易伙伴乙收到电子信封后再进行反向操作，直到得到原始订货单，这样就完成了一次电子数据传输，详见图 3-17。

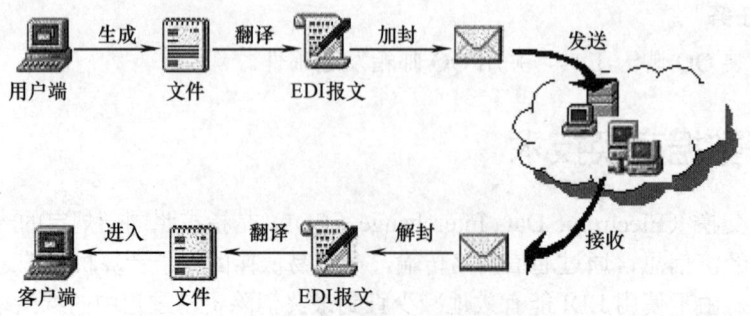

图 3-17　EDI 工作流程

其实对于企业来说，EDI 与转换软件和翻译软件之间的模块集成较为重要，三者之间应互相兼容、易于对话，以便快捷地生成标准化报文。对于 EDI 服务商来说，最重要的是保证数据在传输过程中的安全性。

3.4 移动技术

自 1970 年早期开始至今，移动无线技术经历了从诞生、变革到发展演变的过程。在过去的数十年中，移动无线技术经历了 4～5 代技术变革和演变，即从 0G 到 4G。1G 技术中引入了蜂窝技术，这使得大规模的移动无线通信成为可能。

3.4.1 移动技术概述

移动技术在不同的方面有不同的含义，在这里主要是基于无线通信的无线设备（包括便携式计算机、平板电脑、Pad、手机等）的信息技术融合。

自 1890 年特斯拉（Tesla）为无线通信奠定了理论基础，被誉为"无线电之父"的马可尼（Marconi）在 1894 年第一次将无线信号传输到两英里（1 英里≈1.6km）外，移动技术给人类社会带来极大的变革。移动技术在政府部门的应用也可追溯到第一次世界大战。近年来移动通信技术与信息技术的融合更使移动技术成为业界关注的焦点。随着移动通信和移动计算技术的融合，移动技术的逐步成熟，移动技术的应用与发展带来的移动交互，为普适计算、随时随地在线连接、通信联络和信息交换提供了可能，为移动工作提供了新的机遇和挑战，并推动着社会形态及组织形态的进一步变革。

信息技术与通信技术的融合正在给社会生活带来巨大的变革。移动技术和互联网已经成为信息通信技术发展的主要驱动力，借着高覆盖率的移动通信网、高速无线网络和各种不同类型的移动信息终端，移动技术的使用开辟了广阔的移动交互空间，并已经成为普及与流行的生活、工作方式。由于移动交互的吸引力与新科技的快速发展，未来移动信息终端与无线网络将不亚于现在计算机与网络的规模与影响。移动政务、移动商务的发展为进一步提高城市管理水平，改善公共服务水平与效率、建设更具回应性的高效、透明、责任政府提供了新的机遇，也有助于跨越数字鸿沟，为市民提供普遍服务、敏捷服务。信息通信技术的融合和发展催生了信息社会、知识社会形态，进一步催生了面向知识社会的以用户为中心，以社会实践为舞台，以大众创新、共同创新、开放创新为特点的用户参与的创新形态，创新 2.0 模式正逐步浮出水面引起科学界和社会的关注。

移动技术在移动通信技术与移动计算技术融合的推动下，主要包括 4 类技术：

一是基于无线电的双向无线电通信（专业或公共移动无线电）或广播。

二是基于蜂窝电话的移动语音服务、SMS（短信服务）、WAP（无线应用协议）、GPRS（通用无线分组业务）、UMTS（即 3G，第三代移动通信网络）。

三是基于移动设备的，包括便携式计算机、平板电脑、PDA（个人数字助理）、寻呼机、蓝牙技术、RFID（无线射频识别）和 GPS（全球卫星定位系统）。

四是基于网络的 Wi-Fi 或我国正在开发的 WAPI 无线局域网。

这 4 类技术无所谓优劣，不同的应用环境应有不同的技术实施方案。

3.4.2 微信与二维码

微信（WeChat）是腾讯公司于 2011 年 1 月 21 日推出的一个为智能终端提供即时通信服务的免费应用程序。微信支持跨通信运营商、跨操作系统平台，通过网络快速发送免费（需消耗少量网络流量）语音短信、视频、图片和文字。同时，也可以使用共享流媒体内容和基于位置的社交插件摇一摇、漂流瓶、朋友圈、公众平台、语音记事本等服务插件。

1. 概述

微信是由腾讯公司开发，发展比较迅速的新媒体通信社交平台。截至 2017 年微信活跃用户已经达到了 10 亿人。而微信二维码是腾讯开发出的配合微信使用的添加好友和实现微信支付功能的一种新方式，是含有特定内容格式的，只能被微信软件正确解读的二维码。

在手机上登录微信后选择"添加朋友"→"扫一扫"，将摄像头对准二维码图片约 2～3s，即可识别并加载对方微信的基本资料，向对方打招呼或加为好友。

2. 用途

据调查结果显示，在一线城市一线商圈内，已有大概 90%的手机用户装有微信终端。因此，随着移动互联网及微信的不断发展壮大，将有更多的用户安装微信客户端。二维码在最大程度上诠释了"方便"这个词。试想一下，当你在户外看到一个自己很喜欢的品牌，身边又没有纸和笔时，你怎么办？有些人会选择编辑手机记事本、有些人会选择向别人借用纸和笔，或是临时记录在纸巾或手掌等一切能记录的地方，但是不管哪种方式，都是极不方便或是非常尴尬的。二维码就不一样了，只要轻松扫一扫，所有信息一秒呈现。以前是好记性不如烂笔头，现在是烂笔头不如二维码，一键扫描登录浏览，免去其他多余的查询步骤，能够让人们在第一时间了解详细信息。

那么在这个过程中最核心的要素第一是二维码；第二是 LBS（基于位置的服务）。同时，引用微信创始人张小龙的说法，"搜索框是 PC 的互联网入口，二维码是微信的互联网入口"。

二维码其实就是利用微信的消息触达能力为商家提供了一种更好的运营方式，而这种方式正体现了信息化技术与传统运营方式本质上的不同。此外，高质量关系链也对企业的发展起到了不可磨灭的作用。用户在线下扫了二维码之后，都将成为可能影响朋友购买的星星之火。

微信二维码可以通过平面、户外、网络、印刷品展现，再结合诱因（如微信会员卡）即可比较简单地获得粉丝。这种与现有媒体的捆绑方式，亦可将现有媒体传播价值保留和延伸至移动互联网中，以沉淀新产生的潜在客户。

3.4.3 APP 应用

1) APP 定义。APP 即应用软件的意思，通常是指智能手机的第三方应用程序。比较著名的应用商店有 Apple 的 App Store，Android 的 Play Store，Blackberry 用户的 BlackBerry App World，以及微软的应用商店。

2) APP 的文件格式。目前主流的 APP 应用商店和相应的 APP 的格式有：①iOS 系统，APP 格式有 ipa、pxl、deb，这里的 APP 都是用在 iPhone 系列的手机和平板电脑上。这类手机在中国市场的占有率大概是 10%多一点；②Android 格式有 apk，这里 APP 主要用在使用安卓系统的智能手机上，这类手机在中国市场的占有率最高，差不多现在快占有市场的 80%；③S60 系统格式有 sis，sisx，市场占有率比较低；④Windows Phone 7、Windows Phone 8 系统，APP 格式为 xap。

3）移动 APP 的优势。第一，APP 用户增长速度快、经济能力强，思维活跃；第二，APP 可整合 LBS、QR、AR 等新技术，带给用户前所未有的用户体验；第三，APP 基于手机的随时随身性、互动性特点，容易通过微博、SNS 等方式分享和传播，实现裂变式增长；第四，APP 的开发成本，相比传统营销手段成本更低；第五，通过新技术以及数据分析，APP 可实现精准定位企业目标用户，使低成本快速增长成为可能；第六，用户手机安装 APP 以后，企业即埋下一颗种子，可持续与用户保持联系。

3.4.4 大数据

大数据是指无法在一定时间范围内用常规软件工具进行捕捉、管理和处理的数据集合，是需要新处理模式才能具有更强的决策力、洞察发现力和流程优化能力的海量、高增长率和多样化的信息资产。

大数据技术的战略意义不在于掌握庞大的数据信息，而在于对这些含有意义的数据进行专业化处理。换言之，如果把大数据比作一种产业，那么这种产业实现赢利的关键，就在于提高对数据的加工能力，通过加工实现数据的增值。在加工过程中，数据信息的价值含量、挖掘成本比数量更为重要。对于很多行业而言，如何利用这些大规模数据是赢得竞争的关键所在，企业组织利用相关数据和分析可以帮助它们降低成本、提高效率、开发新产品、做出更明智的业务决策。大数据的价值体现在：

1）大数据能够帮助企业挖掘市场机会、探寻细分市场。
2）大数据能够有效地帮助各个行业的用户做出更为准确的商业决策，从而实现更大的商业价值。
3）大数据能够创新企业管理的模式，挖掘管理潜力。
4）大数据能够变革商业模式催生产品和服务的创新。
5）大数据能够为每个人提供个性化的服务。
6）大数据手段的应用可以提升社会治理水平、维护社会和谐稳定。
7）大数据能够使人们了解系统中不同机体的运作模式，控制机体的下一个操作。

大数据是看待现实的新角度，不仅改变了市场营销、生产制造，同时也改变了商业模式。数据本身就是价值来源，也意味着新的商业机会，没有哪一个行业能对大数据产生免疫能力，适应大数据才能在变革中生存。

技能实操 3　微信订阅号申请

扫码看视频

1. 实训要求

会申请微信订阅号，并在上面发表信息。

2. 实操步骤

1）进入微信公众号地址 http://mp.weixin.qq.com，然后单击右上角的"立即注册"按钮，如图 3-18 所示。

图 3-18　注册界面

2）填写基本信息，设置登录名、登录密码，如图 3-19 所示。

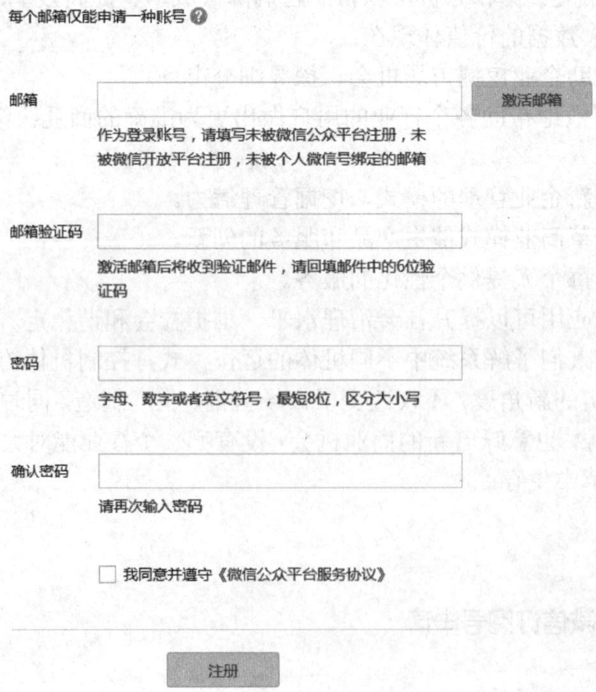

图 3-19　填写基本信息

3）激活邮箱并认证邮箱地址，如图 3-20 所示。

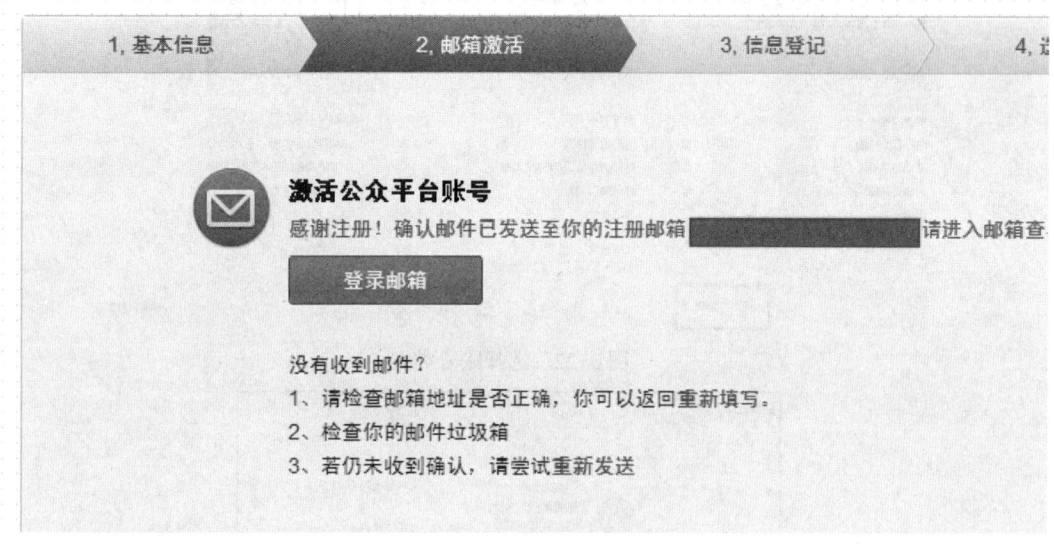

图 3-20　邮箱激活

4）登录邮箱，查看邮件并激活账号，如图 3-21 所示。

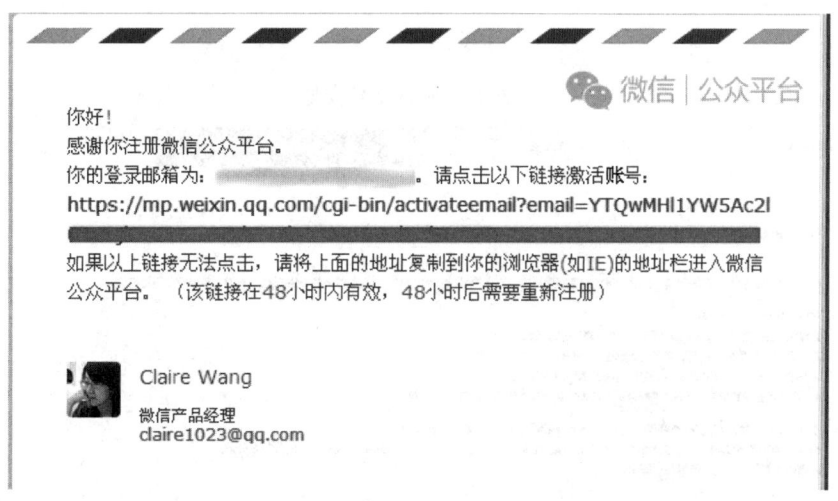

图 3-21　账号激活

5）选择需要的订阅类型，选择完之后是不可逆的，所以要想好自己需要的是怎样的号，本文以订阅号为例，如图 3-22 和图 3-23 所示。

6）登记订阅号的信息，主要是选择注册人的性质，分为政府、媒体、企业、其他组织和个人，如图 3-24 所示。

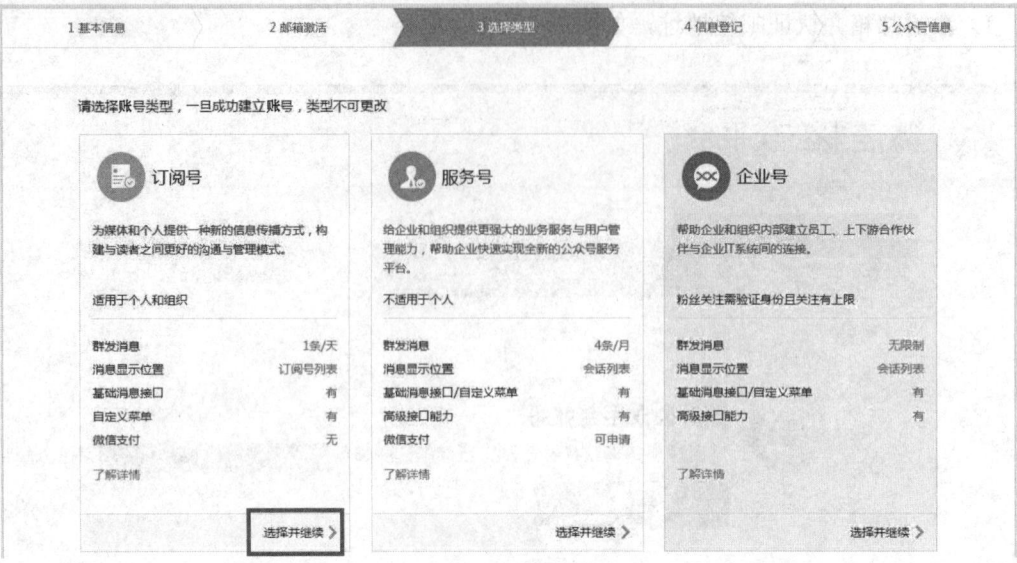

图 3-22 选择账号类型

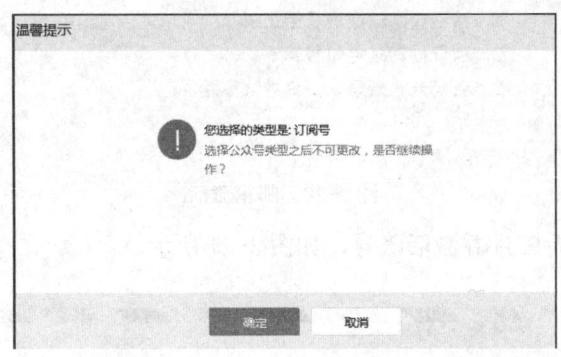

图 3-23 确认账号类型

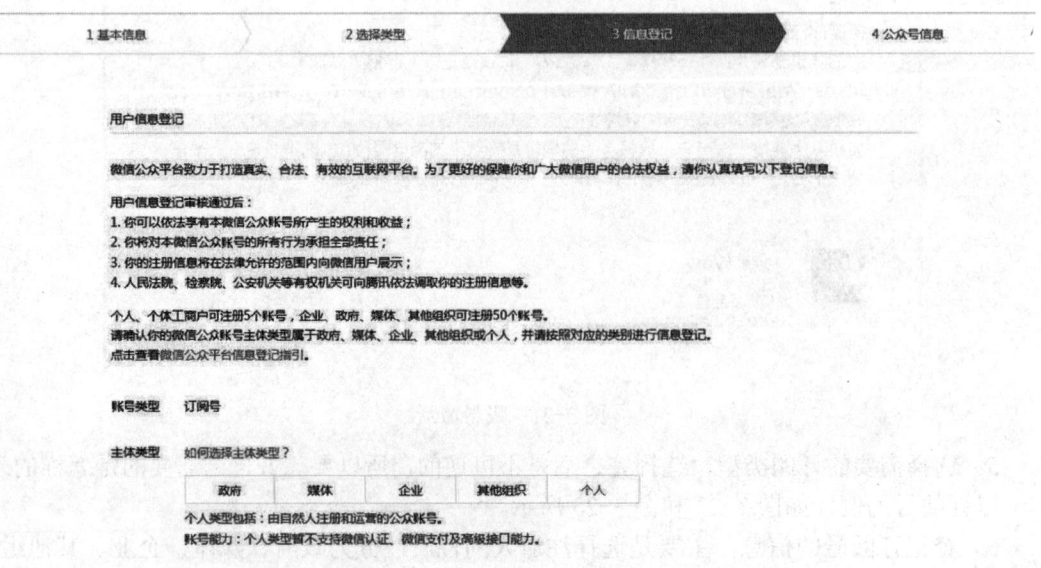

图 3-24 信息登记

7）根据个人的性质，选择注册的类型，如图 3-25～图 3-27 所示。

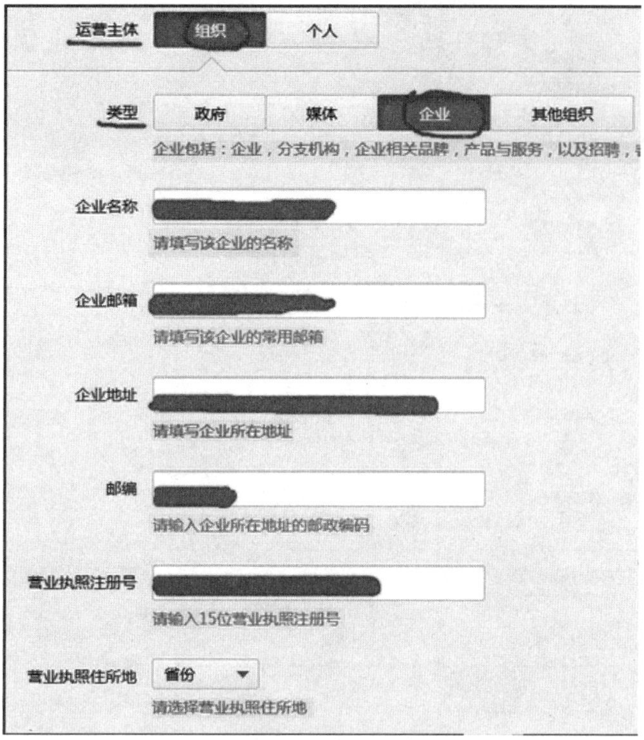

图 3-25　企业界面

图 3-26　个人界面

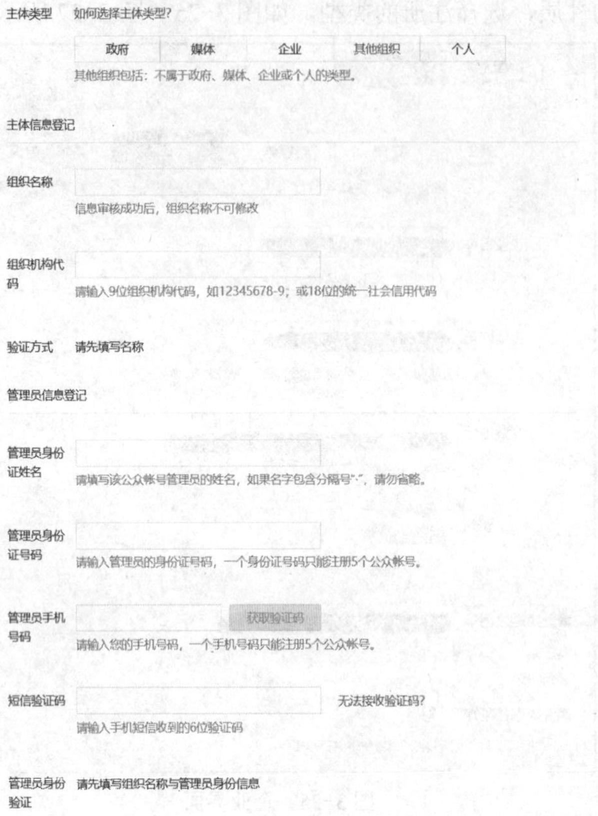

图 3-27　其他组织界面

8) 填写公众号信息，如图 3-28 所示。

图 3-28　填写公众号信息

9) 都填写完之后提交，等待审核，一般 2 天会有结果，如图 3-29 所示。

第 3 章 电子商务信息技术

图 3-29　注册成功

3．学生任务

学生独立申请微信订阅号，并在上面发表信息。

本 章 小 结

本章首先介绍了互联网的基础知识以及互联网发展所经历的阶段的演进，它是一个以 TCP/IP 为基础，连接各个大大小小的计算机网络的数据通信网。然后介绍了电子数据交换，电子数据交换是按照协议对具有一定结构特征的标准信息，经数据通信网络，在计算机系统之间进行交换和自动处理。最后介绍了移动技术，微信与二维码，APP 应用，同时简单分析了大数据的定义等内容。本章安排的技能操作，目的在于提高学生对微信订阅号的认知和动手能力。

思考与练习

1．选择题

1）早期的 EDI 是在（　　）上进行电子数据交换。

　　A．Internet　　　　　B．Intranet　　　　C．Extranet　　　　D．VAN

2）（　　）是简单的邮件传输协议。

　　A．DNS　　　　　　B．Telnet　　　　　C．HTTP　　　　　D．SMTP

3）内联网能够为企业提供的服务项目有（　　）。

　　A．信息发布　　　　B．文件传送　　　　C．管理和业务系统　D．安全性管理

4）网络协议的组成由（　　）构成。

　　A．语法　　　　　　B．进程　　　　　　C．语句　　　　　　D．时序

2．填空题

1）EDI 系统的三大要素是＿＿＿＿＿＿、＿＿＿＿＿＿、＿＿＿＿＿＿。

2）IP 地址可以分为：A 类、B 类、C 类、D 类和＿＿＿＿＿＿。

3）从协议分层模型来讲，TCP/IP 的结构包括：网络层、网络接口层和＿＿＿＿＿＿、＿＿＿＿＿＿。

4）计算机网络的功能主要表现在＿＿＿＿＿＿、＿＿＿＿＿＿、＿＿＿＿＿＿三个方面。

5）在 Internet 上有许多 BBS 服务器，每一个服务器由于发布的信息内容不同而各有特色，但大多有＿＿＿＿＿＿、＿＿＿＿＿＿、＿＿＿＿＿＿、＿＿＿＿＿＿、＿＿＿＿＿＿等基本功能。

3．思考题

1）简述 EDI 的工作过程。

2）简述计算机网络的功能。

3）简述 TCP/IP 参考模型。

第 4 章

电子商务支付

学习目标

知识目标

1）识记电子支付及电子支付系统的定义,熟记常用的电子支付工具。
2）熟记第三方支付的定义和常用的第三方支付平台。
3）熟记网上银行的定义、特点及优势。

能力目标

1）会操作网上银行相关功能。
2）能够熟练使用微信支付、支付宝钱包进行日常购物、消费等基本操作。

引导案例

黑客盗取客户支付宝资金

2015年6月,珠海市公安机关侦破一宗横跨广东、黑龙江、四川、上海和浙江等5省（市）的特大利用黑客手段盗取支付宝资金系列案件,打掉一个非法买卖公民个人信息、制作扫描探测软件和实施网络套现的犯罪团伙,抓获关键犯罪嫌疑人6名,缴获作案计算机等工具一批。

该案是比较常见的支付账户盗窃案件,犯罪嫌疑人通过在网上购买他人提供的账号、密码信息,使用扫号软件批量测试是否与支付机构支付账号、密码一致,比对成功后实施盗窃。公安部门初步查明,犯罪嫌疑人涉嫌盗窃支付宝账户117个,涉案金额7万余元。

此外,嫌疑人计算机硬盘中存储各类公民个人信息40多亿条,涉及支付宝、京东和Paypal等支付账户达1 000多万个,初步估算账户涉及资金近10亿元。

通过支付宝资金被黑客盗取案例的介绍,请思考以下问题:
在追求和享受支付便捷性的同时,消费者应怎样保护自身的金融信息安全?

4.1 电子支付

20世纪90年代，互联网逐步从大学、科研机构走向企业和家庭，商业贸易活动进入网络世界。通过使用互联网，既降低了成本，也造就了更多的商业机会，电子商务技术得以发展，使其逐步成为互联网应用的最大热点。为适应电子商务这一市场潮流，电子支付随之发展起来。

4.1.1 电子支付的定义和组成

电子支付是指从事电子商务交易的当事人，即客户、商家和金融机构，在很短的时间内，借助信息网络使用安全的信息传输手段，采用数字化方式支付货币或流转资金。

基于互联网的电子交易支付系统由客户、商家、认证中心、支付网关、客户银行、商家银行和金融专用网络7个部分组成。

1）客户。客户一般是指利用电子交易手段与企业或商家进行电子交易活动的单位或个人。它们通过电子交易平台与商家交流信息，签订交易合同，用自有的网络支付工具进行支付。

2）商家。商家是指向客户提供商品或服务的单位或个人。在电子支付系统中，它必须能够根据客户发出的支付指令向金融机构请求结算，这一过程一般是由商家设置的一台专门的服务器来完成的。

3）认证中心。认证中心是交易各方都信任的公正的第三方中介机构，它主要负责为参与电子交易活动的各方发放和维护数字证书，以确认各方的真实身份，保证整个电子交易过程安全稳定进行。

4）支付网关。支付网关是完成银行网络和互联网之间的通信、协议转换和数据加、解密，保护银行内部网络安全的一组服务器。它是互联网公用网络平台和银行内部的金融专用网络平台之间的安全接口，电子支付的信息必须通过支付网关进行处理后才能进入银行内部的支付结算系统。

5）客户银行。客户银行是指为客户提供资金账户和网络支付工具的银行，在利用银行卡作为支付工具的网络支付体系中，客户银行又被称为发卡行。客户银行根据不同的政策和规定，保证支付工具的真实性，并保证对每一笔认证交易的付款。

6）商家银行。商家银行是为商家提供资金账户的银行，因为商家银行是依据商家提供的合法账单来工作的，所以又被称为收单行。客户向商家发送订单和支付指令，商家将收到的订单留下，将客户的支付指令提交给商家银行，然后商家银行向客户银行发出支付授权请求，并进行它们之间的清算工作。

7）金融专用网络。金融专用网络是银行内部及各银行之间交流信息的封闭的专用网络，通常具有较高的稳定性和安全性。

4.1.2 电子支付工具

随着信息技术的发展，电子支付工具的种类越来越多。

1．银行卡

（1）借记卡

借记卡是指先存款后消费不具备透支功能的银行卡。借记卡具有转账结算、存取现金、购物消费等功能。按功能不同，可分为转账卡、专用卡、储值卡、联名/认同卡。

1）转账卡是实时扣账的借记卡。具有转账结算、存取现金和消费功能。

2）专用卡是具有专门用途，在特定区域使用的借记卡。具有转账结算、存取现金功能，专门用途是指除百货、餐饮、娱乐行业以外的用途。

3）储值卡是发卡银行根据持卡人要求将其资金转至卡内储存，交易时直接从卡内扣款的预付钱包式借记卡。

4）联名/认同卡是商业银行与赢利性机构/非赢利性机构合作发行的银行卡，发卡银行和联名单位应当为联名卡持卡人在联名单位用卡提供一定比例的折扣优惠或特殊服务；持卡人领用认同卡表示对认同单位事业的支持。

（2）信用卡

信用卡是银行向个人和单位发行的，凭此可向特约单位购物、消费和向银行存取现金，其形式是正面印有发卡银行名称、有效期、号码、持卡人姓名等内容，卡面有芯片、磁条、签名条。信用卡由银行或信用卡公司依照用户的信用度与财力发给持卡人，持卡人持信用卡消费时无须支付现金，待还款日再进行还款。

根据清偿方式的不同，信用卡分为贷记卡和准贷记卡。

1）贷记卡是国际标准的信用卡，是发卡银行给予持卡人一定的信用额度，持卡人可在信用额度内先消费、后还款，非现金消费设有免息还款期，允许按最低还款额还款，信用额度可循环使用的信用卡。

2）准贷记卡也称为信用卡，是指持卡人须先按发卡银行要求交存一定金额的备用金，当备用金账户余额不足支付时，可在发卡银行规定的信用额度内透支，但透支即时计息、不设免息还款期的信用卡。

2．智能卡

智能卡简称 IC 卡，即芯片卡，是一种集成电路卡，将一个专用的集成电路芯片镶嵌于塑料基片中，封装成外形与磁卡类似的卡片形式，即制成一张 IC 卡。当然也可以封装成纽扣、钥匙、饰物等特殊形状。以 IC 卡技术为核心，以计算机和通信技术为手段，就能将智能建筑内部的各项设施连接成为一个有机的整体。用户通过一张 IC 卡便可完成通常的钥匙、资金结算、考勤和某些控制操作，比如社保、公交、零售、医院、自助售票及售货等，从而使金融 IC 卡被广泛应用于除银行外的各个合作领域，可实现"一卡多用、一卡通行"。

3．电子钱包

（1）电子钱包的定义　电子钱包是电子商务购物活动中常用的一种电子支付工具，尤其适用于小额购物或小商品购买，是一种新式钱包。电子钱包和实际钱包的功能一样，可存放电子现金、电子信用卡、所有者身份证书、所有者地址以及在电子商务网站的收款台上所需的其他信息。

（2）常用的电子钱包

1）支付宝钱包。支付宝钱包是国内领先的移动支付平台，内置的"平民理财神器"余额宝也颇受使用者好评。

支付宝钱包的主要功能有：支持余额宝理财收益随时查看；随时随地查询淘宝账单、账户余额、物流信息；支持异地跨行转账、信用卡还款、充值、缴水电煤气费、付款、卡券信息智能提醒等；以上服务不收取任何手续费，十分便利。除此之外，我们还可添加公众服务号，进行 AA 收款，打车、去便利店购物、在售货机买饮料均可使用支付宝钱包支付，如图 4-1 所示。

2）QQ 钱包。QQ 钱包采取卡包的形式，方便用户管理自己的 Q 币、财付通账号、银行卡；同时沿用财付通体系的支付密码，可以用于财付通支付和银行卡支付的密码使用，让用户用便捷的方式进行移动支付。用户可以通过 QQ 钱包，为手机进行充值、购买电影票，以及购买 QQ 会员、QQ 阅读、游戏等。目前，QQ 已经在尝试 QQ 群在线教育，以后也可以通过手机 QQ 钱包支付，如图 4-2 所示。

图 4-1　支付宝钱包操作界面

图 4-2　QQ 钱包操作界面

3）百度钱包。百度钱包是由百度公司创办，百度旗下的产品及海量商户与广大用户连接，提供超级转账、付款、缴费、充值等支付服务，包括个人理财、消费金融等金融服务，如图 4-3 所示。

4）微支付。微支付是指在互联网上进行的小额的资金支付。这种支付机制有着特殊的系统要求，在满足一定安全性的前提下，可快速高效地对资金信息进行传输。现在大家所说的微支付，主要是指微信支付，如图 4-4 所示。

微信支付是集成在微信客户端的支付功能，用户可以通过手机完成快速支付的流程。微信支付以绑定银行卡的快捷支付为基础，向用户提供安全、快捷、高效的支付服务。

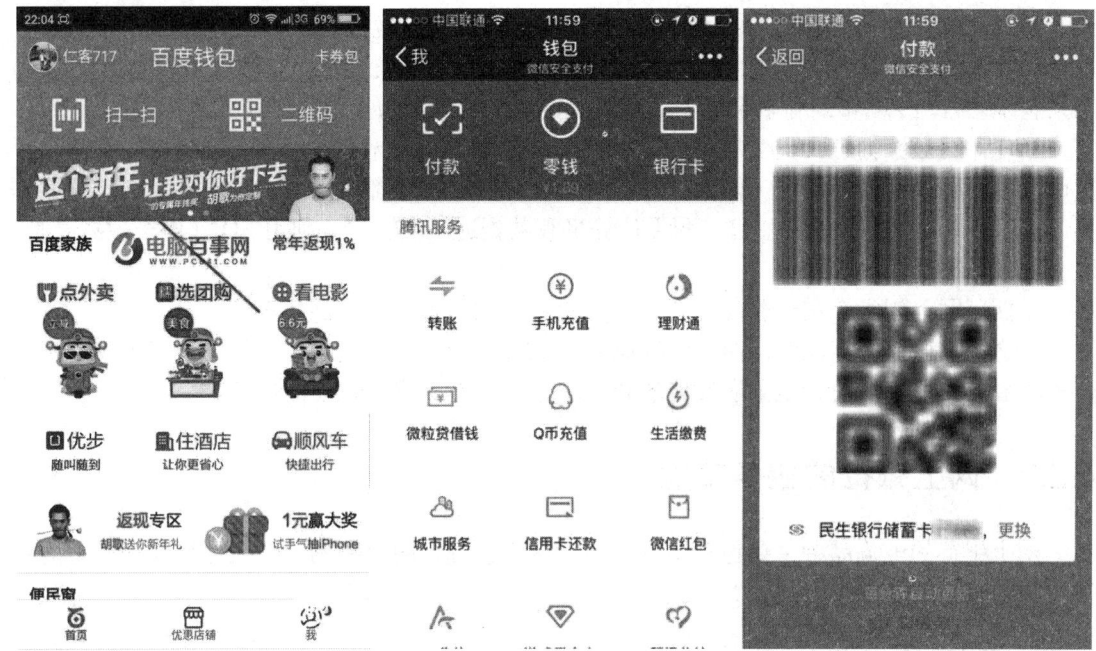

图 4-3　百度钱包操作界面　　　　图 4-4　微信钱包操作界面

4.2　银行支付

银行业金融机构为了适应社会信息化发展,利用面向社会公众开放的通信通道或开放型公众网络,以及银行特定自助服务设施为客户建立了专用电子支付网络,向客户提供电子支付服务。主要包括网上银行、电话银行、手机银行、微银行。

4.2.1　网上银行概述

网上银行也称为网络银行、在线银行,是指利用 Internet、Intranet 及相关技术处理传统的银行业务及支持电子商务网上支付的新型银行。它实现了银行与客户之间安全、方便、友好、实时的连接,客户向已推出了网上银行系统的开户银行申请后,可在任一地方利用自有计算机,通过互联网这一信息高速公路与银行的业务网络联网,实现开户、销户、查询、对账、行内转账、跨行转账、信贷、网上证券、投资理财以及其他贸易或非贸易的全方位银行业务服务。可以说,网上银行是在 Internet 上的虚拟银行柜台。

网上银行是由银行在网络上开办的服务系统,其功能包括转账在内的一系列服务,是线上交易和从事金融活动的基础。网上银行与传统银行有很大区别,这种区别显示了网上银行巨大的优越性,主要表现在以下几方面:

第一,网上银行业务打破了传统银行业务的地域、时间限制,具有 3A 特点,即能在任何时候(Anytime)、任何地方(Anywhere)、以任何方式(Anyhow)为客户提供金融服务。这既有利于吸引和保留优质客户,又能主动扩大客户群,开辟新的利润来源,使银行更加贴近客户,方便客户。

第二，网上银行能降低成本，使银行的房地产投资和人员投资大幅度地减少，提高效益，是更加有效的银行竞争手段。如全世界第一家网上银行——美国的"安全第一网上银行"，员工只有 10 人，1996 年的存款余额为 1400 万美元，1997 年为 4 万多亿美元。

第三，网上银行可实现交易无纸化、业务无纸化和办公无纸化。网上银行全面使用电子货币，取消了纸币的使用，一切银行业务的办公文件和凭证都改用电子化文件、电子化票据和证据，签名也采用数字化签名，利用计算机和数据通信网传送，利用 EDI（电子数据交换）进行往来结算。

第四，网上银行有利于服务创新，可向客户提供多种类、个性化服务。

总之，和传统银行比较，网上银行比传统银行具有很大的优越性，网上银行不仅是电子商务发展的支撑点，而且是金融发展的新的增长点，是未来金融业的出路。

4.2.2 网上银行的业务功能

网上银行的业务品种主要包括基本业务、网上投资、网上购物、个人理财助理、企业银行及其他金融服务。

1．基本业务

商业银行提供的基本网上银行服务包括在线查询账户余额和交易记录、转账及网上支付等，如图 4-5 所示。

图 4-5　工商银行个人网银

2．网上投资

由于金融服务市场发达，网上银行提供的金融投资种类也越来越多。传统的股票、基金、保险、债券的购买和交易都已经可以在网上进行，此外，在网上新型的理财投资产品也越来越多，人们可以通过网络进行虚拟贵金属买卖、期货买卖、网络借贷等。

3．网上购物

网上银行设立的网上购物协助服务，大大方便了客户网上购物，为客户在提供与传统银行相同服务品种的基础上，提供了优质的金融服务或相关的信息服务，加强了商业银行在传统竞争领域的竞争优势。

4．个人理财助理

个人理财助理是网上银行重点服务品种之一。各大银行将传统银行业务中的理财助理转移到网上进行，通过网络为客户提供理财的各种解决方案，提供咨询建议，或者提供金融服务技术的援助，从而极大地扩大了商业银行的服务范围，并降低了相关的服务成本。

5．企业银行

企业银行是网上银行服务中最重要的组成部分之一。其服务品种比个人客户的服务品种更多也更为复杂，相关技术的要求也更高，只有实力强大的银行才能提供此类服务，一般中小网上银行或纯网上银行只能部分提供，甚至完全不提供这方面的服务。

6．其他金融服务

除了基本的银行服务外，网上银行还与其他金融服务网站联合，为客户提供多种金融服务产品，如保险、抵押和按揭等，以扩大网上银行的服务范围。

4.2.3 网上银行支付的安全技术

网上银行作为一种银行业务和金融服务的大趋势很快席卷全球，特别是网上银行的支付业务，为广大用户提供了更加方便、快捷的金融服务。但是，就在网上银行获得快速发展的同时，由于互联网是其业务实现的方式和媒介，因此，网上银行在为客户提供支付便利的同时也存在着难以避免的交易中的安全隐患。为了保障网上支付的安全性，银行采取了有效的安全保障技术。

1．动态密码牌

动态密码牌（E-token）是一种每隔一定时间自动更新动态密码的专用硬件。它无须安装驱动，也不需要记忆密码，直接输入动态密码数字即可。动态密码每 60s 随机更新一次，一次有效，不可重复使用，大大提升了网上银行的安全性，如图 4-6 所示。优点：安全；无须与计算机连接；无须安装驱动；简单方便。缺点：有一定的使用年限（一般为 3 年），到期后需要到银行更换。

图 4-6　动态密码牌

2．USB Key 证书

USB Key 证书是目前大多数网上银行采用的安全认证工具，是一种 USB 接口形式的硬件设备。USB Key 用于存放网银数字证书，确保网上交易的保密性、真实性、完整性和不可否认性，即使计算机中了木马病毒，也不会被窃取，安全性非常高，如图 4-7 所示。优点：安全。缺点：要交工本费；使用时要插在计算机上，需要安装驱动程序，有时不太方便。

图 4-7　USB Key 证书

3. 动态密码卡

动态密码卡是动态密码的载体。每张动态密码卡覆盖有若干个不同的密码。用户在启用动态密码卡后，进行网上银行办理转账汇款、缴费支付、网上支付等交易时，需按顺序输入动态密码卡上的密码，每个密码只可以使用一次，如图4-8所示。优点：安全简单。缺点：每张卡使用次数有限（一般为30次），用完后就需要到银行重新购买。

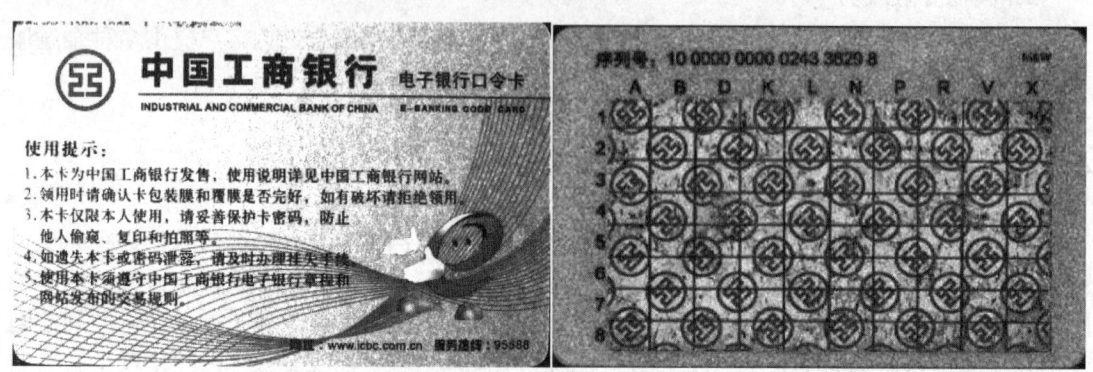

图4-8 动态口令卡

4. 数字证书

数字证书就是一个包含个人身份信息的电子文件，类似于网络身份证，这个网络身份证是由一个权威的第三方安全认证机构发放的。数字证书是网银安全的根本保障，是被国内外普遍采用的一整套成熟的信息安全保护措施。数字证书一般被存放在浏览器中。优点：免费。缺点：容易被复制、窃取，安全性较差。

5. Active X 安全控件

Active X 安全控件是向非证书认证用户提供的安全手段，当控件安装完成后用户才能见到网上银行的登录界面，这种安全技术防止了信息被窃取。优点：简单。缺点：安全系数不高。

4.2.4 手机银行、电话银行、微信银行

以互联网为代表的现代信息科技对电子银行服务模式产生重大影响。我国电子银行服务终端不仅限于 PC 端的网上银行，手机银行、电话银行和微信银行以及更多不同类型的移动终端具有很大的发展空间。

1. 手机银行

（1）手机银行

手机银行也称移动银行，是利用移动通信网络及终端办理相关银行业务的简称。作为一种结合了货币电子化与移动通信的崭新服务，移动银行业务不仅可以使人们在任何时间、任何地点处理多种金融业务，而且极大地丰富了银行服务的内涵，使银行能以便利、高效而又较为安全的方式为客户提供传统和创新的服务。移动银行业务需要依赖手机银行 APP 来实现。

（2）手机银行的操作原理

手机银行方便了人们的生活。通过手机银行，可以办理许多以前只能通过柜台才能办理的业务。手机银行开通流程：首先，需要开通网上银行业务。如有需要可以去银行柜台办理该项业务，只需要出具身份证和银行卡，以及手机号码即可开通。确保手机银行业务正常开

通后，可以从网上下载手机银行客户端。在程序主界面中单击"手机银行"按钮，然后输入相关信息，最后单击"登录"按钮，就可以登录手机银行，办理相关业务。

(3) 手机银行与网上银行相比具有的优势

手机银行与网上银行相比，优点比较突出。首先，手机银行有庞大的潜在用户群；其次，手机银行须同时经过 SIM 卡和账户双重密码确认之后方可操作，安全性较高；另外，手机银行实时性较好，折返时间几乎可以忽略不计，而相同的业务在网络银行实现需要一直在线，是否办理成功还取决于网络拥挤程度与信号强度等许多不确定因素。

2．电话银行

(1) 电话银行

电话银行是通过电话这种现代化的通信工具把用户与银行紧密相连，使用户不必去银行网点，无论何时何地，只要拨通电话银行的电话号码，就能够得到电话银行提供的服务。

(2) 电话银行服务内容如下

1) 客户账户余额查询。

2) 账户往来明细及历史账目档案。

3) 大额现金提现预告。

4) 银行存贷款利率查询。

5) 银行留言。

6) 银行通知。

7) 其他各类指定的查询服务。

3．微信银行

微信银行是使用微信为客户提供便捷电子银行服务的平台和快速获取信息服务的渠道，客户可通过关注各商业银行的服务号，享受各行微信银行服务。

(1) 微信银行业务功能

微信银行业务功能主要为查询类业务功能。网点查询、手机银行客户端下载、非账务类查询功能无须身份认证即可使用；余额查询、明细查询、公务卡账单和额度查询等涉及账户操作的功能需先绑定账号进行身份认证。

(2) 开通方式

通过微信软件的公众号搜索功能关注各商业银行服务号或扫描二维码关注，即可享受微信银行服务。客户成功关注各商业银行微信号即可使用无须身份认证的服务。已在银行开立借记卡且开通手机银行的客户或持有该行公务卡的客户，可进行微信银行账号绑定使用提供的金融服务。

网上银行、手机银行、电话银行、微信银行丰富了银行为用户提供服务的方式，拓展了宣传推广的渠道，增强了对用户的吸引力，有利于提升用户的忠诚度；对于用户而言，可以选择自己感兴趣的方式获取银行提供的服务，充分满足自己的个性化需求，高效便捷、成本低廉，极大提升了用户体验。

 技能实操 1　网上银行使用流程

扫码看视频

1．实操要求

学生体验建设银行网络银行的使用方法。

2. 实操步骤

1）首先需要去营业厅办理并开通网上银行业务。同时银行相关服务人员会给一个网上交易的凭证，据此，可以享受网上银行所提供的便利服务，如图 4-9 所示。

2）找到位于主页上面的"下载中心"链接并单击，如图 4-10 所示。

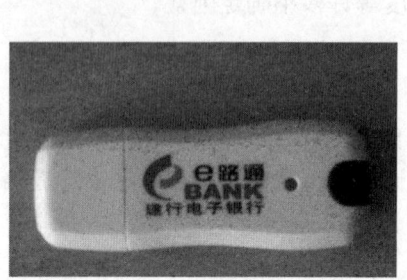
图 4-9　中国建设银行 U 盾

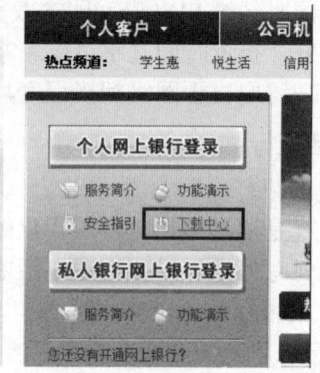
图 4-10　下载中心

3）找到与当前网上交易凭证相符的驱动程序并单击"下载"按钮，如图 4-11 所示。

图 4-11　组件下载

4）下载完成后，安装程序。安装完成后，选择"立即运行网盾安全检测工具"项并单击"完成"按钮，如图 4-12 所示。

5）此时程序会自动开始检查环境及配置情况，当所有项显示"正常"时就表明环境安全，可以正常使用网上银行，如图 4-13 所示。

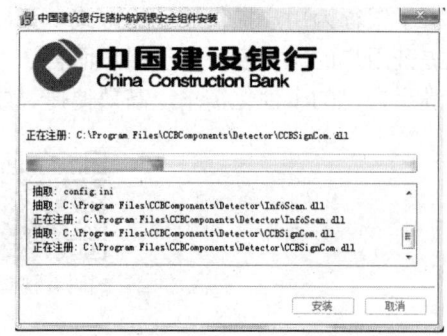
图 4-12　网银组件安装

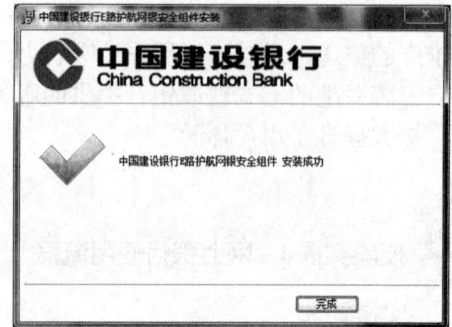
图 4-13　自动检测环境及配置界面

6)找到位于主页上面的"个人网上银行登录"链接并单击,如图 4-14 所示。
7)根据提示,输入用户名和密码进行登录,如图 4-15 所示。

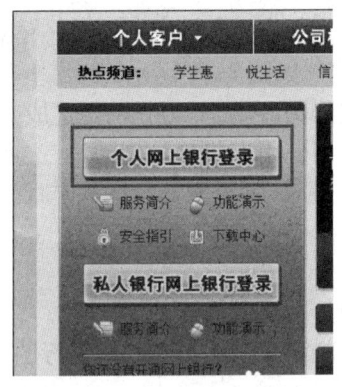 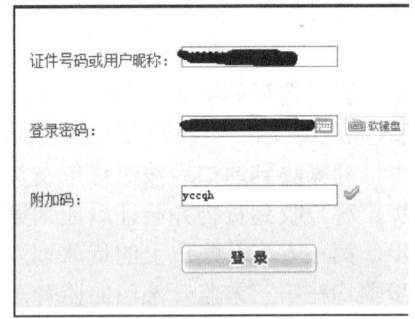

图 4-14 网上银行登录　　　　　　　图 4-15 输入用户名和密码

8)成功登录后,就可以办理以下相关业务了,如图 4-16 所示。

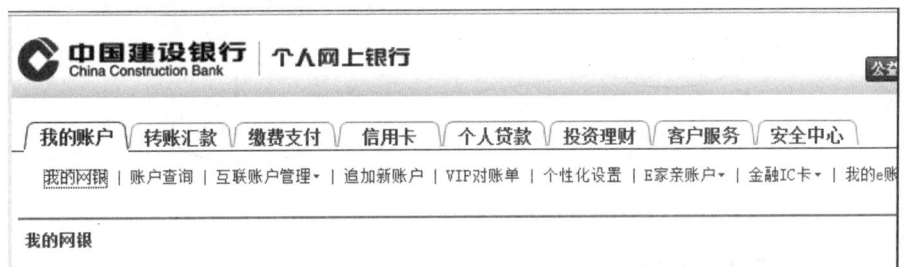

图 4-16 个人网银服务

3. 学生任务

尝试注册建设银行的网银,体验个人网银服务项目,感受便捷性。

4.3 第三方支付

除了网上银行、电子信用卡等支付方式以外,正在迅猛发展起来的利用第三方机构的支付模式及其支付流程也可以相对降低网络支付的风险,而这个第三方机构必须具有一定的诚信度。

4.3.1 第三方支付的定义

第三方支付是指具备一定实力和信誉保障的独立机构,采用与各大银行签约的方式,通过与银行支付结算系统接口对接而促成交易双方进行交易的网络支付模式。

第三方是买卖双方在缺乏信用保障或法律支持的情况下的资金支付中间平台,买方将货款付给买卖双方之外的第三方,第三方提供安全交易服务,其运作实质是在收付款人之间设立中间过渡账户,使汇转款项实现可控性停顿,只有双方意见达成一致才能决定资金去向。第三方担当中介保管及监督的职能,这是一种支付托管行为,通过支付托管实现支付保证。

4.3.2 第三方支付的流程

在第三方支付交易流程中，支付模式使商家看不到客户信息，同时又避免了信息在网络上多次公开传输而导致客户信息被窃。以 B2C 交易为例，如图 4-17 所示。

第一步，客户在电子商务网站上选购商品，最后决定购买，买卖双方在网上达成交易意向。
第二步，客户选择利用第三方作为交易中介，客户用信用卡将货款划到第三方账户。
第三步，第三方支付平台将客户已经付款的消息通知商家，并要求商家在规定时间内发货。
第四步，商家收到通知后按照订单发货。
第五步，客户收到货物并验证后通知第三方。
第六步，第三方将其账户上的货款划入商家账户中，交易完成。

以上步骤均在第三方监管部门的监管下完成。我国监管部门对于互联网银行的监管采取和对传统银行相同的要求。

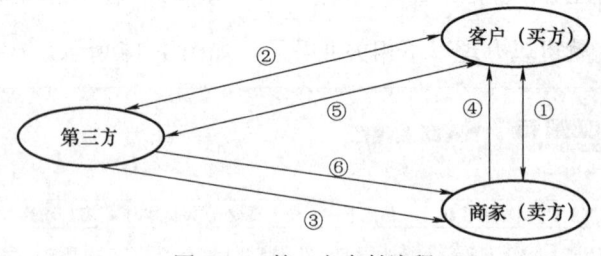

图 4-17 第三方支付流程

4.3.3 第三方支付平台

国内的第三方支付平台主要有支付宝、财付通等，PayPal 主要在欧美国家应用。

1. 国内知名的第三方支付平台

（1）支付宝

1）支付宝。支付宝是国内领先的独立第三方支付平台，由阿里巴巴集团在 2004 年创立。支付宝的"担保交易服务"原理为：买家下单后付款到支付宝，在订单交易状况显示"买家已付款"后，卖家发货，买家收到货后，检查无误，确认收货，输入支付密码，支付宝再将钱款打给卖家。

2）余额宝。2014 年 10 月成立的蚂蚁金融服务集团（以下简称蚂蚁金服）是支付宝的母公司。蚂蚁金服承担的业务包括支付宝、余额宝、招财宝、网商银行和蚂蚁小贷等。余额宝是蚂蚁金服旗下的余额增值服务和活期资金管理服务产品。余额宝的特点是操作简便、低门槛、零手续费、可随取随用。除理财功能外，余额宝还可直接用于购物、转账、缴费、还款等消费支付，是移动互联网时代的现金管理工具。目前，余额宝是中国规模最大的货币基金。

3）蚂蚁花呗和蚂蚁借呗。蚂蚁花呗是蚂蚁金服推出的一款消费信贷产品，用户申请开通后，将获得 500～50 000 元不等的消费额度。用户在消费时，可以预支蚂蚁花呗的额度，享受先消费后付款的购物体验，在确认收货后的下个月的 9 号进行还款，免息期最长可达 41 天。除了这月买下月还、超长免息的消费体验，蚂蚁花呗还推出了花呗分期的功能，用户可以分 3、6、9、12 个月进行还款。每个月 10 号为花呗的还款日，用户需要将已经产生的花呗账单在还款日还清。到期还款日当天系统依次自动扣除支付宝账户余额、余额宝（需开通余额宝代扣功能）、借记卡快捷支付（含卡通）用于已出账单未还部分的还款。用户也可以主动进行还款。为避免逾期，请确保支付宝账户金额充足。如果逾期不还每天将收取万分之五的逾期费。

蚂蚁借呗是支付宝推出的一款贷款服务，目前的申请门槛是芝麻信用积分在 600 以上。按照分数的不同，用户可以申请的贷款额度从 1 000～300 000 元不等。蚂蚁借呗的最长还款期限为 12 个月，贷款日利率是 0.045%，随借随还。

蚂蚁花呗与蚂蚁借呗提供了针对淘宝会员购买力不足问题的解决方案，方便了用户资金周转，充分提高了资金的利用率，提升了用户的购物体验，同时有效提升了商家的成交转换率。

（2）财付通

1）财付通。财付通（Tenpay）是腾讯公司于 2005 年正式推出的专业在线支付平台，其核心业务是帮助在互联网上进行交易的双方完成支付和收款。致力于为互联网用户和企业提供安全、便捷、专业的在线支付服务。个人用户注册财付通后，即可在拍拍网及 20 多万家购物网站轻松进行购物。财付通支持全国各大银行的网银支付，用户也可以先充值到财付通，享受更加便捷的财付通余额支付体验。

2）财付通的功能。

① 财付通提供提现、收款、付款等配套账户功能，让资金使用更灵活。

② 财付通为广大用户提供了手机充值、游戏充值、信用卡还款、机票专区等特色便民服务，让生活更方便。

③ 财付通具有虚拟物品中介保护交易功能。如果用户玩的是腾讯旗下的网游，那么在用户出售装备、游戏币的时候，可以通过财付通里的虚拟物品中介保护交易来进行操作，买卖双方通过 E-mail 通知对方进行付款、发货的操作。

2. 国外知名的第三方支付平台——PayPal

PayPal（PayPal Holdings，Inc.，在中国大陆称为贝宝），是美国 eBay 公司的全资子公司。1998 年 12 月由 Peter Thiel 及 Max Levchin 建立，总部位于美国加利福尼亚州圣荷西市。PayPal 允许在使用电子邮件来标识身份的用户之间转移资金，避免了传统的邮寄支票或者汇款的不便利性。PayPal 也和一些电子商务网站合作，成为它们的货款支付方式之一。但是用这种支付方式转账时，PayPal 会收取一定数额的手续费。

PayPal 与支付宝的差异：

第一，PayPal 是全球性的，通用货币为加元、欧元、英镑、美元、日元、澳元 6 种货币；支付宝是中国的，以人民币结算。

第二，PayPal 是一个将会员分等级的机构，会向高级账户收取手续费，利益保障也更牢靠。支付宝则不存在分级。

第三，PayPal 账户投诉率过高会导致账户永久性关闭，因此卖家是很谨慎的。支付宝不会轻易关闭账户。

技能实操 2　支付宝注册流程

1. 实操要求

学生以顾客的身份体验支付宝新用户注册流程。

扫码看视频

2. 实操步骤

1）登录支付宝账户（www.alipay.com），单击"立即注册"按钮，如图 4-18 所示。

图 4-18　用户注册界面

2）单击"个人账户"；默认选择"中国大陆"，输入手机号码和验证码，单击"下一步"按钮，如果一直没有收到校验码，则可以单击"重新获取短信"按钮，如图 4-19 所示。

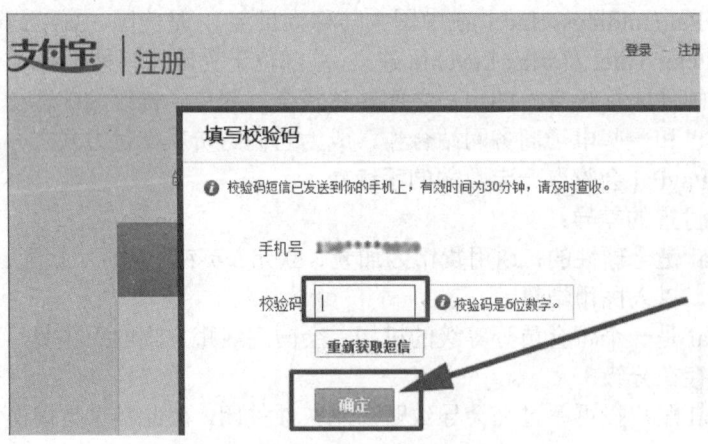

图 4-19　选择手机号码注册

3）填写账户基本信息（账户注册成功则默认为手机注册账户，账户绑定此手机号），如图 4-20 所示。

4）通过身份信息验证，可以使用支付宝的所有功能。姓名和身份证号码通过身份信息验证后，页面提示绑定银行卡，输入用户的银行卡卡号及该卡的银行预留手机号，单击"同意协议并确定"按钮，如图 4-21 所示。

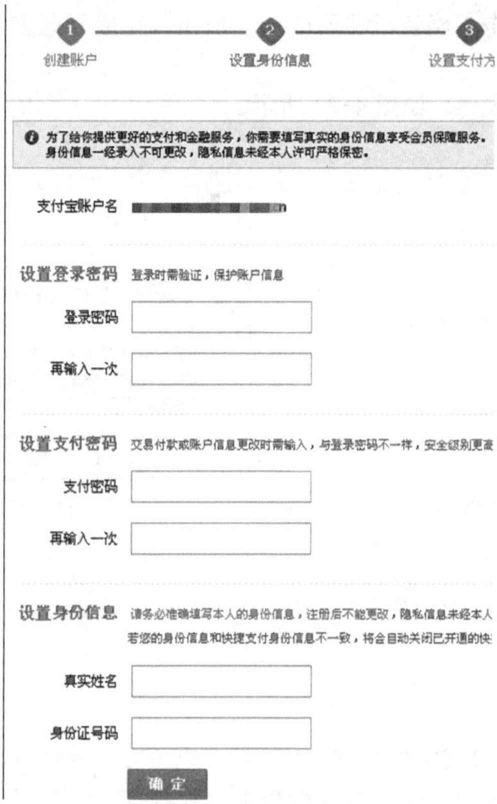

第 4 章　电子商务支付

图 4-20　信息填写

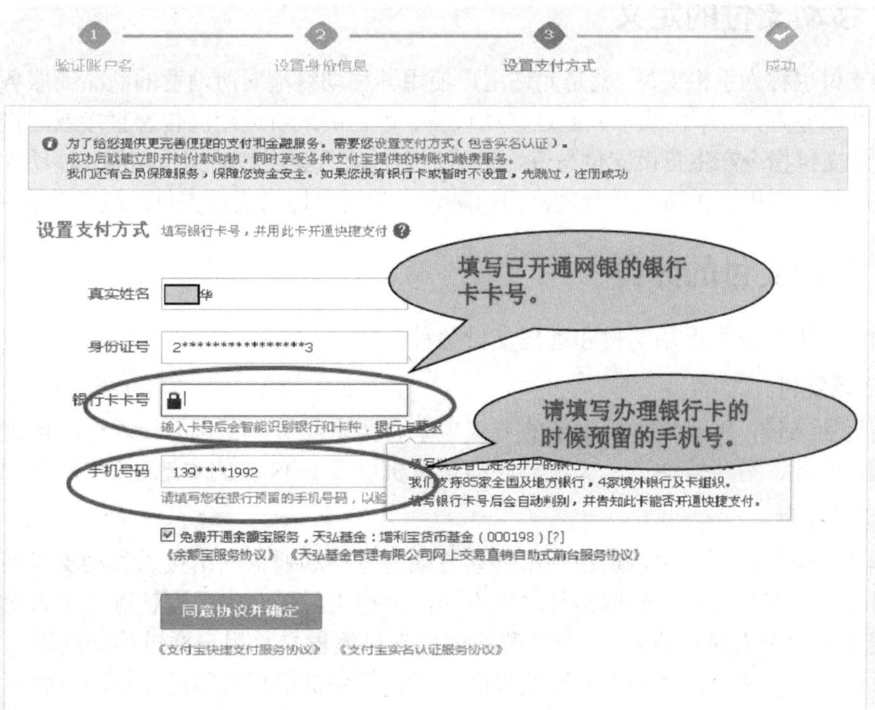

图 4-21　设置支付方式

5）输入校验码，单击"确认，注册成功"按钮，完成开通支付宝服务且绑定银行卡成功，如图 4-22 所示。

6）开通支付宝服务成功，如图 4-23 所示。

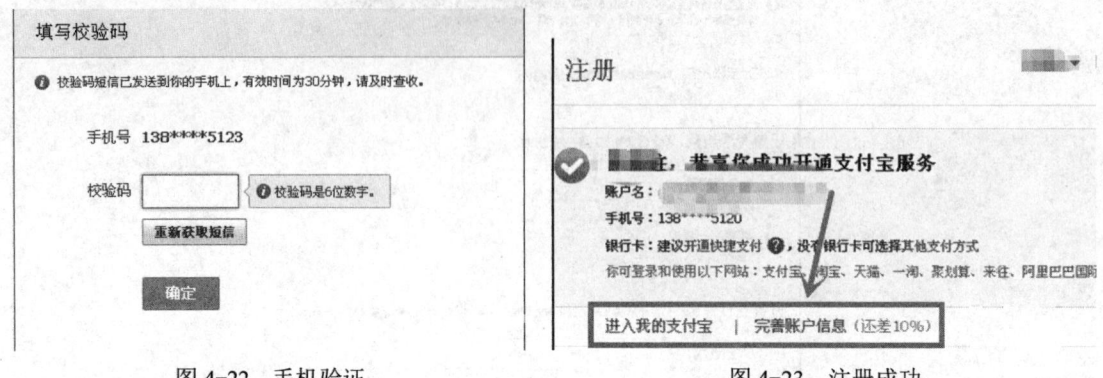

图 4-22　手机验证　　　　　　　　图 4-23　注册成功

3．学生任务

注册支付宝，体验支付宝付款流程。

4.4　移动支付

移动支付是电子支付方式的新形式，因其具有电子支付的特征，也属于电子支付的一种。其与移动通信技术、无线射频技术、互联网技术相互融合，通过移动通信网络实现商业交易。

4.4.1　移动支付的定义

移动支付也称为手机支付，就是允许用户使用其移动终端对所消费的商品或服务进行账务支付的一种服务方式。单位或个人通过移动设备、远距离或者近距离传感直接或间接向银行金融机构发送支付指令产生货币支付与资金转移行为，从而实现移动支付功能。移动支付将终端设备、互联网、应用提供商以及金融机构相融合，为用户提供货币支付、缴费等金融业务。

4.4.2　移动支付的分类

移动支付主要分为近场支付和远程支付两种。

1．近场支付

所谓近场支付，就是用手机刷卡的方式坐车、买东西等，支付的处理在现场进行，使用手机射频、红外、蓝牙等通道，实现与自动售货机以及 POS 机的本地通信的一种支付方式。

2．远程支付

远程支付也称线上支付，是指利用移动终端通过移动通信网络接入移动支付后台系统，完成支付行为的支付方式。根据交易对象不同，远程支付可分为远程转账（个人对个人）和远程在线支付（个人对企业）。一个典型的远程支付流程是，用户通过移动终端在电子商务网站购买产品后，按照商家提供的付款界面，跳转至手机银行或第三方移动支付页面完成支付。此外，通过短消息服务、互动式语音应答等方式进行的移动支付也属于远程支付。

4.4.3 移动支付的方式

随着移动互联网的发展,各种创新的支付方式不断推出。

1. 扫码支付

扫码支付也就是所谓的即拍即付。打开手机上的支付客户端,使用二维码识别的功能,拍摄和识别印制在各种物体上的二维码信息后,就可以识别收款方的账户信息及付款金额,输入支付密码,单击"付款"按钮便可完成交易。

2. 条码支付

通过安装在手机的支付客户端,第三方支付账户自动生成一个条码,而收银员用条码枪在用户的手机上扫描,用户同意,付款即完成。在支付过程中,消费者与商家之间只有扫描条码的接触,不需要出示任何银行卡。条码支付产品融合线上线下市场,将对第三方支付、手机支付、POS 机收银等各方产生重大影响。

技能实操 3　体验微信支付的流程

扫码看视频

1. 实操要求

学生以顾客的身份体验微信支付流程。

2. 实操步骤

1)打开微信,单击下方的"我"按钮,会看到"我的银行卡"选项,单击"进入"按钮,选择话费充值功能,以给指定号码充值 30 元为例,如图 4-24 所示。

2)这时候因为没有绑定银行卡,所以需要先绑定,在新的界面中输入银行卡号,储蓄卡、信用卡都可以,如图 4-25 所示。

图 4-24　手机充值界面

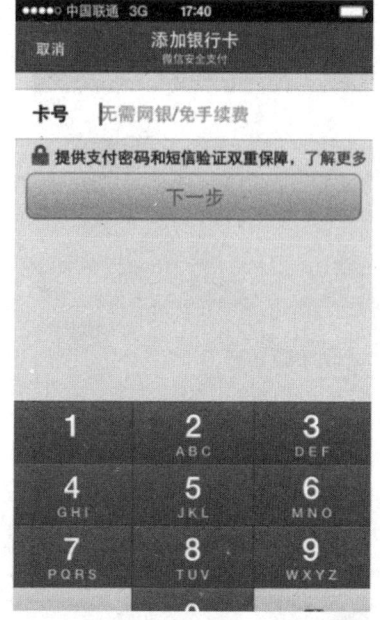
图 4-25　添加银行卡号

3）输入银行卡号后单击"下一步"按钮，输入用户的具体信息，包括身份证号、姓名、手机号等，如图4-26所示。

4）各项信息输入完成后，单击"下一步"按钮，如果各项信息完整且无误，那么会进入新的界面，否则会提示错误，如图4-27所示。

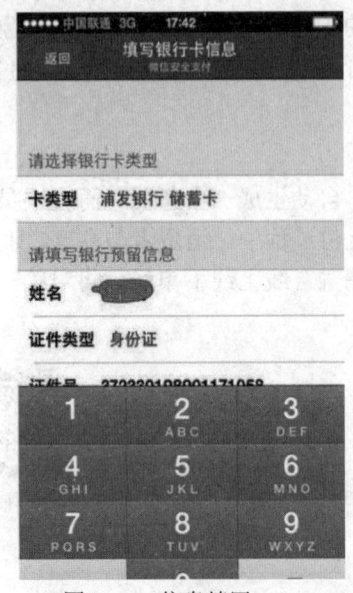 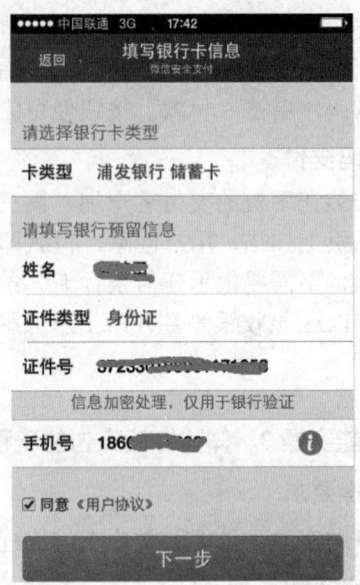

图4-26 信息填写　　　　　　　　　　图4-27 信息填写完成界面

5）进入的新界面中需要输入手机收到的验证码，这个步骤增加了安全系数，如图4-28所示。

6）验证码输入成功单击"下一步"按钮，由于是初次使用，要对微信进行6位支付密码设置，并重复设置确认，如图4-29所示。

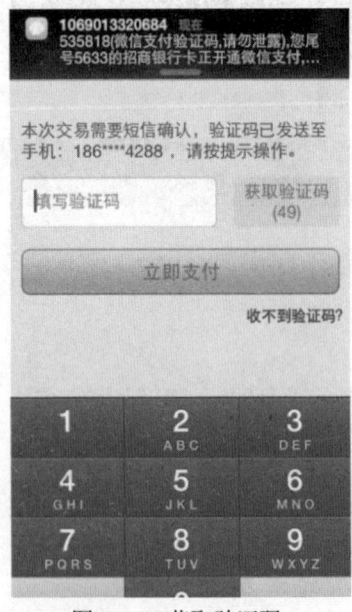 

图4-28 获取验证码　　　　　　　　　图4-29 设置支付密码

7）密码设置成功并确认后，如果两次密码设置相同则支付成功，如图 4-30 所示。

8）支付成功后，银行卡绑定也自然完成了，这时"我的银行卡"功能选项下会显示已绑定的银行卡，如图 4-31 所示。

9）与支付宝相比，微信能够通过会话的形式提示支付进度。如支付完成时，微信会发信息提示充值已经成功，如图 4-32 所示。

图 4-30　支付成功

图 4-31　绑定成功界面

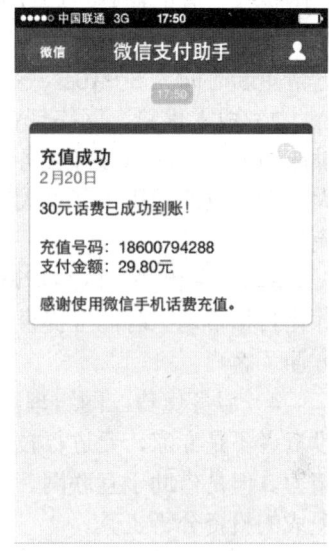

图 4-32　支付进度提示

3．学生任务

开通微信支付，绑定银行卡，体验微信支付过程。

4.5　网络金融

4.5.1　网络理财

1．网络理财的定义

网络理财是指投资者或家庭通过互联网获取商家提供的理财服务和金融资讯，根据外界条件的变化不断调整其剩余资产的存在形态，以实现个人或家庭资产收益最大化的一系列活动。具体包括两类：一类是相关金融产品和服务的交易；另一类是网上理财信息查询、理财信息分析、个性化理财方案设计。

2．网络理财的内容

1）网上股票理财。

2）网上计算存贷款利息。

3）网上投保。

4）网上自助缴费。

5）网上自助转存。

6）网上自助汇款。

除以上这几个项目以外,还有网上自助贷款、网上账户挂失、网上理财咨询等。随着金融服务的完善,网络理财被越来越多的居民接受。

3．网络理财的优势

1）信息优势。信息优势主要体现为信息量的广泛与传播的迅速。信息不对称是一个长期困扰投资者的问题。通过网络理财,投资者可以在网上轻松地掌握全国各地甚至全球的财经信息。而各金融网站传递的信息几乎没有数量限制。一般来说,网络证券交易平台提供的行情更新时间为 8~10s,快于其他任何一种委托方式。

2）成本优势。网络理财服务与传统的理财服务相比,节省了大量的运营成本,使服务供应商能够不断地提高服务质量和降低服务费用,最终使投资者受惠。首先节省的是设立庞大经营网点的费用;其次大幅度节省了通信费用;另外,还整合了数据等资源,优化了工作流程。

3）时空优势。网络理财空间上覆盖面广,业务范围可以覆盖全球,拥有无限扩张的全球化目标市场;时间上提供全天候营业服务,真正做到了每周 7 天、每天 24h 营业,极大地方便了客户。

4）服务优势。网络理财可以提高服务质量,最明显的就是给投资者提供个性化服务。投资者不是专家,要进行技术面分析和基本面分析都是相当困难的,需要耗费大量的时间和精力。但是借助于互联网,尤其是网络的信息搜集功能,投资者可以获得权威的研究报告和现成的投资分析工具。

5）效率和质量优势。在金融市场上,效率就是金钱。而理财活动要耗费投资者的时间、金钱和精力去搜集信息、研究市场行情、研究投资工具、做投资决策等。网络理财的运用可以节省投资者每一步骤的投入,提高理财的效率,使得投资者处处掌握先机,最终提高投资者的应变能力;而且,互联网技术和计算机技术的应用,可以使投资者减少投资的盲目性和随意性,从而提高理财活动的质量。

4.5.2 网络借贷

1．网络借贷的定义

网络借贷是指在网上实现借贷,借入者和借出者均可利用这个网络平台,实现借贷的在线交易。网络小额贷款是指互联网企业通过其控制的小额贷款公司,利用互联网向客户提供个体网络借贷。

2．网络借贷的特点

网络借贷是一种较为阳光透明的民间借贷方式,是我国现有银行体系的补充。网络借贷平台的独特之处在于:

1）一般为小额无抵押借贷,覆盖的借入者人群一般是中低收入阶层,现有银行体系覆盖不到,因此是银行体系的必要有效补充。

2）借助了网络、社区化的力量,强调每个人来参与,从而有效地降低了审查的成本和风险,使小额贷款成为可能。

3）平台不参与借款,更多的是进行信息匹配、工具支持和服务等。

4）由于依托于网络，与现有民间借款不同，其非常透明。

5）由于针对的是中低收入以及创业人群，其有相当大的公益性质，因此具有较大的社会效益。它解决了很多做小额贷款尝试的机构组织普遍存在的成本高、不易追踪等问题。

3．网络借贷平台的发展模式

网络借贷平台发展至今由 P2P 的概念衍生出了很多新模式。中国网络借贷平台已经超过2000 家，平台的模式各有不同，归纳起来主要有以下 4 类：

1）担保机构担保交易模式，这也是最安全的 P2P 模式。此类平台作为中介，平台不吸储，不放贷，只提供金融信息服务，由合作的小贷公司和担保机构提供双重担保。

2）P2P 平台下的债权合同转让模式。这种模式也可以称为多对多模式，借款需求和投资都是打散组合的，作为最大债权人将资金出借给借款人，然后获取债权对其分割，通过债权转让形式将债权转移给其他投资人，获得借贷资金。

3）大型金融集团推出的互联网服务平台。此类平台有大集团的背景，且是由传统金融行业向互联网布局，因此在业务模式上金融色彩更浓。

4）以交易参数为基点，结合 O2O（Online to Offline，将线下商务的机会与互联网结合）的综合交易模式。这种小贷模式创建的 P2P 小额贷款业务凭借其客户资源、电商交易数据及产品结构占得优势，其线下成立的小额贷款公司对其平台客户进行服务，使线下商务的机会与互联网结合在了一起，让互联网成为线下交易的前台。

随着网络的发展，社会的进步，网络借贷金融服务的正规性与合法性会逐步加强，在有效的监管下发挥网络技术优势，实现普惠金融的理想。

4.5.3 网络众筹

网络众筹是指通过互联网方式发布筹款项目并募集资金，它是基于"互联网+金融"的一种模式。互联网众筹最重要的意义不在于金融创新本身，而在于对传统金融领域和金融业态提出了挑战。

网络众筹体现出以下几个特点：

1）提供新的融资渠道模式。互联网金融的价值不仅仅是借助大数据渠道的价值，它真正的价值在于用互联网模式充分地创新，从而提供新的融资渠道模式。众筹模式是有效地将资金运行起来，加强资金的周转。

2）体现了目标金融的特征。众筹一方面有技术导向，另一方面还有一个目标导向。导向越清楚，投资就越精准，效率也就越高。解决了投资的效率和精准性问题，就解决了金融资源浪费问题。

3）扩大了投资群体。在通过互联网发布筹款项目并募集资金的过程中，更多的小本经营或创新创作者都可以通过众筹方式获得项目启动的第一笔资金，能否获得资金也不再是由项目的商业价值作为唯一标准，为更多的人提供了成功的机会。

4）众筹模式的去中间化。在传统众筹模式中，众筹平台主要发挥中介的作用，其中不乏腐败的因素，而网络众筹因依赖互联网这一平台，可有效规避众筹的腐败问题。

5）商业模式的创新。网络众筹不仅是一个筹资模式的创新，还是一个商业模式的创新，强化了金融在整个创新创业中的重要作用。互联网金融的模式或者金融业态标志着新金融的出现。

扫码看视频

技能实操4　支付宝"余额宝"操作流程

1．实操要求

学生以顾客的身份体验支付宝"余额宝"操作流程。

2．实操步骤

1) 登录支付宝账户，选择"我的支付宝"→"转入"命令，如图 4-33 所示。

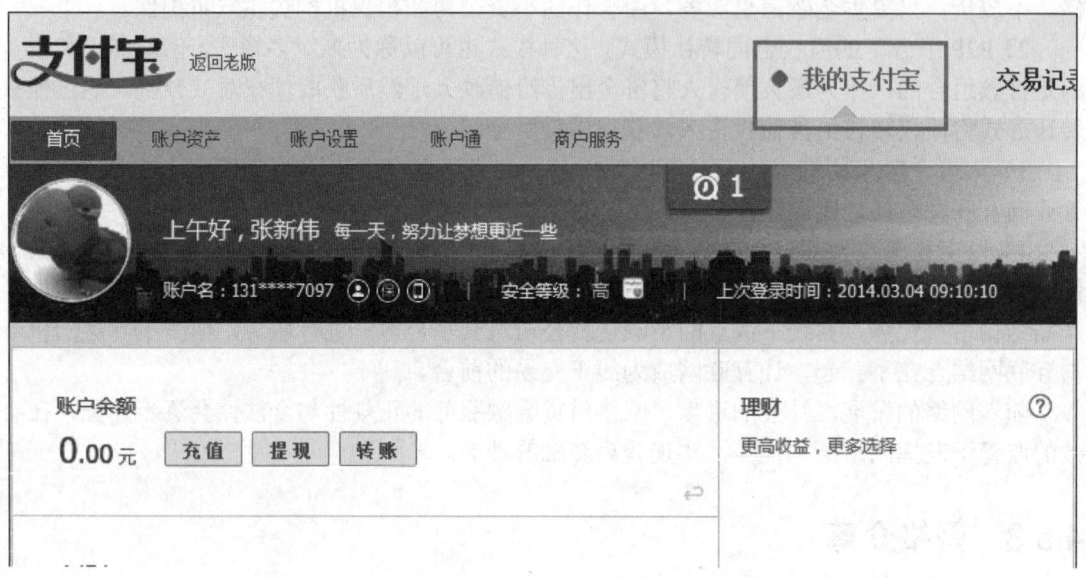

图 4-33　登录支付宝

2) 首次转入是需要确认个人身份信息的，在这一步单击"确认信息"按钮，如图 4-34 所示。

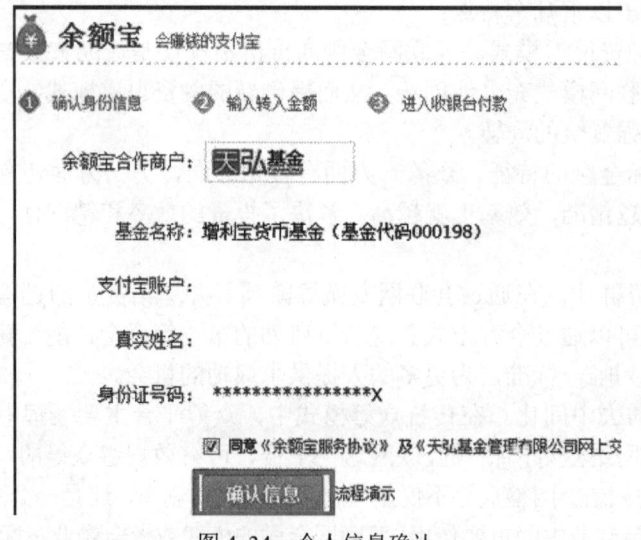

图 4-34　个人信息确认

3)上一步确认信息以后,到了购买环节,如图 4-35 所示,选择单次要转入的金额,然后单击"下一步"按钮。(电脑转入或手机转入都可以,向支付宝账号里充钱是没有手续费的)

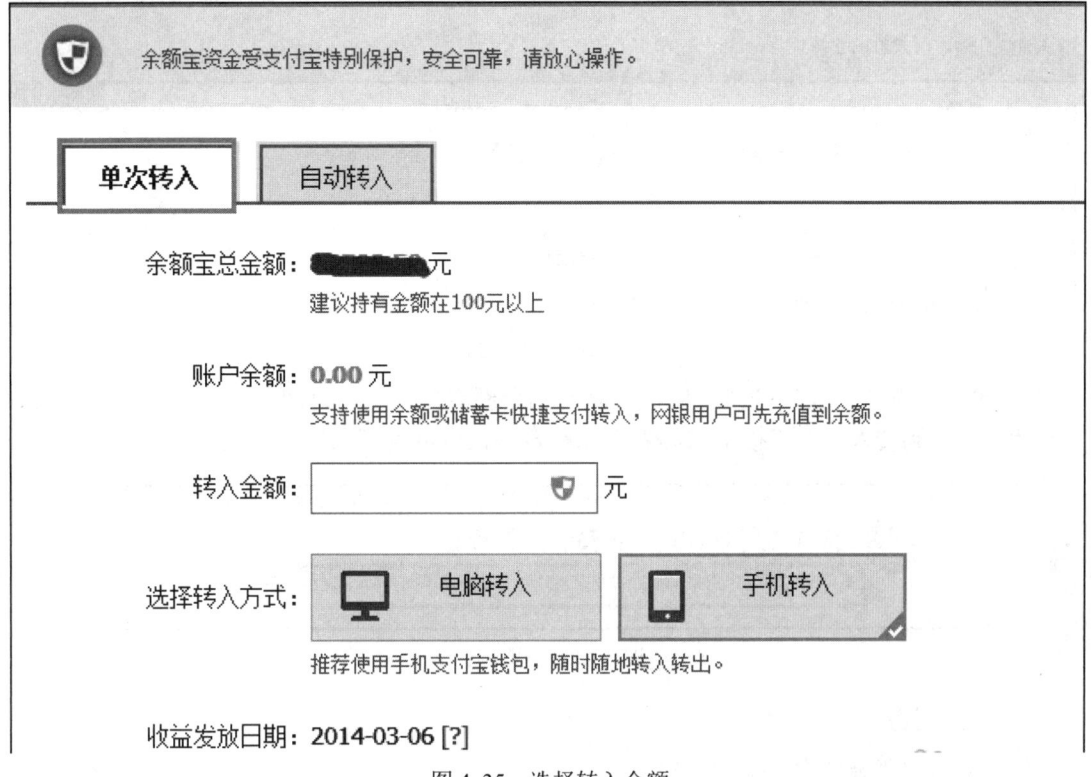

图 4-35　选择转入金额

4)选择支付卡,如图 4-36 所示,再单击"下一步"按钮(进行快捷支付的前提是你的支付宝已经开通了快捷支付)。

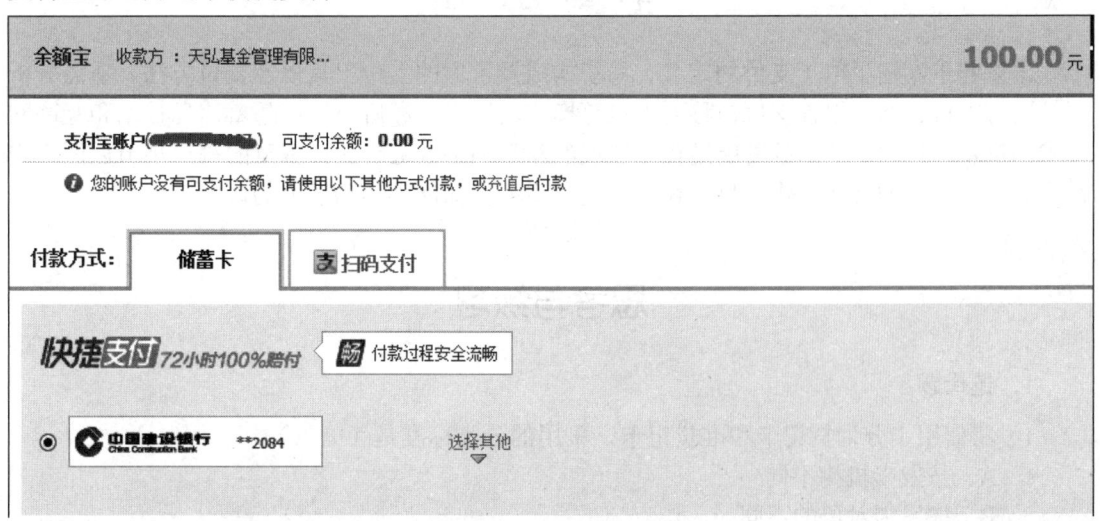

图 4-36　选择支付卡

5)输入支付密码,单击"确认付款"按钮,如图 4-37 所示。

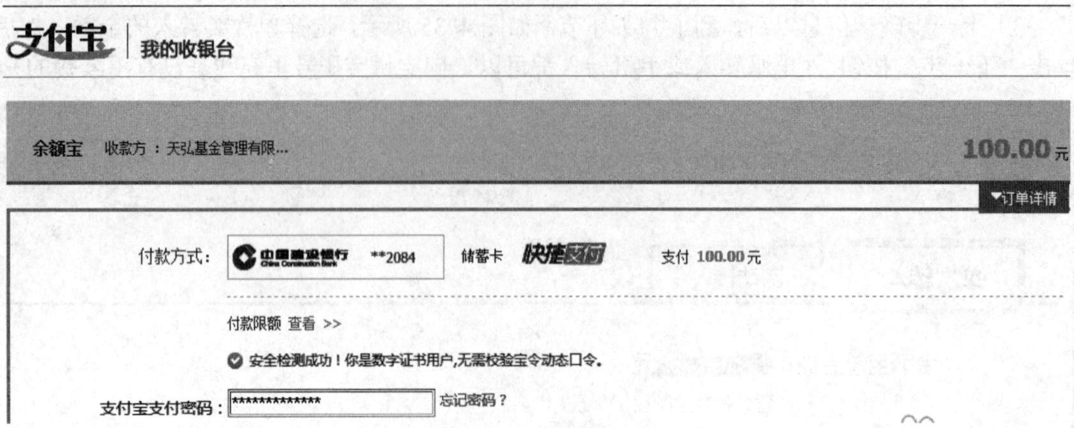

图 4-37 确认付款

6）单击"确认付款"按钮以后，钱就转到余额宝账户了，返回"账户资产"→"余额宝"就可以看到转入的钱，接下来等着天弘基金确认份额就可以了，如图 4-38 所示。

图 4-38 到账确认

3．学生任务

体验支付宝"余额宝"操作流程。

本章小结

本章着重阐述了电子支付的定义、系统构成及常用的支付工具以及支付方法，重点分析了第三方支付、网上银行支付、移动支付等模式新发展；最后介绍了随着信息技术和互联网技术的进步，我国电子商务发展过程中出现的新型网络金融模式。本章的每一小节后面都安排了具有针对性的技能操作，目的在于提高学生的认知能力和动手能力。

思考与练习

1．选择题

1）将信用卡分为贷记卡和准贷记卡，采用的分类标准是（   ）。

    A．按发卡机构不同

    B．按发卡对象的不同

    C．根据清偿方式的不同

    D．根据持卡人的信誉、地位等资信情况的不同

2）智能卡是在（　　）问世的。
　　A．美国　　　　　　　　　　　B．英国
　　C．荷兰　　　　　　　　　　　D．法国
3）号称"有优惠的钱包"指的是（　　）。
　　A．QQ 钱包　　　　　　　　　B．支付宝钱包
　　C．百度钱包　　　　　　　　　D．微信钱包
4）2016 年 3 月 1 日，微信提现开始收取手续费，每位用户享有（　　）元免费提现额度，超出该额度后，按提现金额收取（　　）手续费，每笔最少 0.1 元。
　　A．1000 元，0.05%　　　　　　B．1000 元，0.1%
　　C．2000 元，0.05%　　　　　　D．2000 元，0.1%
5）在以下选项中，（　　）不属于移动支付所使用的移动终端。
　　A．手机　　　　　　　　　　　B．PDA
　　C．PC　　　　　　　　　　　　D．移动 PC

2．填空题

1）基于互联网的电子支付系统由客户、商家、认证中心、＿＿＿＿＿＿、客户银行、商家银行和金融专用网络七个部分构成。
2）客户银行也称＿＿＿＿＿＿，是指为客户提供资金账户和网络支付工具的银行。
3）商家银行也称为＿＿＿＿＿＿，是为商家提供资金账户的银行。
4）银行卡分为借记卡和＿＿＿＿＿＿两种。
5．移动支付主要分为＿＿＿＿＿＿和远程支付两种。

3．思考题

1）常用的电子支付工具有哪些？
2）常用的第三方支付平台有哪些？
3）PayPal 与支付宝有何异同点？
4）网上银行支付常用的安全技术有哪些？

第 5 章 电子商务安全

 学习目标

知识目标

1）了解当前网络环境下的安全形势。
2）识记电子商务安全的定义和安全技术分类。
3）熟记各种电子商务安全技术的工作原理。

能力目标

1）熟练应用电子商务安全软件，学会操作流程，体验各种安全软件的不同。
2）养成良好的上网操作习惯，培养较强的电子商务交易安全意识。
3）能防范网络病毒、诈骗等各种威胁和攻击。

 引导案例

网络安全攻防形势分析

2017 年上半年，计算机勒索病毒 Wannacry "横行互联网"，涉及 150 多个国家和地区，波及的计算机台数超过 30 万。网络安全示意图如图 5-1 所示。

图 5-1　网络安全示意图

当今互联网的网络安全环境和理念日益复杂、变化显著，但网络安全防御理念仍然停留在十年前的状态。互联网安全态势日益严峻，单纯被动的防守避免不了未知攻击。

一、黑色产业链的形成

据《每日经济新闻》记者在 2017 中国国际大数据产业博览会获悉,近期出现的网络黑客攻击呈现立体化趋势,攻击面广、攻击成功率高、潜藏时间长。在如今的大数据时代,许多互联网公司存在数据过度集中的安全隐患以及防御体系的老化、固化等问题,这些问题导致其面临的安全威胁越来越大,安全防护效率越来越低。

安全防护效率的低下又给了网络安全中的黑灰产业以生存空间:正面的网络安全在缓慢起步,但是满足不了爆发式增长的国内网络安全市场过万亿级别的规模。这些满足不了的市场空额,将有可能被网络安全中黑色产业链所充斥。

目前网络黑色产业链似乎已然形成。中国互联网协会在 2017 年发布了《2016 年中国网民权益保护与调查报告》,从 2015 年 6 月至 2016 年 5 月期间,中国网民被垃圾消息、诈骗信息、个人隐私泄露等骚扰导致高达 915 亿元的经济损失。

阿里巴巴集团安全部门副总裁杜跃进透露:"国内一年的网络黑色产业链产值达到上千亿元,而网络安全的所有产值还不到 300 亿元,网络黑色产业链导致的损失至少是 20 倍以上。网络黑色产业链从业者中很多人甚至比我们还更懂得如何利用大数据,他们可以做到精准锁定目标客户,进行精准营销,甚至是精准诈骗。"肆虐的黑灰产业导致的信息泄露、精准诈骗,仅是网络威胁的一部分。从保密工作角度来看,网络威胁除了网络泄密、网络窃密,还有攻击破坏。

二、大数据成为大目标

2017 年上半年发生的"永恒之蓝"勒索病毒蔓延之时,该病毒制作者黑客推出新的商业计划,准备将病毒程序代码和所获得的数据进行销售。据了解,这些准备出售的数据包括环球银行(SWIFT)国际网络银行的数据等。因此,有国内著名的专家人士明确指出,这场规模空前的网络攻击最终目标转移到了数据的身上。

与大数据关联产业的发达,使得数据量越来越大、数据共享越来越开放并且各类数据之间的关联程度日益密切。处在云端数据这个巨人的"肩膀"上的是云技术、物联网等。

核裂变级的数据爆发,是最宝贵的未来战略资源,同时也就成为众多网络攻击的主要目标。老式的网络安全防御策略已无法满足大数据阶段的需求。

大数据时代的特殊性在于,数据量庞大,同时数据价值需要去挖掘,数据分析工作十分艰巨。大数据有利有弊,大数据时代的大共享意味着大风险,大数据共享给很多企业的业务发展带来了有效信息,提高了社会经济的运行效率。大数据带来的大风险源自平台自身的安全性,按照传统的被动式、隔离式的防御策略,只能够让数据被动地处于防御状态,疲于奔命地处理各种漏洞。同时,随着互联网应用深度渗透到人们的生活当中,所涉及的人身财产个人隐私等信息数据越来越多,所以传统的隔离式策略不适用于今天的互联网现状。如何运用大数据价值成为企业的关键任务,在数据挖掘分析中要注意去伪存真、充分利用数据的时效性。

三、建立主动防御体系

综上所述,互联网安全具有相对性,往往安全状态存在时间更加长久,这也反映出网络安全技术到底还是更适应互联网发展的需求的,要保持这样的安全状态需要建立起主动防御体系。

21 世纪之初,互联网安全领域中的理念就是"入侵检测、防火墙、防病毒"老三样,进行被动防护,其核心理念就是发现、分析、处理威胁的被动性防御理念。互联网发展到今天，面临的网络威胁攻击类型千变万化、种类繁多，因此被动的分析处理往往会导致被黑客牵着鼻子走，要摆脱这种疲态就必须争取主动防御态势。动态防御的理念应运而生，它是通过自身的动态发展，使得攻击者的侦查分析数据没有规律可言，无法进行有效分析并找到漏洞进行攻击。

也就是说，在原来的被动防御理念中增加了变量的概念，比如时间，防御策略跟防御体系随着时间的变化而发展，黑客对于互联网络的侦测和信息搜寻，在某个时间段内是有效的，超出了时间变化之后就会失效。

通过上文对网络安全严峻形势的分析，请思考以下问题：
1）目前我国传统电子商务安全的防御模式有哪些？
2）随着互联网和信息技术的商业化发展，电子商务安全除了面临技术威胁之外还面临着哪些威胁性更大的风险？

5.1 电子商务安全概述

随着互联网技术和商业化应用的繁荣和成熟，企业和个人的网络财产安全显得日益重要。但是根据相关数据显示，目前全球互联网网络安全投入已经接近900亿美元，其中互联网安全产品的正常产值只有不到300亿美元，互联网安全领域的黑灰产业链产业已达千亿美元。由于互联网的开放性和其他因素，在进行电子商务活动特别是网络支付环节时，需要传递消费者和商家的信息，如商家和用户的基本信息、用户的银行账号等隐私信息、订购消费需求等，这些信息恰恰又是网络非法入侵或黑客攻击的首选目标。

近年来发生的具有代表性引发极大社会影响的案例有很多。例如，2016年8月，"徐玉玉事件"轰动全国，一名刚高考完的女生因被诈骗电话骗走上大学的费用9900元，伤心欲绝，郁结于心，不幸离世；2016年12月14日，雅虎宣布该公司有10亿多用户账号于2013年被黑客窃取。此次被盗的资料中可能包括姓名、联系方式、密码以及安全问答等内容，事件导致该公司股价跌幅超过6%；2017年5月，"永恒之蓝"事件让很多人知晓了"蠕虫恶意代码"，全球包括中国国内多个高校校内网、大型企业内网和政府机构专网"中招"，被勒索支付高额赎金才能解密恢复文件。这些案例表明，如何保护敏感信息和个人隐私信息的机密性、完整性和可用性，成为电子商务安全面临的主要问题。

5.1.1 电子商务安全

电子商务安全的支撑因素有很多，不仅指某一方面，电子商务安全需要一个完整的体系来支撑。从狭义的角度来看，具体到技术就是指计算机网络安全，是指通过各种计算机、网络信息软件和硬件的技术支持，保护在公用通信网络中传输、交换和存储信息的机密性、完整性和可用性。从广义的角度来看，互联网的高速发展带来了更多的除技术以外层面的问题和含义。安全不再只是对安全防护部门、网络安全公司的技术层面的要求了。要保障电子商务安全既要提升管理部门对于网络安全的管理水平，又要加强对网络安全的立法，加大对网络违法犯罪行为的打击力度。

5.1.2 电子商务安全的威胁

随着网络技术的发展，信息在互联网上的共享性和开放性越来越强，现如今越来越多的网民从事电子商务活动时主要是通过互联网来传输文字、视频、电子货币和商业信息。在生活、工作、购物等日常行为越来越方便和深入的同时，网络信息安全也变得越来越重要，在网络交易中可能存在一些安全隐患和威胁（见图5-2），而其中一些信息一旦被盗用、篡改，将会给个人、企业、政府机构等带来巨大损失和造成严重后果。

图 5-2　计算机黑客

互联网中的所有参与者都有可能遭受到网络安全威胁，主要体现在以下几个方面：

1）从网络经营角度来看的卖方即销售方，既包括企业也包括个体经营者、网络店铺的卖家，在商业交易中可能受到威胁

在网络交易中，卖方往往需要承担交易流程中的更多风险。基于传统的购物心理和习惯，卖方往往被网络消费者认为需要承担更多的责任和义务，如具备令人信赖的网络安全技术、良好的信誉、稳定的网络在线服务和优质的售后服务等。而现实情况是，在复杂的网络环境中，卖方也会遭受到不小的安全威胁和风险，具体体现在如下方面：

① 商业信息数据在网络节点之间传输过程中被截取、窃听、篡改和伪造。以上4种攻击类型比较全面地概括了互联网数据面临的威胁。这些攻击方式表现为在互联网上截取卖家的商业信息、数据等核心机密，以及卖方的服务器被黑客窃听，导致用户数据泄露。例如，Interpark服务器在2016年的5月份遭到了黑客的攻击，1030多万名客户的信息遭到泄露，其中包括用户的姓名、电话、地址等个人信息。对于这个案件韩国警方推测，黑客应该是通过向公司员工发送带有恶意代码的电子邮件，然后侵入网站的数据库服务器，从而盗取客户的个人信息。随后，黑客威胁Interpark，称要将客户的个人信息进行公开，并且向Interpark索要30亿韩元。

② 卖方的网站和服务器遭到模仿，导致网络用户被欺骗。网络安全事件中的钓鱼网站就属于这一做法。黑客伪装成合法网站或者服务器，诱骗网络用户进行误操作，然后截取密码等关键信息，进而使得买方用户遭受损失，最终也会影响到卖家的品牌形象和信誉。

③ 卖方在商业交易中遭到买方的威胁。传统观点认为，买卖双方中卖方一直处于强势地位。随着商业社会的发展，网络消费渠道的成熟，买方权利意识的日益加强，卖方对买方付出的维护精力越来越多。例如，在淘宝网站中就出现过一些买方以恶意差评作为要挟，胁

迫卖家屈服的案例。同时，随着网络交易平台的竞争日益激烈，在销售手段日益丰富的同时风险也大大增加。很多平台为了刺激销售推出的分期付款以及各种信用消费策略，都有可能使消费者面临诚信风险和导致抵赖行为发生。

2）从网络经营角度来看买方即消费者，网民不管是否涉及到网络交易，只要是使用了互联网的网民都有可能遭受到的网络安全威胁

① 网民的个人隐私信息可能遭受到网络侵权，造成信息泄露。网络中一些中小网站的网络安全防护能力比较弱，容易被网络黑客和病毒攻击，导致数据外泄，进而造成隐私信息被倒卖。更有甚者，由此引发"撞库"和"拖库"的黑客攻击方式。例如，以京东之前的"撞库"为例，首先京东的数据库并没有泄露，黑客只不过是通过"撞库"的手法，"凑巧"获取到了一些京东用户的数据（用户名密码），而这样的手法，几乎可以对付任何网站登录系统，用户在不同网站登录时使用相同的用户名和密码，就相当于给自己配了一把"万能钥匙"，一旦丢失，后果可想而知。所以说，防止"撞库"，是一场需要用户一同参与的持久战。

② 网民的知识产权可能受到侵犯。在当今这个自媒体时代，大家都可以自由地发表观点、言论甚至作品。而这些信息的发表可能面临其他人的盗用侵权。

③ 网民的网络财富面临着多方面的威胁。个人网络财富包括游戏账号、虚拟道具、网络支付工具等一系列财富。网络深度渗透进人们的日常生活、工作等方面，给人们带来了极大的便利，但安全机制一旦失效，带来的损失也将是巨大的。

5.2 电子商务安全技术

5.2.1 防火墙

1．防火墙概述

如果把全球互联网视作一张大网，那么这张大网是由无数张小网编织而成的。不同的网络之间由于安全需求不同、安全防御级别不同，而存在着隔离的需求和数据出入检查的要求，而防火墙则是实现不同网络之间安全隔离检查数据的关键部分。

防火墙就是介于内部网络和外部网络之间的一系列部件的组合，它是不同网络或网络安全域之间的唯一出入口，是提供信息安全需求和实现网络及信息安全的基础设施。

2．防火墙的功能

1）自定义完善安全策略。每一个不同的网络实际的安全需求是各不相同的，因此具体的网络安全策略也不尽相同。每一个局域网络被视作一个可信任的内网，其他的任何网络对于它来说都是一个外网，在内网和外网之间的数据信息交流就需要根据内网自身的安全需求来制定策略，进而实现对数据的筛选和监控。

2）集中控制网络安全。防火墙存在的意义在于能够将内外网之间的数据交流控制在一条唯一的物理或者逻辑渠道中，避免内网的主机出现数据绕过防火墙或者是网关出入内外网的情况。集中管理有利于提升内部网络的整体安全水平，避免出现短板效应，出现防范策略的漏洞。

3）打造网络边界的安全缓冲地带。设置防火墙的安全策略，相当于在网络边界设立关卡，将出入防火墙的数据进行安全匹配和筛选，对试探攻击数据进行记录和跟踪，做出相应的防范，以此保障网络的边界安全。

3．防火墙的关键技术

（1）分组过滤技术

实现防火墙相应功能的技术有很多种，其中的分组过滤技术，也叫包过滤技术，它工作在 OSI 模型中的网络层，将通过网络层的数据进行分组，进而将其属性和访问控制策略进行比对，最终决定是否允许其通过。

（2）代理服务器技术

所谓代理，就是可信任网络边界的一个重要机构，它负责全权代替内网实体和外网连接。代理的作用对于防火墙来说是一个重要的构成，它的作用在于能够把内部网络的真实 IP 地址伪装成其他的暂用地址。这个功能保证了真实地址的安全，让外网无法掌握内部的网络地址信息。

（3）状态检测技术

防火墙技术中最近的新技术就是这种状态检测技术，它是包过滤防火墙技术的升级版，不仅会检测数据包的内部信息，也会检测并跟踪数据包的状态，并且每当连接结束后会自动关闭端口。

5.2.2 病毒防范技术

1．计算机病毒概述

计算机病毒是指利用计算机软硬件所固有的脆弱性，编制具有特殊功能的程序。它可能通过一些途径潜伏在计算机存储介质中，达到激活条件时，对计算机内的信息产生破坏或者感染作用，它经常具有自我复制和变种功能。

2．计算机病毒的特征

1）传染性。传染性是计算机病毒最基本的特征。计算机病毒就像生物界的病毒一样在适当的条件下进行大量的繁殖，计算机病毒通常利用网络或者存储介质将病毒扩散感染给其他的计算机。

2）破坏性。计算机病毒之所以被称为病毒，就是因为这些病毒程序的破坏力惊人，往往给中毒计算机带来无法挽回的损失。不管是何种病毒，入侵计算机系统之后都会给被感染者带来影响，表现为大量占用系统资源，损坏原有信息完整性，甚至删除文件数据等。

3）潜伏性。计算机病毒和有些生物界的病毒一样会潜伏在宿主机内，如果没有达到触发条件，那么它可以几周、几个月甚至几年内不产生破坏作用。这个特性往往让人们很难主动发现它们。

4）隐蔽性。计算机病毒的威力巨大，往往一小段技巧高超的精巧代码便可以产生巨大的破坏作用。有些病毒是附着在正常文件代码内的，而有些病毒则是独立存在的，但是它们无论以哪种方式存在都会对自己进行伪装隐蔽，把自己伪装成和正常文件在外观上几乎无异的样子，让人不易察觉。

3. 计算机病毒的防范检测方法

（1）特征代码法

特征代码法是检测病毒最简单、成本最低的方法，但是它一般只对已知病毒起作用。它的工作原理是通过收集已知病毒的样本，形成病毒数据库。当它开始检测病毒时，打开检测对象文件，检查它的文件中是否有和病毒数据库收集的病毒特征代码匹配的，如果被检测文件中的代码和病毒库特征代码相匹配则说明文件染有病毒。简而言之，特征代码法就是一种病毒特征匹配的方法。因此，病毒数据库的及时更新就成为重中之重。这种方法只能发现已知病毒，对于未知病毒无法检测出来进而导致漏报。

（2）校验和法

校验和法的工作原理是：对正常文件内容进行校验和算法计算其校验和，然后将校验和写入文件里或者以其他方式保存。之后在每一次使用文件之前，对文件内容重新计算校验和，比对该结果是否和原来存在文件里的校验和一致，从而判断出文件是否发生完整性变化，有没有被感染。这种方法不管是已知病毒还是未知病毒都能查找出来，但却无法明确病毒的名称。

（3）行为监测法

行为监测法的工作原理是：基于病毒的特征性行为一般具有共性，且具备明显有别于正常程序和文件的行为，按照病毒的特征性的行为进行监测。这种方法可以发现已知和未知的病毒，但不能确定病毒名称。

（4）软件模拟法

软件模拟法的工作原理是：最初用特征代码法监控病毒，如发现隐蔽性的病毒或动态性病毒时，启动软件模拟模块，监测其运行，等病毒自身解码运行时，再运用特征代码法来识别病毒类型。

5.2.3 入侵检测技术

入侵检测系统和防火墙的区别在于，防火墙类似于一个门卫，而入侵检测系统则像是一个在内部进行巡逻的巡警。二者是互补的关系，一个定点守卫，另外一个移动防卫。

1. 入侵检测系统的概念

入侵是指任何企图破坏计算机资源的完整性、保密性、有用性的行为。入侵检测系统是从计算机网络系统中的节点进行信息收集，并且分析信息，运用模式匹配或异常检测技术来检查互联网中是否有违反安全策略的行为和痕迹。

入侵检测系统类似于一个监控设备，能够捕捉和记录系统使用情况和数据信息，并对数据进行智能分析，且能进行自卫反击。

2. 入侵检测系统的三大功能

（1）数据收集和提取

入侵检测系统第一步就是在网络节点中收集各种数据，它在很大程度上依靠的就是收集数据的准确性与可靠性。所以，要用精确的软件来提供这样的信息，即要求其自身软件具有较高的防御性和完整性，以防信息被篡改而收到错误信息。

（2）数据分析

数据分析指的是对采集到的相关系统、网络及用户活动的行为和状态数据信息进行分析。当用户收集数据后，与入侵检测系统知识库中记录的特定的安全策略进行比较，从而来判断是否有违反安全策略的行为。对于入侵检测系统采集到的数据一般通过三种类型的技术进行分析：模式匹配、统计分析和完整性分析，前两种属于实时入侵检测技术，后一种属于事后分析。

（3）结果处理

检测出入侵行为后，应该同时采取响应和报警等措施。当前这个阶段分为主动响应和被动响应两种模式：主动响应是指采用断开网络的方式阻击入侵行为；被动响应则只负责记录事件和报警，不一定有响应的应急预案。

电子商务安全防范是一个系统工程，因此不仅需要防火墙技术进行病毒的拦截和防御，也需要入侵检测技术主动地进行内部的巡查。无论是哪种技术都是建立在对计算机病毒的充分研究和了解的基础之上的。因此，对于计算机病毒的研究是防范技术的出发点。

 技能实操1　计算机安全软件的使用

扫码看视频

1．实操要求

学会使用360杀毒软件的计算机体检、木马查杀等主要的安全功能。

2．实操步骤

（1）计算机体检　从桌面或者右下角的系统托盘中，双击打开360杀毒软件，默认的计算机体检界面，如图5-3所示。

图5-3　计算机体检

单击"立即体检"按钮，如图5-4所示。

图 5-4　立即体检

体检完成，如图 5-5 所示。

图 5-5　体检完成

（2）木马查杀

单击"木马查杀"按钮，如图 5-6 所示。

第 5 章　电子商务安全

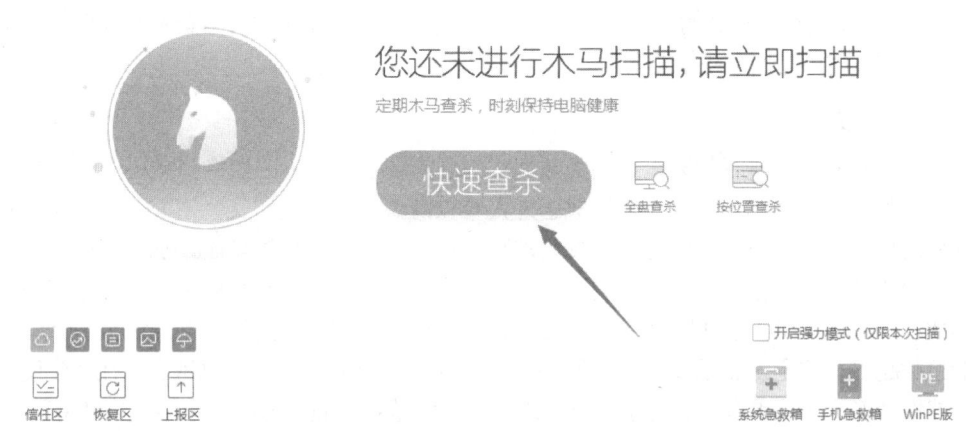

图 5-6　木马查杀

完成查杀，如图 5-7 所示。

图 5-7　完成查杀

3．学生操作

学生尝试使用入侵检测系统中的杀毒功能查杀计算机病毒。

5.3 电子商务交易安全技术

5.3.1 数据加密技术

密码技术是互联网信息安全技术的核心技术之一。它既是一门古老的学科，又是一门与时俱进走在计算机技术前沿的学科。密码学是研究计算机信息加密、解密及其变换的学科，是同时运用计算机和数学的交叉学科，包括编码学和密码分析学。

1. 加密定义

加密指的是对明文进行伪装以达到隐藏真实信息的转换过程，比如将明文 x 伪装成密文 y。通信的信息和数据都被称为明文，转换成了外人难以辨识的形式被定义为密文，对明文进行伪装的过程称为加密，加密所用的信息变换规则被称为加密算法。在加密学中，加密和解密过程都是在一组密钥的控制下进行的，而其中的密钥是由数字、字母或特殊符号组成的字符串组成的，用以控制加解密过程。加解密过程用到的密钥分别为加密密钥和解密密钥。对于相同的加解密算法，密钥的位数越多，安全性就越高，破译的成本和代价也就越大。密钥位数越多，往往说明密钥组合的可能性越多，变化更多。这对于攻击者来说，也就越难以通过穷举法来尝试猜破密码。

2. 对称密钥加密

（1）对称密钥加密体制概述

根据加解密使用的密钥的区别，可以将加密技术分为两大类：对称密钥加密体制和非对称密钥加密体制。区别两种体制关键是看加解密所用的密钥，如果加解密密钥相同，或者从加密密钥很容易推导出解密密钥，则称为对称密钥加密体制。如果加解密密钥不相同，或者从加密密钥无法推导出解密密钥，则称之为非对称密钥加密体制。

在对称密钥加密体制中，加密的密钥和解密的密钥是相同的，即便不同也能从中推导出另外一个。因此，对称密钥体制又被称为"单钥体制"。对称加密密钥体制的算法一般是公开的，信息传递双方无需交换加解密算法，只需要交换密钥即可。

（2）对称密钥加密体制优缺点

对称密钥加密体制的最大优点在于，加解密速度相对于非对称密钥加密体制更快。而缺点则是：第一，双方在交换密钥的时候需要一条安全的交换通道，而这样的通道安全性是相对的；第二，对称密钥加密体制的最大问题还在于密钥的分发和管理难度大，复杂且代价昂贵，比如一个用户和 n 个用户进行加密通信，每个用户对应一个密钥，则每个用户需要维护 n 个密钥；假设一个具有 n 个用户的网络，则一共需要管理和维护 $n(n-1)/2$ 个密钥，如果 n 代表的数值较小则该网络的加密效率和管理难度相对较小。如果 n 代表的数值较大则管理难度大增，效率也会很低；第三，对称密钥加密体制无法实现数字签名。

3. 非对称密钥加密

非对称密钥加密体制正是在出现上述一些问题的情况下应运而生的，尤其是其中的密钥分配管理和数字签名等问题。它的出现解决了在很多传统的密码体制下无法解决的问题。

（1）非对称密钥加密体制概述

非对称密钥加密体制采用的是加解密不同的密钥，加密和解密各需要一个不同的密钥，且两个密钥之间无法互相推导出来。因此，非对称密钥加密体制需要两个密钥，公开密钥和私有密钥。非对称密钥加密体制用到的一对密钥中，两个密钥的作用并不是固定不变的，其中一个用来加密则另外一个用来解密，二者的作用可以互换。非对称密钥加密体制又叫公开密钥体制，它的一对密钥中有一个用来公开，另外一个保密不对外公开，个人私有。

（2）非对称密钥加密体制优缺点

非对称密钥加密体制的优点在于，加解密双方可以在开放的互联网或者公网中交换信息，它不需要进行密钥的传递和共享，解密用的私钥只有接收方才有。所以即便公布出来的公钥被黑客破译，也没法解密。同时它的出现简化了密钥的分发管理。

非对称密钥加密体制的缺点在于，算法复杂导致加解密的速度相对较慢。

5.3.2 身份认证技术

1．数字摘要

（1）数字摘要的概念

数字摘要指的是将任意长度的明文信息换算成固定长度的数据文件，它类似于一个自变量是信息的函数，也就是哈希（Hash）函数。数字摘要就是采用单向 Hash 函数将需要加密的明文信息"摘要"成一串固定长度（128 位）的密文，这一串密文又称为数字指纹，密文就是其计算结果。

（2）数字摘要的作用

数字摘要的作用主要体现在，不管原文长度如何它的结果都是定长的，不同内容的明文信息通过摘要计算成密文，结果都是不同的，同一个明文信息计算的摘要则一致。因此根据这个定长、唯一性的特点，只要信息被篡改，就能通过摘要计算结果比对判断出来。具体的判断方法是：信息发送前通过计算得到摘要，然后把结果和信息一起传递给接受者，接受者接收到信息之后对信息再一次进行同样的摘要计算得到摘要，将自己计算的摘要和接收到的摘要进行比对，如果一致则信息没有被篡改，否则就意味着被改动了。

2．数字证书

（1）数字证书的概念

数字证书指的是在网络通信中代表着通信各方身份信息的一系列数据，它可以提供在互联网中所需要的验证身份的信息，是信息发送、接收方的网络身份证。通常由 CA 认证机构发行，并在 CA 认证机构中核对。

数字证书的实质简单来理解就是一个经证书授权中心（CA 认证机构）进行了数字签名加密的包含有公开密钥所有者信息和公开密钥本身的文件。一般数字证书至少要包含公开密钥、CA 认证机构的数字签名、证书发行机构名称、密钥有效期和证书序列号等。

（2）数字证书的作用

在当今互联网时代中网民在购物越来越方便的同时，也承担着更大的敏感信息数据遭受威胁的风险，因此为了能够更好地保护买卖双方的权益和验证双方身份的真实性，就需要数字证书在交易中发挥最大的作用。数字证书是加密技术的代言人和执行者。它能够起到保证网络安全的信息保密性、完整性、不可否认性和交易者身份确定性的作用。

3. CA 认证

（1）CA 认证的概念

CA 机构，又被称为认证中心，它一般作为电子商务交易中权威的、受信任的第三方，担负起了公钥体系中公钥的合法性检验的责任。CA 机构能为每个使用非对称加密的用户的公开密钥发放数字证书，用来证明证书中的用户合法拥有证书的公开密钥。

（2）CA 认证的作用

基于 CA 机构的数字签名的作用，攻击者无法进行证书的伪造和篡改。它的作用主要在于保护用户之间的网络信息传递中的完整性、可靠性、真实性、保密性和不可抵赖性，不但需要对用户身份的真实性进行验证，同时也要具有权威性、公正性的机构向电子商务的各个交易主体颁发符合安全电子交易协议标准的安全证书。

5.3.3 安全交易协议

1. SSL 协议

在互联网世界中，因为要经常传递一些重要的敏感的信息，所以浏览器的作用显得越来越重要了。而 SSL 协议正是这种在可持有证书的浏览器软件上和万维网服务器之间打造的虚拟安全通道中传输数据的协议。SSL 协议由两部分组成：下层是建立在传输控制协议（TCP/IP）的基础上的记录协议，为上层协议提供基础的数据封装、压缩、加密等基础功能服务；上层是处于应用层协议（HTTP）下的握手协议，用来在信息发送方和接受方之间传输数据前进行通信双方的身份认证、加密算法协商和密钥交换等。

SSL 协议的安全作用很明显，但是它的缺点也比较突出，由于 SSL 不对应用层的消息进行数字签名，因此无法提供交易信息的不可否认性保护，这是 SSL 协议的最大问题。

2. SET 协议

随着互联网商业氛围的浓厚，网络支付环境中涉及的消费者的隐私信息的安全问题日益突出，持卡人一般希望自己的支付信息不被卖方看到，卖方也希望买方的订单不可抵赖，同时在交易过程中的各方都希望对方的身份能够被验证。因此来自美国的全球最大的两家信用卡机构和组织就此推出了安全电子交易协议（SET），用来提供对互联网交易各方的认证，及数据安全性、完整性和不可否认性的保护。

它的具体用法是：首先，买方将自己的购物信息和支付信息发送给卖方；然后，卖方处理买方的购物信息，同时将买方的支付信息转发给银行，再由银行来鉴定支付信息的真实性和合法性。银行验证信息无误之后进行款项转移，随后通知卖方，卖方再将支付成功信息发送给买方，交易结束。

SET 协议和 SSL 协议的区别在于：SET 协议的特点是更加复杂，安全性更高，费用更高，需要更多的硬件支持；SSL 协议的特点是使用简单、成本低，能够内置在浏览器里，容易推广，不需要额外的硬件支持。

电子商务安全交易中的信息安全是电子商务的核心要求。要实现信息安全，需要数据加密技术、身份认证技术、安全交易协议几个方面的共同作用。数据加密技术中的对称密钥加密体制和非对称密钥加密体制发挥各自的作用对信息进行加密保护，确保信息的保密性。身份认证技术给电子商务交易各方的身份鉴定提供了技术保证。安全交易协议让电子商务网上支付在网络中的安全得以保障。

第 5 章　电子商务安全

技能实操 2　数字证书的申请和使用

扫码看视频

1．实操要求

学习体验中国数字认证网（www.ca365.com）数字证书的申请和使用。

2．实操步骤

（1）数字证书的下载

第一次访问中国数字认证网（www.ca365.com）需要进行根证书的下载，如图 5-8 所示。

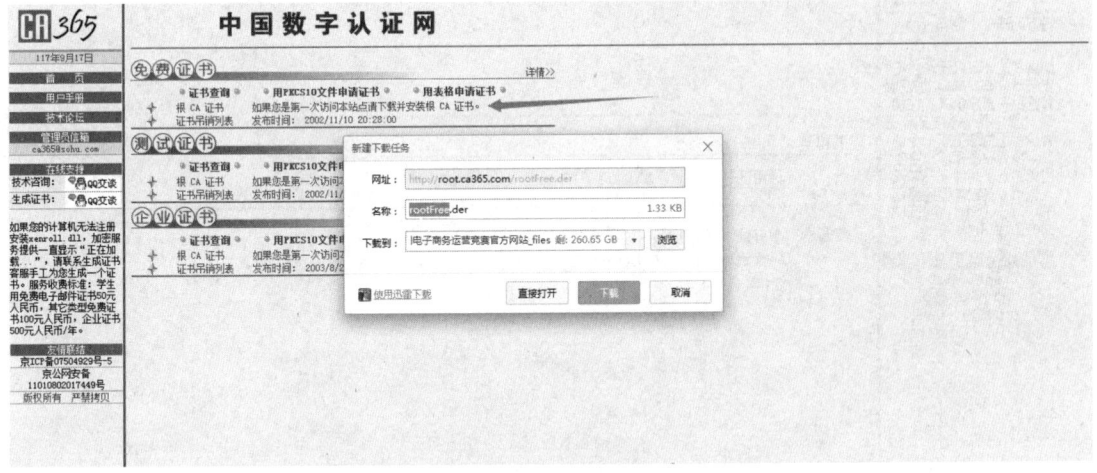

图 5-8　下载根证书

（2）数字证书的安装

数字证书下载后，进行安装使用，如图 5-9 所示。

图 5-9　安装证书

(3)申请免费证书

申请通用免费数字证书,填写基本资料如邮箱地址和网址,如图 5-10 所示。

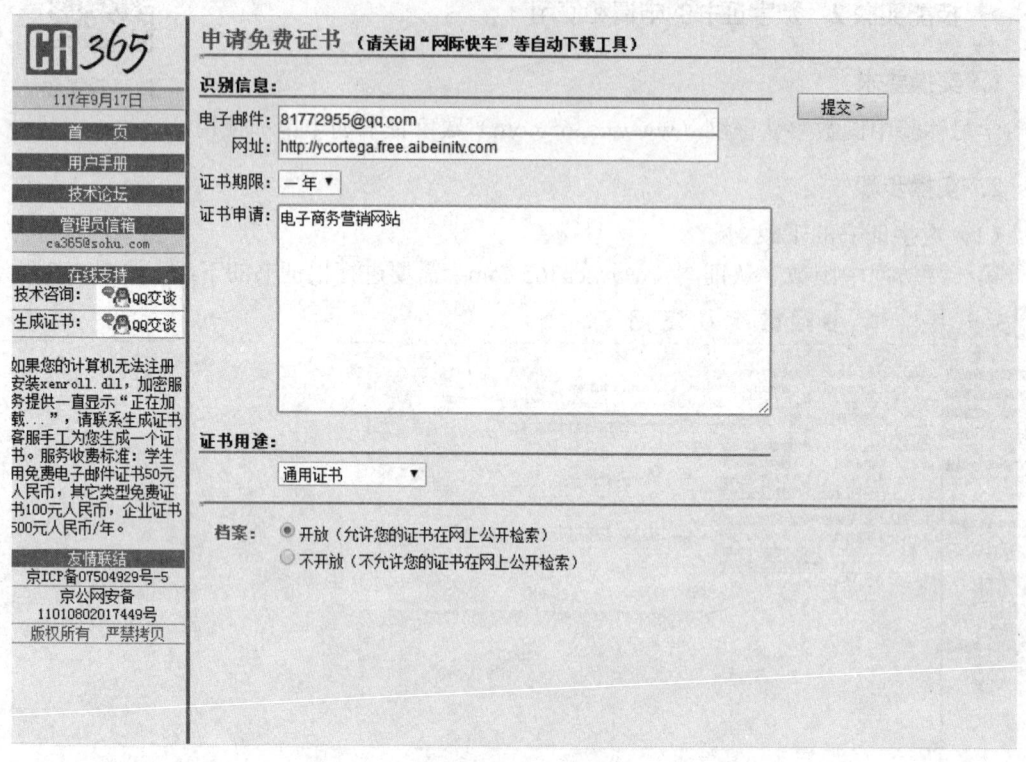

图 5-10　证书申请

3．学生操作

尝试下载、安装和申请 CA 证书。

本 章 小 结

本章着重阐述了电子商务的安全技术,重点分析了电子商务安全概述、面临的安全威胁、防火墙技术、病毒防范技术、入侵检测技术、数据加密技术和身份认证技术;最后介绍了因电子商务交易中支付需求发展而催生的安全交易协议。本章的第二和第三小节后都安排了针对性的技能操作,目的在于提高学生对电子商务安全认知和防范的动手能力。

思 考 与 练 习

1．单选题

1)计算机病毒的特征不包括(　　)。
　　A．加密性　　　　　B．隐藏性　　　　　C．潜伏性　　　　　D．破坏性
2)防火墙的关键技术不包括(　　)。
　　A．分组过滤技术　　B．代理服务器技术　C．状态检测技术　　D．翻墙技术

3）入侵检测系统功能不包括（　　）。
   A．数据收集和提取　　　　　　　B．数据分析
   C．数据加密　　　　　　　　　　D．结果处理

2．多选题

1）以下哪些属于网民的个人隐私经常遭到泄露的信息？（　　）
   A．肖像权　　B．电话号码　　C．邮箱账号　　D．家庭住址
2）计算机病毒的防范检测方法包括（　　）。
   A．特征代码法　　B．校验和法　　C．行为监测法　　D．软件模拟法

3．思考题

1）电子商务网站用哪些方法保证了网民的支付安全？
2）网络安全对于电子商务发展的影响体现在哪些方面？
3）作为一个网民如何保护自己的知识产权不受侵犯？

第 6 章

电子商务物流

学习目标

知识目标

1）识记物流、配送、第三方物流和供应链的概念。
2）熟记物流配送的流程和我国的第三方物流企业。
3）认知物流的技术与供应链管理的内容。

能力目标

1）会区分选择适合企业的电子商务物流方式。
2）能够作为消费者选择物流服务。

引导案例

顺丰"双十一"的智能物流

2016 天猫"双十一"TOP 10 女装、男装品牌店铺中，80%以上都选择了顺丰仓网服务及高效配送服务。如女装品牌店铺优衣库、ONLY、韩都衣舍、乐町等，男装品牌店铺 GXG、森马、太平鸟等。

目前，服装企业的物流中心大多只零散分布在大城市，"双十一"订单高峰期间，很难消化激增的仓储量；在向全国各地派送时，也很难做到库存灵活周转，导致订单无法快速送达。因此，各大服装品牌在"双十一"都选择了物流外包。据了解，顺丰服装行业解决方案，主要从客户需求和市场满意度分析，聚焦目标客户画像，以大数据分析驱动分仓，从服装专业单仓和智慧云仓切入，同时结合服装行业全渠道零售，实行线上线下库存共享、O2O 同城急配等服务。

智能物流具体包括仓网服务、数据服务、配送服务、金融服务及高峰保障五大方面，下面重点介绍前三类服务。

1）**仓网服务**。顺丰仓网服务是更靠近消费者的一种仓储布局，提供了多点灵活分仓、专业仓内管理、海量终端微仓三种模式，既为商家降低了配送成本又提升时效，保障了"双十一"快递的及时送达。

多点灵活分仓，通过商品的销量预测，实现单未下、货先行，最大限度地契合了消费者的区域分布，缩减了商品包裹转送半径。在仓储管理上，顺丰通过自有仓内人员，统一服务标准，推出个性化服务定制，加上高执行力，提供专业仓内管理。

2）**数据服务**。随着互联网技术的发展，大数据对物流行业的助力愈加凸显。顺丰的服装行业解决方案，搭载物流行业第一款大数据产品服务——顺丰数据灯塔，聚焦智慧物流，实现全程配送物流信息可视，并通过线上线下库存数据共享形成实时监控。基于数据服务的智慧云仓，还为商家提供了商品销量预测、分仓建议、全盘库存管理以及库存健康检查等专业入仓数据支持。大数据服务线上线下实现了实时物流监控。

3）**配送服务**。为减少商品在途交接次数、缩短运送路程，顺丰服装行业仓配一体化解决方案，根据不同的客户需求提供了多样化的配送服务。多样化配送缩短了快件生命周期时长，包括标准化的仓发 B2C 快递、客户工厂到仓、仓间调拨、仓到门店以及门店间批量商品的重货快运、中短途直发陆运、中长途航空运输的 JIT 转运，以及 O2O 同城急配等服务。

顺丰的服装行业仓配一体化解决方案，对物流行业和服装行业来说都具有标杆意义。它有针对性地解决了服装行业的供应链痛点，不仅综合降低物流成本，灵活匹配物流高峰期的临时性运力、系统及人力，同时为服装品牌厂家解决了租赁金融、仓储融资等供应链金融难题，使消费者享受稳定快速的时效体验及优质品牌服务。

通过顺丰智能解决方案的介绍，请思考以下问题：
1）目前我国电子商务物流有哪些？
2）一个电子商务公司，怎样才能处理好与第三方物流之间的关系，保证商品流通正常？

6.1 物流概述

物流作为物质实体从供应者向需要者的物理性移动，是社会再生产过程中不可缺少的中间环节，是联系生产和消费的桥梁与纽带。如何利用 Internet 环境，借助电子商务全面提供物流服务质量，已成为物流业亟需思考的一个重要问题。

6.1.1 物流的定义和功能

1. 物流的产生

物流（Physical Distribution）这一名词最早由美国学者阿奇·萧于 1915 年在《市场流通中的若干问题》一书中提出，并指出"物流是与创造需求不同的一个问题""物资经过时间或空间的转移，会产生附加价值"。因为在 20 世纪初，西方一些国家发生了经济危机，存在着较严重的生产过剩和需求不足的问题，因此企业界为了扩大销售，提出了销售和物流的问题，着重研究在销售过程中的物流。

后来在第二次世界大战中，美国军队为了改善战争中的物资供应状况，研究和建立了"后勤"(Logistics)理论并加以实践和应用。"Logistics"的核心是将战时物资的生产、采购、运输、配给等活动作为一个整体来进行统一布置,以求对战略物资进行补给的费用更低、速度更快、服务更好。实践证明,这一理论的应用取得了很好的效果。二战之后,"后勤"理论被应用到企业界,后来又有商业后勤和流通后勤的提法,这时的后勤涵盖了整个生产过程和流通过程中的物流,因而是一个包含范围更广泛的物流概念。

物流概念主要通过两条途径从国外传入我国,一条是在 20 世纪 80 年代初随"市场营销"理论的引入而从欧美传入,"Physical Distribution"中文译为"实体分配"或"实物流通","实体分配"的译法被普遍接受。所谓"实体分配"指的是商品实体从供给者向需求者进行的物理性移动。

另一条途径是"Physical Distribution"从欧美传入日本,用日文翻译为"物流",20 世纪 80 年代初期,我国从日本直接引入"物流"这一概念。

2. 物流的定义

对于物流,目前国内尚没有一个统一的概念,各国提法也并不一致,但大体含义是相同的。

物流是指为了满足客户的需要,以最低的成本,通过运输、保管、配送等方式,实现原材料、半成品、成品及相关信息由商品的产地到商品的消费地所进行的计划、实施和管理的全过程。

物流一般是由对商品的运输、仓储、包装、搬运、装卸、流通加工以及相关的物流信息等环节构成,并对各个环节进行综合和复合化后所形成的最优系统。对物流的管理就是如何按时、按质、按量,并以系统最低的成本费用把所需的材料、货物运到生产和流通领域中任何一个需要的地方,以满足人们对货物在空间和时间上的需求。物流通过运输解决对货物空间位置上的变化要求,通过存储调剂解决对货物的需求和供给之间的时间差。

3. 物流的功能

物流系统的基本要素包括运输、储存、包装、装卸搬运、流通加工、信息等。这些基本要素有效地组合、联结在一起,构成物流系统的功能组成要素,能合理、有效地实现物流系统的总目的。

1)运输功能。运输是物流各环节中最重要的部分,是物流的关键。运输一般分为输送和配送。有人将运输作为物流的代名词。运输方式有公路运输、铁路运输、船舶运输、航空运输、管道运输等。没有运输,物品只能有存在价值,却没有使用价值,即生产出来的产品,如果不通过运输,送至消费者手中进行消费,等于该产品没有被利用,因而也就无法产生使用价值。没有运输连接生产和消费,生产就会失去意义。一般认为,所有商品的移动都是运输,运输可以划分为两段:一段是生产厂到流通据点之间的运输,批量比较大、品种比较单一、运距比较长,这样的运输称为"输送";另一段是流通据点到用户之间的运输,一般称为"配送",就是根据用户的要求,将各类商品按不同类别、不同方向和不同用户进行分类、拣选、组配、装箱,按用户要求的品种、数量配齐后送给用户,其实质在于"配齐"和"送达"。

2)储存功能。在物流中,运输承担了改变商品空间状态的重任,储存则承担了改变商品时间状态的重任。而库存是与储存既有密切关系又有区别的一个概念,它是储存的静态形式。产品离开生产线后到最终消费之前，一般都要有一个存放、保养、维护和管理的过程，也是克服季节性、时间性间隔，创造时间效益的过程。库存主要分为基本库存和安全库存。

基本库存是补给过程中产生的库存。最初，库存处于最高水平，日常的需求不断地"抽取"存货，直至该储存水平降至为零。实际在库存没有降至零之前就要开始启动订货程序，于是在发生缺货之前，就会完成商品的储存。补给订货的量就是订货量。在订货过程中必须保持的库存量就是基本库存。

为了防止不确定因素对物流的影响，如运输延误；商品到货，但品种、规格、质量不符合要求；销售势头好，库存周转加快或紧急需要等，都需要企业另外储备一部分库存，这就是安全库存。

确定合理库存是企业物流管理的重要内容之一。但是库存管理并没有统一的模型，而且每个企业都有自己特殊的存货管理要求，所以企业只能根据自己的具体情况，建立有关模型，解决具体问题。

3）包装功能。包装可大体划分为两类。一类是工业包装，或叫运输包装、大包装；另一类是商业包装，或叫销售包装、小包装。工业包装是为保持商品的品质，商业包装是为使商品能顺利抵达消费者手中，提高商品价值、传递信息等。由此看来，包装的功能和作用不可低估，它既是生产的终点，又是企业物流的起点。包装的作用是按单位分开产品，便于运输，并保护在途货物。进行合理包装是保证整个物流系统流程顺畅的重要环节之一。

4）装卸搬运功能。装卸搬运是物流各环节连接成一体的接口，是运输、储存、包装等物流作业得以顺利实现的根本保证。装卸和搬运质量的好坏、效率的高低是整个物流过程的关键所在。装卸搬运工具、设施、设备不先进，装卸搬运效率低，商品流转时间就会延长，商品就会破损，从而增加物流成本，影响整个物流过程的质量。装卸搬运环节出了问题，物流的其他环节就会停顿。

5）流通加工功能。流通加工就是产品从生产者向消费者流动的过程中，为了促进销售，维护产品质量，实现物流的高效率所采取的使物品发生物理和化学变化的功能。通过流通加工，可以节约材料、提高成品率，保证供货质量和更好地为用户服务。所以，对流通加工的作用同样不可低估。流通加工是物流过程中"质"的升华，使流通向更深层次发展。

6）信息功能。物流信息是连接运输、储存、装卸、包装各环节的纽带，没有各物流环节信息的通畅和及时供给，就没有物流活动的时间效率和管理效率，也就失去了物流的整体效率。收集与物流活动相关的信息，能帮助物流活动有效、顺利地进行。

信息包括与商品数量、质量、作业管理相关的物流信息，以及与订货、发货和货款支付相关的商流信息。不断地收集、筛选、加工、研究、分析各类信息，并把精确信息及时提供给决策人员，以此为依据判断生产和销售方向，制定企业经营战略，以便做出高质量的物流决策。

与物流信息密切相关的是物流信息系统，即管理人员利用一定的设备，根据一定的程序对信息进行收集、分类、分析、评估，并把精确信息及时地提供给决策人员，以便他们做出高质量的物流决策。物流信息系统不但要收集尽可能多的信息，提供给物流经理，使他们做出更多的有效的决策，还要与公司中销售、财务等其他部门的信息系统共享信息，并将有关的综合信息传至公司最高决策层面，协助他们形成战略计划。

6.1.2 物流分类

物流活动在社会经济领域中无处不在,对于不同领域的物流,虽然存在着相同的基本要素,但由于物流的对象、目的、范围和范畴的不同,形成了不同的物流类型。

(1) 按照作用分类

按物流所起的作用可以将物流分为供应物流、销售物流、生产物流、回收物流、废弃物物流等不同的种类。

1) 供应物流(Supply Logistics):生产企业、流通企业或消费者购入原材料、零部件及其他物品的物流过程称为供应物流,也就是物品在提供者与需求者之间的实体流动。对于一个企业而言,企业的流动资金十分重要,其大部分是被购入的物品和原材料及半成品等所占用的,因此,供应物流的合理化管理对于企业的成本有重要影响。

2) 销售物流(Distribution Logistics):生产企业或流通企业出售商品时,物品在供方与需方之间的实体流动。企业通过销售物流,可以进行资金的回收并组织再生产的活动。销售物流的效果关系到企业的存在价值是否被社会承认。销售物流的成本在产品及商品的最终价格中占有一定的比例,因此,销售物流的合理化在市场经济中可以较大地增强企业的竞争力。

3) 生产物流(Production Logistics):包括从工厂的原材料购进入库起,直到把工厂成品库的成品发送出去为止的物流活动的全过程。生产物流和工厂企业的生产流程同步,企业在生产过程中,原材料、半成品等按照工艺流程在各个加工点之间不停地移动、流转形成了生产物流,如果生产物流中断,生产过程也将随之停滞。概括起来,生产物流是指在生产过程中,原材料、在制品、半成品、产成品等在企业内部的实体活动。生产物流的重要性体现在如果生产物流均衡稳定,则可以保证在制品的顺畅流转,缩短生产周期;如果生产物流的管理和控制合理,也可以使在制品的库存得到压缩,使设备负荷均衡化。因此,生产物流的合理化对工厂的生产秩序和生产成本有很大影响。

4) 回收物流(Returned Logistics):是指不合格物品的返修、退货以及周转使用的包装容器从需方返回到供方所形成的物品实体流动。商品在生产及流通活动中有许多要回收并加以利用的物资,如作为包装容器的纸箱和塑料筐等,建筑业的脚手架,旧报纸和书籍;金属废弃物等。

5) 废弃物物流(Waste Material Logistics):商品的生产和流通系统中所产生的无用的废弃物,如开采矿山时产生的土石、炼钢生产中的钢渣、工业废水以及其他各种无机垃圾等,已没有再利用的价值,如果不妥善加以处理,就会妨碍生产甚至造成环境污染。在对这类物资的处理过程中产生了废弃物物流。废弃物物流是指将经济活动中失去原有使用价值的物品,根据实际需要进行收集、分类、加工、包装、搬运、储存等,并分送到专门处理场所过程中形成的物品实体流动。为了更好地保障生产和生活的正常秩序,对废弃物资进行研究也显得十分重要。废弃物物流虽然没有经济效益,但是具有不可忽视的社会效益。

(2) 按照物流活动的空间范围分类

按照物流活动涉及的空间和范围可以将物流分类为地区物流、国内物流和国际物流。

1) 地区物流。研究地区物流对于提高所在地区的企业物流活动的效率,以及保障当地居民的生活福利环境,具有十分重要的作用。对地区物流的建设应根据所在地区的特点,从本地区的利益出发组织好相应的物流活动,并充分考虑到利弊两方面的问题,妥善安排并与地区和城市的建设规划相统一。例如，某地区计划建设一个大型物流中心，这显然将提高当地的物流效率，降低物流成本，为当地稳定物价、发展经济起到促进作用；但也会给当地管理部门带来一系列消极的问题，如由于供应点集中、货车来往频繁而产生大量的废气和噪声及交通堵塞等问题。因此，物流中心的建设不单是物流问题，还要从城市建设规划、地区开发计划出发，统一考虑，妥善安排。

2）国内物流：在国家自己的领地范围内开展的物流活动称为国内物流，国内物流为国家的整体利益服务。国内物流作为国民经济的一个重要方面，应该纳入国家总体规划。我国的物流事业是社会主义现代化建设的重要组成部分，因此，国内物流的建设、投资和发展必须从全局着眼，清除部门和地区分割所造成的物流障碍，尽早建成一些大型物流项目为国民经济服务。

3）国际物流：不同国家之间和世界各大洲之间的物流称为国际物流。国际物流是伴随国际投资、贸易活动和其他国际交流所发生的物流活动。由于二战后国际投资和贸易壁垒减少，国际分工日益深化，国际贸易规模迅速扩大，经济全球化和区域经济一体化速度加快，国际物流成为现代物流系统中发展最快、规模最大的一个物流领域。随着 Internet 这种无国界的信息媒介的扩展和电子商务的推广应用，国际物流的效率和规模将得到进一步提高和推广。

（3）按照物流系统性质分类

按照物流系统性质可将物流分为社会物流、行业物流和企业物流。

1）社会物流：它是物流的主要研究对象，是指以全社会为范畴、面向广大用户的、超越一家一户的物流，是企业外部物流活动的总称。社会物流涉及在商品的流通领域所发生的所有物流活动，因此社会物流带有宏观性和广泛性，所以也称之为大物流或宏观物流。这种社会性很强的物流往往是由专门的物流承担人承担的。伴随商业活动的发生，物流过程通过商品的转移，实现商品的所有权转移，这是社会物流的标志。

2）行业物流：顾名思义是指在一个行业内部发生的物流活动。同一个行业的各个企业往往在经营上是竞争对手，但为了共同的利益，在物流领域中却又常常互相协作，建立统一的行业标准和运作规范，以降低整个行业的物流成本，促进行业物流系统的合理化、科学化和标准化。

3）企业物流：在企业经营范围内，由生产或服务活动所形成的物流系统叫企业物流，是企业内部的物品实体流动。企业作为一个经济实体，是为社会提供产品或某些服务的。从企业角度研究与之有关的物流活动，是具体的、微观的物流活动的典型领域。

6.1.3 物流技术

1. 条码技术

条码是由一组黑白相间、粗细不同的条状符号组成，条码隐含着数字信息、字母信息、标志信息、符号信息，主要用以表示商品的名称、产地、价格、种类等，是全世界通用的商品代码的表示方法。这种条纹由若干个黑白的"条"和白色的"空"的单元所组成，其中，黑色条对光的反射率低而白色的空对光的反射率高，再加上条与空的宽度不同，就能使扫描光线产生不同的反射接收效果，在光电转换设备上转换成不同的电脉冲，从而形成可以传输的电子信息。

条码的编制种类非常多，但根据国际物品编码协会（EAN）和美国统一代码协会（UCC）的编码规范，国际上通用的物流条码码制只有三种：EAN-13 条码，即消费单元条码（商品条码）；ITF-14 条码，即储运单元条码；UCC/EAN-128 条码，即 EAN/UCC-128 物流条码。

条码技术为物流中货物的识别和输入提供了技术支持，条码技术是实现快速、准确且可靠地采集数据的有效手段。主要运用到以下 3 个方面：

1）库存系统。条码技术运用到库存物资上，主要包括规格包装、集装、托盘货物上，出入库时通过自动扫描条码并输入计算机，由计算机自动处理形成库存的信息，并输出入库区位、货架、货位的指令，出库程序则和销售信息系统条码应用一样。

2）销售信息系统。通过扫描商品上的条码快速、准确地录入计算机，用于管理销售和配送。对销售商品进行结算时，扫描设备读取并将信息输入计算机，开启收款程序，计算机随时掌握进、销、存的数据。

3）分货拣选系统。在分货或拣选货物方式，有大量的信息需要快速处理，通过每件物品外包装上的条码，设备扫描条码自动进行分货拣选，并实现配送和出库的信息管理。

2．射频识别技术

射频识别（Radio Frequency Identification，RFID）是一种非接触式的自动识别技术，它无须人工干预，可工作于各种恶劣环境，通过射频信号自动识别目标对象并获取相关数据。工作原理为由扫描器发射一特定频率之无线电波能量给接收器，用以驱动接收器电路将内部的代码送出，此时扫描器便接收此代码。

最基本的 RFID 系统由 3 部分组成：

1）附着在物体上标识目标对象的标签（Tag），由芯片组成，标签作为唯一的电子编码标志物体。

2）读取标签信息的阅读器（Reader），常见的有手持式和固定式。

3）传递标签与读取器之间射频信号的天线（Antenna）。

由于射频技术的标签可以唯一地标识商品，通过同计算机技术、网络技术、数据库技术等的结合，可以在物流的各个环节上跟踪货物，实时掌握商品的动态信息；而且其具有数据存储量大、读写速度快、数据安全性高、使用方便、读写距离远等显著特点。因此，射频技术被广泛应用于身份识别、特流管理、物品追踪、防伪、交通、动物管理等领域。

现代的物流是以物流企业为主体、以第三方物流配送服务为主要形式、由物流和信息流相结合的、涉及供应链全过程的现代物流系统。从采购、存储、生产制造、包装、装卸、运输、流通加工、配送、销售到服务，是供应链上环环相扣的业务环节和流程。货物运输所需的成本、时间及货物在途的状态控制是整个供应链管理过程中的重要环节。射频识别技术与现代的物流管理相结合，将会极大地提升物流管理各个环节的智能化水平和服务水平。

3．GPS 技术

GPS 的诞生使人们的生活发生了巨大的变化、科学研发也有了很大的突破，GPS 使很多事情变得更精准化和效率化，GPS 的灵活、方便使它的应用范围变得广泛起来。GPS 又称为全球定位系统（Global Positioning System），是指利用导航卫星授时与测距。它的工作原理是被定位的物体或是设备上预先安装 GPS 装置，通过卫星去获取 GPS 装置的位置信息，然后将位置信息传递给控制端。卫星不间断地发送自身的星历参数和时间信息,用户接收到这些信息后经过计算求出接收机的三维位置、三维方向以及运动速度和时间信息。

GPS 在物流中的应用主要体现在:

1)车辆定位。运输车辆安装 GPS 设备,利用卫星实时在地图中监控车辆的运行,物流企业使用 GPS 技术能够明确地掌握车辆的实时运行情况、任务完成情况和路线选择情况。

2)物流监控。物流企业利用 GPS 技术可调用车辆的运行路线的相关信息,进行全面的指挥管理,如对运输车辆运营信息的记录,可以保障人员和车辆财产安全;通过对车辆路线的记录还能分析整理出最佳的营运路线,提高物流企业运输管理水平。

3)物流查询。物流管理中使用 GPS 技术可以通知货主货物的运输状态、位置,方便对物流企业的运输车辆进行总体的管理和总体调度指挥。

4)紧急救援。车辆在运输过程中发生危险,使用 GPS 技术可以准确定位车辆的位置,并向管理中心提供发生事故的用户资料及现场应对方案,帮助物流管理中心进行处理,从而降低物流企业运输过程中的安全风险。

4. GIS 技术

GIS(Geographic Information Systems,地理信息系统)以地理空间为基础,采用地理模型分析方法,实时提供多种空间和动态的地理信息,是一种为地理研究和地理决策服务的计算机技术系统。其基本功能是将表格型数据转换为地理图形显示,然后对显示结果浏览、操作和分析。

GIS 技术在物流中主要运用在以下三个方面:

1)物流中心选址。物流中心选址是指在一个或多个地址设置配送中心,满足若干供应点及若干需求点的区域内的需求。在不同区域内建立物流中心,整个物流系统的经济效益是不同的。实现物流配送中心选址的主要手段是 GIS 的网络分析功能,它可将现实中的区域转化成抽象的网络图,并通过网络图分析实现地理网络的最优化。

2)物流配送。物流公司在若干供应点及若干需求点的区域内进行配送工作之前,可以通过 GIS 技术在电子地图上显示设计线路,并同时显示汽车运行路径和运行方法,为配送车辆规划合理路线,使经济效益和社会效益都得到提升。

3)物流跟踪。物流公司通过 GIS 和 GPS 技术的混合使用,可以实时监控运输车辆的运输状况,为服务企业提供物流跟踪信息,便于服务企业追踪车辆和货物的运输状况,合理安排生产与销售。GIS 和 GPS 的结合使得流动的运输设备变得透明可控,便于提高运输工具的效率。

6.1.4 物流管理的目标

1. 快速响应

快速响应是企业物流作业目标中最基本的要求。快速响应关系到一个企业能否及时满足客户的服务需求。快速响应的能力使企业将物流作业传统上强调的根据预测和存货情况做出计划,转向了以小批量运输的方式对客户需求做出反应上来。快速响应要求企业具有流畅的信息沟通渠道和广泛的合作伙伴支持。这样才能在更短的时间内解决客户的问题,满足客户的需求。

2. 减少故障

故障是指破坏系统作业表现的任何未预期到的事件，它可以产生于物流作业的任何地方。比如空运作业因为天气原因受到影响；铁路运输作业因为地震等灾害受到影响；顾客收到订货的期望时间被延迟、制造中发生意想不到的损坏、货物到达顾客所在地时发现受损，或者把货物交付到不正确的地点等。所有这一切都将使物流作业时间遭到破坏，对此必须予以解决。减少故障的传统解决办法是建立安全存货，或是使用高成本的运输方式。不过，上述两种方式都将增加物流成本，为了有效地控制物流成本，目前多采用信息技术以实现主动的物流控制，这样故障在某种程度上就可以被减少到最少。

3. 最低库存

最低库存是企业物流作业目标中最核心的要求。最低库存的目标同资产占用和相关的周转速度有关。最低库存越小，资产占用就越少；周转速度越快，资产占用也越少。因此，物流系统中存货的财务价值占用企业资产也就越少。在一定的时间内，存货周转率与存货使用率相关。存货周转率高，意味着投放到存货上的资产得到了有效利用。

企业物流作业的目标就是要以最低的存货满足客户需求，从而实现物流总成本最低。随着物流经理将注意力更多地放在最低库存的控制上，类似"零库存"（JIT）之类的概念已经从戴尔这样的国际大公司向众多公司中转移并得到实际应用。当存货在制造和采购中达到规模经济时，它能提高投资回报率。

为实现最低存货的目标，物流系统设计必须是对整个企业的资金占用和周转速度进行控制，而不是对每一个单独的业务领域进行控制。

4. 整合配送运输

整合配送运输是企业物流作业中实施运输成本控制的重要手段之一。运输成本与运输产品的种类、运输规模和运输距离直接相关。许多具有一流服务特征的物流系统采用的都是高速度、小批量运输，这种运输通常成本较高。为了降低成本，可以将运输整合。一般而言，运输量越大、距离越长，单位运输成本就越低。因此，将小批量运输集中起来以形成大规模的经济运输不失为一种降低成本的途径。不过，集中运输往往会降低企业物流的响应时间。因此，企业物流作业必须在集中运输与响应时间方面综合权衡。

5. 改善物流质量

物流作业本身就是在不断地寻求客户服务质量的改善与提高。目前，全面质量管理（TQM）已引起各类企业的高度关注，自然，物流领域也不例外。从某种角度来说，TQM还是物流得以发展的主要推动力之一。因为事实上一旦货物质量出现问题，物流的运作环节就要全部重新再来。如运输出现差错或运输途中货物损坏，企业不得不对客户的订货重新操作，这样一来不仅会导致成本的大幅增加，而且还会影响到客户对企业服务质量的评价，因此企业物流作业对质量的控制不能有半点马虎。物流本身必须履行所需要的质量标准，从而实现"零缺陷"服务要求。

6. 生命周期支持

绝大多数产品在出售时都会标明其使用期限。若超过这个期限，厂商必须对渠道中的货物或正在流向顾客的货物进行回收。之所以将产品回收回来是出于严格的质量标准、产品有效期、产品可能出现的危险后果等方面的考虑。当货物潜藏有危害人身健康的因素时,这时不论成本大小与否,反向物流必然发生。如果不仔细地审视反向的物流需求,则无法制定良好的物流战略。

传统的物流作业,要同时达到上述物流作业的目标比较困难,而市场的激烈竞争又对物流作业的全新目标几乎要求同时满足,这就要求企业必须对物流作业的各个环节进行高效整合。

6.2 电子商务物流配送

随着电子商务在我国经济中的发展步伐明显加快,物流配送作为一门新学科,如何突破传统流通体制的框架,走上社会化流通之路,成为一个重要课题。电子商务是网络经济和现代物流共同创造出来的,是两者一体化的产物。没有现代化物流的巨大支持,电子商务将在最后的配送环节搁浅。一些务实的企业家在进行电子商务的总体规划时,也把物流作为电子商务系统的重要项目统筹设计。

物流配送定位在为电子商务客户提供服务,根据电子商务的特点,对整个物流配送体系实行统一的信息管理和调度,按照用户订货要求,在物流基地进行理货,并将配好的货物送交收货人。这一先进、优化的流通方式对流通企业提高服务质量、降低物流成本、优化社会库存配置,从而提高企业的经济效益及社会效益具有重要意义,物流配送作为现代物流的一种有效的组织方式,代表了现代市场营销的主方向,因而得以迅速发展。

6.2.1 物流配送的定义

物流配送是指在经济合理的区域范围内,根据用户要求,对物品进行拣选、加工、包装、分割、组配等作业,并按时送达指定地点的物流活动。

配送制的发展经历了三次革命。最初,为了改善经营效率,国内许多商家广泛采用了把货送到买主手中的销售措施,这是商务的第一次革命。第二次革命是伴随着电子商务的出现而产生的,这是一次彻底的变革,不仅影响到物流配送本身,也影响到上下游各体系,包括供应商、消费者。第三次物流革命就是物流配送的信息化及网络技术的广泛应用所带来的种种影响,这些影响是有益的,将使物流配送更有效率。电子商务对传统物流配送的冲击和影响主要表现在以下方面。

(1) 电子商务给传统物流配送观念带来深刻的革命

传统物流配送企业需要置备大面积的仓库,而电子商务网络化的虚拟企业将散置在各地的不同所有者的仓库通过网络系统连接起来,使之成为"虚拟仓库",进行统一管理和调配使用,服务半径和货物集散空间放大了。这样企业在组织资源的速度、规模、效率和资源合理配置方面都是传统的物流配送所不可比拟的,相应的物流观念也必须是全新的。

(2) 网络对物流配送的实时控制代替了传统的物流配送管理程序

一个先进的系统,会给企业带来全新的管理方法。传统的物流配送过程由多个业务流程组成,受人为因素和时间影响很大。网络的应用可以实现整个过程的实时监控和实时决策。新型的物流配送业务流程都由网络系统连接。当系统的任何一个神经末端收到一个需求信息时，该系统可以在极短的时间内做出反应，并拟定详细的配送计划，通知各环节开始工作。这一切都由计算机根据人们事先设计好的程序自动完成。

（3）物流配送持续的时间在网络环境下大大缩短

在传统物流配送管理中，由于信息交流的限制，完成一个配送过程的时间较长，但这个时间随着网络系统的介入变得越来越短，任何一个有关配送的信息和资源都会通过网络管理在几秒内传到有关环节。

（4）网络系统的介入简化了物流配送过程

传统物流配送整个环节极为烦琐，在网络化的新型物流配送中心可大大缩短这一过程。

在网络支持下的成组技术可以在网络环境下更加淋漓尽致地被使用，物流配送周期会缩短，组织方式也会发生变化；计算机系统管理可使整个物流配送管理过程变得简单和容易；网络上的营业推广可使用户购物和交易过程变得更有效率、费用更低；可以提高物流配送企业的竞争力；随着物流配送业的普及和发展，行业竞争范围和残酷性增加，信息的掌握、信息的有效传播和易得性，使得用传统的方法获得超额利润的时间和数量越来越少；网络的介入，使人们的潜能得到充分的发挥，自我实现的需求成为多数员工的工作动力。

（5）物流配送模式从少品种、大批量向多品种、小批量转变

传统配送主要是为企业间交易服务的，配送的对象主要是生产资料。由于生产资料品种、规格单一，需要量大，配送过程基本不需要分拣，配送环节采用少品种、大批量的配送模式。在电子商务环境下，网络化的商务模式使企业间及企业与消费者之间的交易都更加活跃。一方面，对消费者网上订购的商品进行配送，加之商业连锁经营的发展，商业企业与生产企业间电子商务的开展，生活资料的配送量增多，成为电子商务下物流配送的主流。而生活资料由于用户和所需商品的品种规格繁多、需求量小，故要求多品种、小批量、多批次的配送。另一方面，企业间通过电子商务进行交易，订货作业变得简单、快捷，成本降低，因此趋于小批量、多批次订货，以实现自身零库存，增强市场应变能力。同时，生产资料配送也向小批量、多批次配送方式转化。

综上所述，推行信息化配送制，发展信息化、自动化、现代化的新型物流配送业是我国发展和完善电子商务服务的一项重要内容，势在必行。

6.2.2　物流配送流程

物流配送的作用在于使产品通过它迅速流转，化零为整或化整为零。如果没有正确有效的作业方法相配合，不论多么先进的系统和设备，都未必能取得最佳的经济效益。一般来说，物流配送的流程通过备货、储存、分拣配货、配装、运输和送达服务等一系列的物流作业实现从供应商到消费者的流转，如图6-1所示。

图6-1　物流配送流程

1. 备货

备货包括筹集货源、订货或购货、集货、进货及有关的质量检查、结算、交接等，是配

送的基础工作。集中用户的需求进行一定规模的备货是降低配送成本的方式之一。备货是决定配送是否能在初期取得经济效益、降低物流成本的关键。

2．储存

配送环节的储存分为储备及暂存两种方式。配送储存的储备量比较大、结构比较完善，按一定时期的配送经营要求，形成对配送的资源保证叫储备。在确定储备量上，要受确定周转储备和保险储备结构、数量、货源及到货情况的影响。一般配送的储备库存是在配送中心附近单独设库。

另一种配送储存的形态是暂存，是具体执行日配送时，按分拣配货要求，在理货场地所做的少量储存准备。暂存时间不长，主要是调节配货与送货的不协调。暂存并不会对总体存储发生大的影响，因此总体的存储效益主要取决于配送储备量。

3．分拣配货

分拣与配货不同于传统物流形式，它是配送工作顺利进行的关键流程。分拣与配货是指使用各种拣选设备和传输装置，将存放的货物，按客户的要求分拣出来，配备齐全，送入指定发货区。因此，它是保障送货流程的基础工作。有了分拣与配货，不仅可达到按客户要求进行高水平送货的目的，还会大大提高送货服务水平。

4．配装

在配送运输前，需要对不能达到车辆的有效载运负荷的单个用户配送数量，采取集中的配送货物的方式进行配装，通过配装以解决充分利用运能、运力的问题。配装作为现代物流的环节之一，不同于以往的送货的区别之处在于，通过配装送货可以大大提高送货水平及降低送货成本。

5．运输

配送流程中的运输是实现货物从供应商转向消费者的关键环节之一。配送运输的特点表现在距离较短、规模较小、额度较高。配送运输方式与其他运输方式相比，由于配送用户多、交通路线较复杂，因此，为实现经济合理地运输，通常采用汽车作为运输工具。合理进行配送运输路线规划与选择，才能节省运营成本，提升物流经济效益。

6．送达服务

配送的最后一个环节是送达服务，即将配好的货运输给用户，圆满地实现到货的交接，并有效、方便地处理相关后续工作和结算，如卸货地点、卸货方式等。送达服务使送达货和用户接货之间协调统一，使现代物流的配送独具特殊性。

6.2.3 电子商务物流配送的方案

电子商务企业应充分考虑公司的经营成本与经营现状，选择物流配送方式。对于企业来说，应主要从以下三个方面考虑。

1）低成本。在经营过程中，电子商务企业不仅要考虑控制成本取得较高的经济效益，同时还要考虑市场的占有率。因为物流成本需加到网络在售产品的价格中，如果产品价格过高则会使其市场占有率大大降低。一般来说，物流配送费用不应高于平均客单价的5%。

2）客户满意度。电子商务企业选择物流配送方案，无论是自建物流中心还是依赖第三方物流配送企业，都要保证对顾客的承诺，如送达时间、送货费用等。只有达到顾客的期望值，才能在同类竞争网站中取得竞争优势。

3）匹配企业现状。对处于不同发展阶段的电子商务企业来说，需要充分考虑当前的订单量与经营现状，选择适合的配送方式。企业创办初期，由于订单量不大且经营成本有限，可以考虑选择适合的第三方物流企业实施订单的配送作业；当企业的订单量巨大且达到一定的经营规模时，可以考虑构建物流配送中心，选择自营的方式达到降低成本控制配送速度的目的。

以上三个因素决定着企业配送方式的选择。一般来说，物流配送分成两种，一种是自建物流中心实施配送，另一种是依赖第三方物流企业实施配送。

1）自建物流中心实施配送。这种方式适用于已达到一定经营规模的电子商务企业。企业需要自建物流中心来控制物流配送速度与质量，以令客户满意。自建物流中心属于生产经营的纵向一体化的一部分。企业自备仓库、车队等物流设施，内部设立综合管理部门统一企业物流运作。

对于企业内部的采购和销售来说，产品的性能和规格、供应商的经营能力、顾客的第一手信息等，都被企业自身掌握，可随时调整经营战略。自建物流中心实施配送有利于企业降低经营成本，和顾客保持紧密联系，培养客户的忠诚度，同时还有利于树立企业的品牌形象。自建物流配送中心的代表性电子商务企业如京东商城。

2）第三方物流企业实施配送。由于电子商务对物流配送的效率要求较高，前期建立自建物流系统投入较大，加之公司电子商务属于起步阶段，对日后订单量没有十足的把握，且对电子商务配送没有经验，前期建立自建物流有一定的风险，所以需要将物流配送外包给第三方物流企业。

第三方物流企业具有专业的物流设施与设备，提供专业的仓储和配送建议，通过从事多项物流项目的运作，可以整合各项物流资源，使得物流的运作成本相对较低，物流作业更加高效。对于规模较小的电子商务企业来说，使用第三方物流企业实施配送不仅可以享受到更加专业的物流服务，也可以集中精力开展核心业务。采用第三方物流企业实施配送的代表性电子商务企业如当当网。

自营物流和第三方物流不是相互对立的，双方各有优势。企业如何选择一个适合自己的物流模式，扬长避短充分利用资源，这是企业应该高度重视的一个问题。

6.3 第三方物流

6.3.1 第三方物流的定义

第三方物流（Third Party Logistics）即3PL，也称作合约物流，根据《中华人民共和国国家标准物流术语》的定义，三方物流是指独立于供需双方，为客户提供专项或全面的物流系统设计或系统运营的物流服务模式。第三方物流在20世纪90年代出现，作为一种新兴的事业形态和物流管理模式，在全球范围内被广泛使用，迅速受到关注。利用第三方物流的企业可以将精力集中在主营业务领域，以合同形式委托专业的物流服务企业，完成企业的物流活动,同时利用第三方物流企业专业的信息系统和设备,为客户提供完善的物流服务并保持密切联系,同时还可以全程监管物流活动的运行。

与传统物流相比第三方物流具有以下特点:

1)服务合同化。相比于传统物流,第三方物流是根据契约规定的要求,管理和提供物流服务,建立物流经营者与消费者之间的联系。物流联盟的参与者也通过合同契约划分权利、责任和利益。

2)服务差别化。针对服务企业的不同,提供差别化的物流服务与增值服务,如业务流程、企业形象塑造、顾客需求等方面。同时,第三方物流企业也应不断强化服务的个性化和差别化,以增强市场竞争力。

3)专业功能化。第三方物流企业必须提供专门化的服务,这既是物流消费者的需要,也是第三方物流自身发展的基本要求,包括物流设计、物流操作过程、物流技术工具、物流设施到物流管理等内容。

4)管理信息化。第三方物流作为现代物流的组成部分,信息化管理是运行和发展的基本要求。在提供物流服务的过程中,信息技术发展不仅实现了信息实时共享,也直接影响着物流效率和物流效益,使物流管理更加科学。

6.3.2 我国第三方物流企业

目前,我国的第三方物流企业处于飞速发展的时期,各类不同背景的企业纷纷转型物流或将第三方物流作为新的增长点。第三方物流企业一般从传统的仓储业、运输业等行业与物流相关的企业发展而来。

(1)起源于运输业

尽管没有数据统计,但从运输业发展来的第三方物流在市场上应该占最大的比重。就国外的情况看,以陆运和空运为主的快运、快递公司发展成为第三方物流的有 UPS、FE-DEX、TNT、DHL 等;从海运发展起来的物流企业有马士基物流、美集物流等。

中国目前也出现了类似的趋势,如以陆运为主的企业,先后有大通、上海交运集团、广州交运集团等在国内有一定影响的运输企业将第三方物流作为新的发展方向。

(2)起源于仓储企业

与运输环节一样,仓储也是物流活动中最重要的环节之一。因此,许多提供公共仓储服务的公司也通过功能延伸为客户提供综合物流服务。在欧洲 Exel 和 Tibbet & Britten 都是由公共仓储业发展成为第三方物流企业的。我国的公共仓储业向物流企业转变的趋势也比较明显,如上海商业储运公司成立上海商业物流公司从事第三方物流业务。

(3)起源于货运代理公司

货代企业转型为现代物流的企业在西方很多,如 Emery、BAX、MSAS、Schenker、AEI、Circle 等。由于信息技术的发展和电子商务环境的成熟,以往提供简单信息服务的货代企业的利润空间越来越小。在货代业务的基础上发展第三方物流已经成为货代业发展的热点,如中外运物流等。

(4)起源于托运人

这一类型的企业是从大公司的物流组织演变而来的。它们将物流专业的知识和一定的资源,如信息技术,用于提供第三方物流服务。在国外这类公司有 Caterpillar 物流公司、IBM

物流等。中国这类企业目前也不断增多，并成为物流市场上的亮点。例如，海尔集团组建的海尔物流公司、美的集团组建的安得物流等，就是托运人从事第三方物流的典型。

（5）起源于财务和信息咨询服务公司

原本主要致力于建立系统的集成商，为了给客户增加更多的价值，它们也主动提供有关电子商务、物流和供应链管理的工作，这类企业有 Accenture、GE Information Services 等。在我国，以物流信息集成为主业的招商迪辰系统有限公司也尝试过为客户提供第三方物流服务，但由于种种原因，该项业务未得到更大的发展。

（6）起源于港口码头、铁路编组站和火车站、汽车站、航空货运站等

这类企业基于终端作业的优势，将业务延伸至运输和配送。目前，这类企业的典型代表是 PSA（国际港务集团）和 CWT（迅通有限公司）。PSA 从 1997 年开始在中国内地投资物流业，较大的物流项目有上海招商新港物流有限公司。

（7）起源于电子分销商

零部件分销商和增值服务分销商也开始进入物流增值服务领域。其服务内容包括系统配置、EDI、货物跟踪、信息系统集成、库存管理等。比较典型的公司在我国有楷模英迈国际。

6.3.3 第三方物流的发展状况

随着经济全球化和信息全球化进程的加快，我国电子商务进入发展的高速期，与此同时，第三方物流的发展受到越来越多的重视，在电子商务应用中所占的份额也越来越大。在我国，虽然第三方物流企业已初具规模，但在物流服务和设施方面仍很薄弱，只有少数规模较大的第三方物流企业构建了配送中心。随着国际物流业的进入，国际的大型物流企业开始逐渐在我国市场中占领一定的份额，这对我国的第三方物流造成了巨大的冲击。

我国的铁路、水路、公路、民航等基础设施经过多年的建设，已得到巨大改善，为物流运输的快速发展起到了关键的作用。电子商务的发展促使第三方物流开始了适应服务企业的需求，将传统的业务流程改为以订单为中心的流程，第三方物流企业逐渐使用现代物流技术结合业务处理实行一体化操作，以达到降低库存、减少资金占用的目的。未来我国第三方物流的发展方向有以下 4 个方面。

1）商品运输合理化。按商品的类别，采取分门别类的方式进行运输；保证商品运输的安全性，要对运输的商品进行精细包装；根据运输距离合理安排运输工具；提高运输工具的运载能力，保证货物的运达；合理安排运输，减少空载率，提高物流的经济效益。

2）物流服务定制化。首先，第三方物流企业只服务于本地区所在地区及附近地区，通过缩短服务的距离保证自身发展的同时，也缩短资金链长度，可以为本地区顾客提供良好的服务。其次，第三方物流企业采取辐射的方式，在不同的地区建设多个网点，物流中心在接到物流业务后，通过物流信息网络传达给各个区域网点，区域网点可以通过这些信息在负责区域内进行物流作业，如目前我国的"三通一达"就是采取的这种模式。通过全国网络的建立，定制化的物流服务可以更好地满足不同地区客户的需求。

3）物流管理系统化。随着电子商务的发展，第三方物流公司与传统的物流相比不再只从事简单的仓储和运输作业，而是开展多方位、多维度的物流服务，满足不同客户的需求。

第三方物流通过系统地整合自身所能提供的各种服务，采取分类管理的方法使物流服务更多样化、更能服务客户。

4）经营管理联盟化。面对国外物流企业的冲击，我国第三方物流公司要做好准备。不仅要学习现代物流技术，提升自己企业的物流业务水平，还要加快企业改革，在短时间内完成从传统物流向现代物流的过渡。同时，还应联合其他第三方物流企业发展战略联盟关系，充分发挥企业资源优势，帮助企业实现规模化经济，以达到降低成本的目的。物流联盟的成立对于提升我国第三方物流的整体发展具有积极的意义，也推动第三方物流逐步走向成熟。

 技能实操　对比两家第三方物流企业的服务和价格

1．实操要求

通过访问第三方物流公司的网站，进一步认知第三方物流公司，明确与物流配送的区别。

2．实操步骤

1）打开浏览器，访问如下第三方物流公司网站。

UPS：http://www.ups.com

Fedex：http://www.fedex.com

顺丰速运：http://www.sf-express.com

中国邮政：http://www.chinapost.com.cn

申通快递：http://www.sto.cn

中通快递：http://www.zto.cn

韵达快递：http://www.yundaex.com

2）登录以上第三方物流网站中的两家，熟悉第三方物流网站的基本结构，查询并总结物流的价格以及提供的物流服务内容。

3）对比两家第三方物流公司的差异，从物流的价格、服务、送达时间、售后服务等方面阐述二者的区别。

3．学生任务

根据上述步骤完成对两家第三方物流公司的比对。

6.4　供应链管理

供应链管理是近年来在国内外逐渐受到重视的一种新的管理理念与模式。它源于这样一种观点，即企业应该从总成本的角度考察企业的经营效果，而不是片面地追求诸如采购、生产和分销等功能的优化，供应链管理的目的是通过对供应链各个环节活动的协调，实现最佳业务绩效，从而增强整个公司业务的表现。也就是说，任何一个企业都不可能在所有业务上成为世界上最杰出的企业，只有优势互补，才能增强企业竞争能力。

6.4.1 供应链管理的定义

供应链（Supply Chain）是围绕核心企业，通过对信息流、物流、资金流的控制，从采购原材料开始，制成中间产品以及最终产品，最后由销售网络把产品送到消费者手中，将供应商、制造商、分销商、零售商直到最终用户连成一个整体的功能链状结构模式。

供应链是一个范围更广的企业结构模式，它包含所有加盟的节点企业，从原材料的供应开始，经过链中不同企业的制造加工、组装、分销等过程直到最终用户。它不仅是一条连接供应商到用户的物料链、信息链、资金链，而且是一条增值链，物料在供应链上因加工、包装、运输等过程而增加其价值，给相关企业都带来收益。如服装制造企业上游是纤维和布料生产厂家，下游是批发商和零售商，最终到达消费者。显然，这个供应链体系中所有的企业都具有相互依存的密切关系，但是在传统方式中，它们并没有太多的协作。

供应链分为内部供应链和外部供应链。内部供应链指企业内部产品市场和流通过程所涉及的采购部门、生产部门、仓储部门、销售部门等组成的供需网络。而外部供应链则是指企业外部的与企业相关的产品生产和流通过程中涉及的原材料供应商、生产厂商、储运商、零售商以及最终消费者组成的供需网络。内部供应链和外部供应链共同组成了企业产品从原材料到成品到消费者的供应链。可以说，内部供应链是外部供应链的缩小化。如对于制造厂商，其采购部门就可看作外部供应链中的供应商。它们的区别只在于外部供应链范围大，涉及企业众多，企业间协调更困难。在电子商务中，更加注重 B2B（企业到企业）下从产品供应商开始到订购产品企业的外部供应链的综合管理。

供应链管理（Supply Chain Management，SCM）是一种集成的管理思想和方法，它执行供应链中从供应商到最终用户的物流计划和控制等职能。供应链不仅是多个企业的联合体，而且是多个企业的融合体，因为整个供应链是一个整体，供应链管理就是对这个整体的各种资源进行管理。

供应链管理是以市场和客户需求为导向，在核心企业协调下，本着共赢原则，以提高竞争力、市场占有率、客户满意度、获取最大利润为目标，以协同商务、协同竞争为商业运作模式，通过运用现代企业管理技术、信息技术和集成技术，达到对整个供应链上的信息流、物流、资金流、业务流和价值流的有效规划和控制，从而将客户、供应商、制造商、销售商、服务商等合作伙伴连成一个完整的网络结构，形成一个极具竞争力的联盟。简单地说，供应链管理就是优化和改进供应链活动，其对象是供应链的组织和它们之间的"流"；应用的方法是集成和协同；目标是满足用户需求、最终提高供应链的整体竞争能力。

成功实施供应链管理，可以给企业带来以下收益。

1．库存减少

通过供应链管理供应商可以尽快了解制造商原材料库存情况，根据实际需要进行备料，避免了库存积压。制造商可以了解客户需求情况，根据实际需要组织生产，与市场保持紧密的联系，在减少库存的同时降低生产的风险。

2．资源共享

供应链是各种物流资源的集合体，具备丰富的物流资源，供应链上的各企业成员可以利用供应链上的各种资源,从而避免了重复投资,减少了浪费。

3．节省时间和人工成本

由于在上下游合作伙伴之间,可以建立一种长期稳定的关系,因此减少了业务交易中的谈判、签约等手续,缩短了业务流程,无形中节省了交易时间和人工成本。

4．降低成本

供应链上的信息共享,使企业在保障安全库存的基础上,在采购、运输、库存等环节降低了成本。

5．减少风险

由于信息共享,市场动向就能及时传递给供应链上的各节点,使企业提前做好准备,及时调整计划,实施风险管理,从而将因市场变化引起的风险降到最低。

供应链管理是在现代科技条件下、产品极其丰富的条件下发展起来的管理理念,它涉及各种企业及企业管理的方方面面,是一种跨行业的管理,并且企业之间作为贸易伙伴,为追求共同经济利益的最大化而共同努力。开展电子商务必须加强对供应链的管理。

6.4.2 供应链管理的内容

供应链管理主要涉及 4 个领域:供应、生产计划、物流和需求。供应链管理是以 Internet/Intranet 为依托,以同步化、集成化生产计划为指导,围绕供应、生产作业、物流和满足需求来实施的。供应链管理的目标在于提高用户服务水平和降低总的交易成本,并且寻求两个目标之间的平衡。作为协调平台供应链应按影响的关键因素来分,包括以下几个方面:

1)库存。供应链管理的目的就是用实时、准确的信息控制物流,减少甚至取消库存,从而降低库存的持有风险,为了实现这一目的必须利用先进的信息技术,收集供应链各方以及市场需求方面的信息,减少需求预测的误差。

2)信息。信息的处理质量和速度是企业在供应链中实现整体效益的关键。构建信息平台是信息管理的基础,供求信息通过供应链系统平台及时、准确地传递到相关节点企业,从技术上实现与供应链上下游企业间的集成化和一体化。

3)客户。客户是供应链区别于传统供应的关键点,它是供应链的起点。供应链首先以客户需求出发,上下游企业间实现一体化的供应、制作、生产,并用最终生产的产品满足客户需求,因此供应链管理是以满足客户需求为核心来运作的。详细掌握客户信息,可以最大限度地节约资源,并为客户提供优质的服务。

4)经营战略。经营战略包括在企业经营思想指导下的企业文化发展战略、组织战略、技术开发与应用战略、绩效管理战略等,以及这些战略的具体实施。在选择和参与供应链时,必须从企业发展战略层面考虑,因为供应链管理本身就属于企业经营战略的内容。

5)合作关系。供应链管理是通过企业间的合作,改变传统的企业间进行交易时的"单向有利"意识,使上下游企业间在协调合作关系基础上进行交易,从而有效地降低供应链整体的交易成本,实现供应链的全局最优化,使供应链上的上下游企业增加收益,进而达到双赢的效果。

供应链管理在成功实施过程中，涉及的因素还有很多，这些影响因素都是为了把供应链各个职能部门有机地结合在一起，从而最大限度地发挥出供应链整体的力量，协调供应链管理注重总的物流成本与用户服务水平之间的关系，以达到供应链企业群体获益的目的。

6.4.3 供应链管理的作用

有效的供应链管理可以使管理者充分了解整条供应链的信息，这条链从原材料的获得开始，到产品的生产，并一直延伸到把成品送到客户手中，管理者有了这些信息，则可以进行更加科学、全面的决策。供应链规划把整条供应链作为一个连续的、无缝进行的活动来加以规划和优化，把整条链中各环节的规划工作集成在一起，而不是各行其是。

供应链管理是产品从生产商到零售企业全过程的高效管理过程。传统意义下，这个过程中的主角既可以是生产企业，也可以是零售企业。对于大型生产企业来说，它会根据自己的出货渠道建立与零售企业的供应链，以保证其产品的正常销售和运输渠道。而对于大型零售企业来说，它又有与各个生产企业相对应的供应链。

一般来讲，一个企业供应链的通畅程度决定着这个企业的经营效益。从订货到销售的中间过程，一般采取供应链管理方式进行控制管理。它包括决定最优库存数量、最佳存货地点、订货计划、配送和运输的方式、自动补货系统等。

供应链管理的目标是通过电子商务技术，完成上述操作，将商品供应和商品需求有机地联系起来，实现在准确的时间、准确的地点、以恰当的价格把商品从生产商手中转移到零售商手中。

实施供应链管理之后，这家公司可能不再与其他公司竞争，但这家公司所在的这条供应链将与其他的供应链竞争。供应链中的每一个环节都必须尽可能坚固。这需要在供应链的每一个阶段都选择最优秀的公司并与之合伙，还需要建立新的商业系统和流程以使得产品、信息和资金的流动更为有效。在公司的内部供应链关系被理顺后，公司将迅速与关键客户和供应商建立牢固的合作关系。实际上，几乎所有的公司都把拥有关键客户的合作商看成它们成功的关键。为了支持这一伙伴关系，并且建立新的合作过程，许多公司计划利用互联网来实现有效和及时的信息共享。

供应链管理的要求：

1）在时间上重新规划企业的供应流程，以充分满足各客户的需要。
2）在地理上重新规划企业的供销厂家分布，以充分满足客户需要，并降低经营成本。
3）在生产上对所有供应厂家的制造资源进行统一集成和协调，使它们能作为一个整体来运作。

本 章 小 结

本章从物流管理的概念入手，详细介绍了物流的概念、功能、分类；分析了电子商务物流中两种主要的方式，物流配送和第三方物流；较为深入地研究了供应链管理的含义、内容和作用。通过本章内容的介绍，学习者应对我国电子商务下的物流现状与发展有所了解，为今后的专业课学习打下基础。

思考与练习

1. 单选题

1）物质资料从供给者向需要者的物理性移动,是创造时间性、场所性价值的（　　）。
　　A．后勤管理　　　　　　　　B．流通活动
　　C．后勤工程　　　　　　　　D．经济活动
2）第二次世界大战期间,美国军队为了改善战争中的物资供应状态,研究和建立了（　　）,并逐渐形成了单独的学科。
　　A．后勤管理　　　　　　　　B．物流管理
　　C．库存管理　　　　　　　　D．运输管理
3）原材料的采购、进货、运输、仓储、库存管理等属于（　　）。
　　A．供应物流　　　　　　　　B．生产物流
　　C．销售物流　　　　　　　　D．回收、废弃物流
4）在电子商务下,物流的运作是以（　　）为中心的。
　　A．信息　　　　B．商品　　　　C．企业　　　　D．客户
5）第三方物流与客户的关系,下述不正确的是（　　）。
　　A．第三方物流是客户的战略投资人,也是风险承担者
　　B．第三方物流是客户的战略同盟者,而非一般的买卖对象
　　C．利益一体化是第三方物流企业的利润基础
　　D．第三方物流的利润来源于客户的利益

2．判断题

1）物资流通简称物流。　　　　　　　　　　　　　　　　　　　　　（　　）
2）供应链的范围比物流宽。　　　　　　　　　　　　　　　　　　　（　　）
3）在电子商务中,物流服务不包括传统物流服务的内容。　　　　　　（　　）
4）物流配送就是把货物送达客户,不论客户是否满意。　　　　　　　（　　）
5）企业选择物流时要考虑企业的发展阶段。　　　　　　　　　　　　（　　）
6）GPS 技术被称为地理信息系统。　　　　　　　　　　　　　　　　（　　）

3．思考题

1）什么是物流？如何理解这一定义？
2）简述物流配送的流程。

第 7 章

网络营销

学习目标

知识目标

1）识记网络营销的概念和分类。
2）熟记网络营销的工具和方法。
3）熟记客户关系管理的定义和原则。

能力目标

1）熟练应用各类型信息搜索工具，掌握网络信息搜索方法。
2）会撰写网络信息调研报告。
3）熟练使用各类型网络营销工具。

引导案例

欧莱雅男士护肤品的网络营销

随着人民生活水平的提高，男士护肤已经从基础的清洁发展为护理、美容，中国男士成熟的护肤消费意识逐渐形成。欧莱雅中国市场分析显示，男性消费者使用护肤护理品的消费群体正在扩大，但即使是在北京、上海等一线城市，男士护理用品销售额也只占整个化妆品市场份额的10%左右，全国的平均占比更远远低于这一水平。因此，欧莱雅对中国市场的上升空间充满信心，期望进一步扩大在中国的市场份额，巩固在中国男妆市场的地位，故欧莱雅设定了如下营销目标：

1）推出欧莱雅男士BB霜，希望迅速占领市场，树立该领域的品牌地位，打造人气最高的BB霜产品。

2）欧莱雅男士BB霜目标客户定位于18~25岁的人群，他们已有一定护肤习惯，热衷于社交媒体，热爱分享。

为了打造该产品的网络知名度，欧莱雅男士针对目标人群，开设了名为"@型男成长营"的微信与微博账号，开展网络营销活动。

1）在微博上发起针对男性使用 BB 霜接受度的讨论，发现人们对于男性使用 BB 霜的接受程度高于预期，为网络传播奠定了基础。

2）邀请阮经天代言，发表先型者宣言："我负责有型俊朗，黑管 BB 负责击退油光、毛孔、痘印，我是先型者阮经天"，鼓励大家通过微博申请试用产品，并发表自己的"先型者宣言"。微博的营销活动激发了消费者的参与热情，引导参与者成为传播者。

3）在京东商城开设了欧莱雅男士 BB 霜首发专页，举办"占尽先机，万人先型"的首发抢购活动，为用户提供一对一专属定制服务。

4）开通微信，将新品上市、使用教程、前后对比等信息主动推送给用户。

该活动通过网络营销引发了销售热潮，两个月内，在未使用传统营销工具的情况下，共有 307 107 位用户参与互动，新浪微博阅读量高达 560 万，在微博试用活动中，一周内将近 7 万男性消费者申请试用，预估销售库存被抢购一空。

通过欧莱雅男士护肤品的网络营销案例的介绍，请思考以下问题：
1）网络营销是什么？
2）网络营销会带来什么奇迹？

7.1 网络营销概述

互联网的飞速发展，在全球范围内掀起了互联网应用热，世界各大公司纷纷利用互联网提供信息服务、拓展公司业务范围，并且按照互联网特点积极再造企业内部结构、探索新的营销方法，网络营销应运而生。网络营销为企业提供了适应全球互联网发展与信息网络社会变革的营销技术和手段，是现代企业必备的营销策略。

7.1.1 网络营销的定义

网络营销是建立在互联网基础之上，借助互联网来更有效地满足顾客的需求和欲望，实现企业营销目标的一种手段。网络营销贯穿于企业经营的整个过程，涵盖市场调查、客户分析、产品开发、生产流程、销售策略、售后服务和反馈改进等环节。

网络营销是企业整体营销战略的一个组成部分，它是一种新生的营销方式。可以从以下几个方面理解网络营销的含义。

1. 网络营销不等于网上销售

网络营销不仅是网上销售，很多情况下还表现为企业品牌价值的提升、与客户之间沟通的加强、对外信息发布渠道的拓展和对客户服务的改善等。

2. 网络营销不等于网站推广

企业开展网络营销需要制订科学而详尽的目标与计划，是个系统工程，不能简单地认为网络营销就是网站推广。网站推广只是网络营销的一部分，比如，企业做了网络推广，虽然网站访问量有所提高,但是却没有多少订单,这就是因为配套的网络营销措施不到位。因此,企业只有制订系统而周密的网络营销计划,才能取得良好效果。

3. 网络营销是手段而不是目的

网络营销是为实现网上销售目的而进行的系列活动。网络营销综合利用各种网络营销方法、工具、条件并协调彼此之间的关系,是实现企业营销目的的手段。

4. 网络营销不等于电子商务

网络营销是电子商务的基础。企业在开展电子商务活动中会使用网络营销手段,无论传统企业还是互联网企业都需要网络营销,但网络营销本身并不是一个完整的商业交易过程。

5. 传统营销和网络营销并存

网络营销应纳入企业整体营销战略规划。网络营销活动不能脱离一般营销环境而独立存在,网络营销应被看作传统营销理论在互联网环境中的应用和发展。网络营销与传统营销策略之间并不冲突,但由于网络营销依赖互联网应用环境而具有自身的特点,因而有相对独立的理论和方法体系。在营销实践中,往往是传统营销和网络营销并存。

7.1.2 网络营销与传统营销的区别

网络营销与传统营销相比,既有相同之处,又有显著不同。

网络营销与传统营销一样,都是企业的一种经营活动,需要通过组合运用来发挥其功能与作用,不能只依靠一种方式就达到目的。两者都把满足消费者需求作为出发点,但网络营销也具备一些传统营销所不具备的特点。

1)市场全球化。由于互联网能够超越时空传播与交换信息,它使企业面向一个更为广阔的、更具选择性的全球市场。

2)产品个性化。网络营销能对顾客多样化的消费需求做出一对一的反应,生产出富有个性的产品以满足顾客的个别需求,从而使消费者的个性回归成为可能。

3)价格公开化。互联网上产品的价格都是公开透明的,顾客可以通过网络对所需的商品价格进行全球范围内的对比,这明显有利于顾客。

4)渠道直接化。企业可以通过网络直接与顾客进行沟通和销售,使商品流通过程大为缩短,销售渠道更加直接化。

5)服务大众化。企业对顾客提供全方位的网络服务,从而避免了企业因无法与每一位顾客沟通而不能满足其需求的可能,减少了顾客的不满意程度。

6)沟通双向化。互联网可以展示商品型号和目录,连接资料库提供信息查询,可以和顾客做双向沟通,收集市场情报,进行产品测试、开展消费者满意调查。

网络营销虽然是传统营销的发展,但它给传统营销所带来的创新和变革是前所未有的。同时,网络营销还彻底重组了企业的营销理念,创新了传统营销的组合策略和手段。

7.1.3 网络营销的分类

网络营销的方式多种多样,按照不同的分类标准,网络营销可以划分为不同的类型。

1. 按服务对象分类

(1) 个人网络营销

个人网络营销即个人通过网络的方式进行营销,目前这种方式已经被广大网民熟练掌握并应用,典型如众多的淘宝卖家、某自媒体、某大V等。

(2) 企业网络营销

网络的商用价值已经被企业充分认识,目前大量的企业通过网络营销的方式拓展自己的业务。

2. 按应用范围分类

(1) 广义的网络营销

广义的网络营销就是以互联网传播为主要手段开展的各种营销活动。它包括一切基于互联网平台,利用信息技术与软件工程,满足商家与客户之间交换信息、交易产品、提供服务,以及通过在线活动创造、宣传和传递客户价值,并对客户关系进行管理等活动。

(2) 狭义的网络营销

狭义的网络营销是指组织或个人基于互联网,对产品、服务进行一系列经营推广活动,从而达到满足组织或个人需求的全过程。

3. 按推广方式分类

按推广方式分类,网络营销可分为口碑营销、网络广告、媒体营销、事件营销、搜索引擎营销(SEM)、Email营销、 数据库营销、短信营销、电子杂志营销、病毒式营销、问答营销、针对B2B商务网站的产品信息发布以及平台营销等。

7.2 网络信息搜索

随着社会信息化程度的不断提高,现代科技进步和社会经济发展对信息的依赖越来越大,人们对各式信息的需求越来越多,可是有时候面对太过复杂而且繁多的信息时,人们会感到无所适从。要找到符合自己需要的信息,就必须运用信息检索这一重要的信息查询手段,因而学会信息检索是十分重要的。

7.2.1 网络信息资源概述

网络信息资源就是计算机网络可以利用的各种信息资源的总和。它是以数字化形式记录的,存储在磁介质、光介质以及各类通信介质上,并通过计算机网络传递。

网络信息资源的分类有多种标准,根据不同的分类标准,可以将网络信息资源分为不同的类型。

1）从内容范围上可以分为五个大类：学术信息、教育信息、政府信息、文化信息、有害和违法信息。

2）按信息源提供信息的加工深度分，可分为一次信息源、二次信息源、三次信息源等。

3）依据信息源的信息内容分，可分为联机数据库、联机馆藏目录、电子图书、电子期刊、电子报纸、软件与娱乐游戏类等。

4）参照传统的信息存取方式分，可分为邮件型、电话型、广播型、书目型等。

5）按科学的正式交流渠道与非正式交流渠道分，可分为稳定的信息资源和不稳定的信息资源两类。

7.2.2　网络信息搜索的工具和方法

网络信息的搜索主要是通过搜索引擎查找网上信息。它的基本原理是使用搜索程序来遍历互联网，将互联网上分布的信息下载到本地数据库，然后对文档内容进行分析并建立索引。对于用户提出的查询提问，搜索引擎通过查找索引找出匹配的文档或链接再返回给用户。

网络信息检索工具按其检索方式大体可分为以下几种类型：

（1）基于FTP（文件传输协议）的检索工具

这是一种实时的联机检索工具，用户首先要登录到对方的计算机，才可进行文献搜索及文献传输。用户只需提交要检索文件名及有关信息便可获得文件所在的主机名和路径。有了这些信息后，用户便可利用FTP获得自己想要的文件。与一般检索工具不同的是，FTP只能根据文件名和目录名进行检索。

（2）基于菜单的检索工具

这类检索工具是一种分布式信息查询工具，它将用户的请求自动转换成FTP命令，在一级一级的菜单引导下，用户可以选取自己感兴趣的信息资源。菜单检索对于不熟悉网络资源、网络地址和查询命令的用户是十分简便的方法。用户给出检索词便可检索文件名、目录名、文档及其他信息资源。

（3）基于关键词的检索工具

人们最熟悉的百度就是关键词的检索工具。其检索步骤如下：在搜索栏输入关键词，系统会自动进行远程检索；查询完成后，页面显示检索结果，供用户选择；搜索页面不仅可以显示文件的出处，而且可以将文件中的信息显示一部分，供用户联机浏览。

（4）多元搜索引擎

多元搜索引擎是将多个搜索引擎集成在一起，并提供一个统一的检索界面。当一个检索提问发出，多元搜索引擎同时检索多个数据库，并聚合去重之后输出检索结果。虽然多元搜索引擎省时，但由于不同搜索引擎的检索机制、检索算法和解读方式不同，导致检索结果的准确性差、速度慢。

网络营销课程中的网络信息主要是指市场调查信息。网络信息搜索也就是网络市场调研活动。其内容主要包括：市场需求容量调研、可控因素调研和不可控制因素调研等。其调查的基本方法有两种：一种是直接进行的一手资料调查，即网上直接调查；另一种是利用互联网的媒体功能，在互联网上收集二手资料，即网上间接调查。

（1）网络市场直接调研

网络市场直接调研指的是在互联网上收集一手资料或原始信息的过程。直接调研的方法有四种：网上观察法、专题讨论法、在线问卷法和网上实验法。使用最多的是专题讨论法和在线问卷法。

（2）网络市场间接调研

网络市场间接调研指的是网上二手资料的收集。二手资料的来源有很多，如公共图书馆、大学图书馆、贸易协会、市场调查公司、广告代理公司、专业团体、企业情报室等。再加上众多综合型ICP（互联网内容提供商）、专业型ICP以及成千上万个搜索引擎网站，使得互联网上二手资料的收集非常方便。

互联网上虽有海量的二手资料，但要找到自己需要的信息却不容易。首先必须熟悉搜索引擎的使用，其次还要掌握专题型网络信息资源的分布。网上查找资料主要通过三种方法：使用搜索引擎；访问各种专题性或综合性网站；利用网上数据库。

7.2.3 网络信息搜索的步骤

网络信息搜索即网络市场调研活动一般包括以下几个步骤：

1．确定市场调研目标

市场调研的目的在于帮助企业准确地制定经营战略和营销决策。在市场调研之前，需要先针对企业所面临的市场现状和亟待解决的问题，如产品销量、产品寿命、广告效果等，确定市场调研的目标和范围。

2．确定所需信息资料

市场信息浩如烟海，企业进行市场调研必须根据已确定目标和范围收集与之密切相关的资料，而没有必要面面俱到。纵使资料堆积如山，如果没有确定的目标，那么也只会事倍功半。

3．确定资料搜集方式

企业在进行市场调研时，收集资料必不可少。而收集资料的方法极其多样，企业必须根据所需资料的性质选择合适的方法，如实验法、观察法、调查法等。

4．搜集现成资料

为有效地利用企业内外现有资料和信息，首先应该利用室内调研方法，集中搜集与既定目标有关的信息，这包括对企业内部经营资料、各级政府统计数据、行业调查报告和学术研究成果的搜集和整理。

5．设计调查方案

在拥有现成资料和信息的基础上，再根据既定目标，采用实地调查方法，从而获取有针对性的市场情报。市场调查几乎都是抽样调查，抽样调查的核心问题是抽样对象的选取和问卷的设计。如何抽样，须视调查目的和准确性要求而定。而问卷的设计，更需要有的放矢，完全依据要了解的内容拟定问题。

6．统计分析结果

对获得的信息和资料进行统计分析，提出相应的建议和对策是市场调研的根本目的。这一步骤是以客观的态度和科学的方法进行细致的统计计算，以获得高度概括性的市场动向指标，并对这些指标进行横向和纵向的比较、分析和预测，以揭示市场发展的现状和趋势。

7．准备研究报告

市场调研的最后阶段是根据比较、分析和预测结果写出书面调研报告，一般分专题报告和全面报告，阐明针对既定目标所获结果，以及建立在这种结果基础上的经营思路、可供选择的行动方案和今后进一步探索的重点。

7.2.4 网络信息调研报告

当一切调查和分析工作结束之后，必须将这些工作成果展示给客户。所以我们需要撰写调研报告。一份好的调研报告，应能够为企业的市场经营活动提供有效的导向，为企业的决策提供依据。

网络市场调研报告的基本要求与内容如下：

1）题目。要求明确、鲜明、简练、醒目。一般不用副标题，字数不宜过长。

2）摘要。要求准确、精练地概括全文内容。

3）引言（前言、提出问题）。引言不是调研报告的主体部分，因此应简明扼要。内容如下：

① 提出调研的问题。
② 介绍调研的背景。
③ 指出调研的目的。
④ 阐明调研的假设（如果需要）。
⑤ 说明调研的意义。

4）调研方法。不同的课题，有不同的调研方法，如问卷调查法、实验调研法、行动调研法、经验总结法等，这是调研报告的重要组成部分。

5）调研结果及其分析。这是调研报告的主体部分，要求材料与现实统一、科学性与通俗性相结合、分析讨论要实事求是，切忌主观臆断。内容如下：

① 用不同形式呈现调研结果（如图、表）。
② 描述统计的显著性水平差异。
③ 分析结果。

6）讨论（小结）　这也是调研报告的主体部分。内容如下：

① 调研方法的科学性。
② 调研结果的可靠性。
③ 调研成果的价值。
④ 调研的局限性。

⑤ 进一步研究的建议。

7）结论。这是调研报告的精髓部分。文字表达要简练、严谨、逻辑性强。内容如下：

① 调研解决了什么问题，还有哪些问题未解决。

② 调研结果说明了什么问题，是否实现了原来的假设。

③ 指出要进一步研究的问题。

8）参考文献。

9）附录。如调查表、测量结果表、进行行动调研的有关证明文件等。

技能实操1　网络信息搜索

扫码看视频

1．实操要求

学习使用搜索引擎进行信息检索的方法和技巧。

2．实操步骤

（1）用百度进行综合型搜索

输入"http://www.baidu.com"打开百度网页，输入想要查询的内容，所输入的内容尽可能明确自己的搜索目的，如图7-1和图7-2所示。

图7-1　百度搜索

图 7-2　搜索过程

（2）用搜狐进行目录型搜索

输入"http://www.sohu.com"打开搜狐网页，根据查询系统提供的分类项目，选择自己想要查询的类别进行查询，比如健康，如图 7-3 和图 7-4 所示。

图 7-3　搜狐搜索

第 7 章 网络营销

图 7-4 分类项目搜索

（3）用中国知网进行专题型搜索

1）输入"http://www.cnki.net/"打开网页，输入想要搜索的内容——"农村电子商务发展"，如图 7-5 所示。单击"检索"按钮进入专题页面，如图 7-6 所示。

图 7-5 知网搜索

图 7-6　知网专题页面

3. 学生任务

尝试使用综合型搜索引擎、目录型搜索引擎、专题型搜索引擎，分别体验信息检索的使用方法，并对比它们之间的优缺点。

7.3　网络营销的方法

开展网络营销需要借助一定的网络营销工具和方法，基本的网络营销工具包括企业网站、搜索引擎、电子邮件、微博、微信、论坛、即时通信工具、网络广告等。了解这些基本工具并熟练使用，是认识网络营销的基础。

7.3.1　网络广告

网络广告就是在网络上做的广告，它是利用网站上的广告横幅、文本链接及多媒体，在互联网上刊登或发布广告，通过网络向互联网用户传播广告信息的一种高科技广告运作方式。与传统的四大传播媒体（报纸、杂志、电视、广播）广告及近来备受青睐的户外广告相比，网络广告更具得天独厚的优势，是现代营销媒体战略的重要组成部分。

凭借互联网具有的不同于传统媒体的交互、多媒体和高效的独有特性，网络广告有着诸多不同于传统广告的特点。

1. 传播范围广泛

网络广告的传播范围极其广泛，不受时空限制。网络广告突破了传统广告只能局限于一个地区、一个时间段的不足，它把广告信息 24h 不间断地传播到世界各地。

2．交互性强

网络广告改变了传统广告传播中信息单向流通、相互隔离及有时差的缺点，形成了广告发布者和接受者的即时互动关系。在网络上，广告的受众对某一广告发生兴趣时，可以单击进入该广告页面了解详情，受众具备了更大的自主性。

3．灵活快捷

传统广告从策划、制作到发布需要很多环节的配合，广告一旦发布难以实现广告信息的及时调整。网络广告能够按照需要及时变更信息，这使企业的经营决策可以灵活地实施和推广。

4．广告成本低

作为新兴的媒体，网络媒体的收费低于传统媒体。这是由于网络广告有自动化的软件工具进行创作和管理，能以低廉费用按照需要及时变更广告内容。

5．受众针对性强

网络广告由于点击阅读广告者即为有兴趣的用户，所以网络广告可以直接抵达潜在购买者。尤其是对于一些电子商务站点来说，浏览用户大都是企业界人士，网络广告更具有针对性。

6．传播效果易于控制

网络广告可通过访问流量统计系统，及时、精确地统计出每个广告的浏览量，用户查阅的时间分布、地域分布和反馈情况等。

网络广告的发展也非常迅速，从最开始的简单图像的形式一直发展到现在添加了动画、音效，网络广告的形式变得异常华丽。网络广告的互动性、视觉听觉并于一身的多元化感染力，还有网络宽带的普及、个人计算机配置的提高和智能手机的应用，使得网络广告的形式越来越多元化。下面介绍网络广告的主要形式：

1．网幅广告

网幅广告是以 GIF、JPG、Flash 等格式建立的图像文件，定位在网页中大多用来表现广告内容，同时还可使用 Java 等语言使其产生交互性，用 Shockwave 等插件工具增强表现力。

2．文本链接广告

文本链接广告是以一排文字作为一个广告，单击可以进入相应的广告页面。这是一种对浏览者干扰最少，但却较为有效果的网络广告形式。这是最简单也是最好的网络广告形式。

3．电子邮件广告

电子邮件广告具有针对性强、费用低廉的特点，且广告内容不受限制。其针对性强的特点尤其突出，它可以针对某一个具体的人发送特定的广告。

4．赞助式广告

赞助广告是指企事业单位在完全自愿的情况下，有计划、有目的地向某些有益于社会公益的项目和活动提供赞助，被赞助单位通过广告给予赞助单位一定的广告活动补偿。赞助式广告多种多样，比传统的网络广告给予广告主更多的选择。

5. 插播式广告

插播式广告也称为弹出式广告，访客在请求登录网页时强制插入一个广告页面或弹出广告窗口。它有点类似电视广告，都是打断正常节目的播放，强迫观看。插播式广告有各种尺寸，有全屏的也有小窗口的，而且互动的程度也不同，从静态的到全部动态的都有。浏览者可以通过关闭窗口不看广告（电视广告是无法做到的），但是它们的出现没有任何征兆，而且肯定会被浏览者看到。

6. 富媒体广告

富媒体广告一般是指使用浏览器插件或其他脚本语言、Java 语言等编写的具有复杂视觉效果和交互功能的网络广告。这些效果能否实现，一方面取决于站点的服务器端设置，另一方面取决于访问者的浏览器是否能查看。一般来说，富媒体能表现更多、更精彩的广告内容。

7.3.2 搜索引擎营销

搜索引擎营销（Search Engine Marketing，SEM）就是基于搜索引擎平台的网络营销，利用人们对搜索引擎的依赖和使用习惯，在人们检索信息的时候将信息传递给目标用户。搜索引擎营销的基本思想是让用户发现信息，并通过点击进入网页，进一步了解所需要的信息。通过搜索引擎的推广，企业可以让用户直接与企业交流，实现交易。

搜索引擎与其他传统媒体相比具有许多得天独厚的优势，如时效性强、传播范围广、信息的多媒体化、传播模式灵活、互动性强等。此外，依据操作经验，搜索引擎营销还有如下特点：

1）受众自主选择。搜索引擎广告的接受没有强迫性，消费者有更多的自主选择权力，这反而刺激了他们选择的欲望。

2）表现手段丰富。搜索引擎营销可以结合网页综合运用文字、声音、动态影像、动画、表格、虚拟视觉等功能，给消费者更加震撼的视听效果。

3）传受交互性极大地促进产品销售。搜索引擎营销使消费者主动选择接受广告信息后，根据自身的需要及时对广告信息做出回应，从而产生显著的促销效果。

搜索引擎营销的方法包括搜索引擎优化（SEO）、付费竞价排名（PPC）、精准广告以及付费收录。目前国内普遍采用的形式为搜索引擎优化和付费竞价排名，因此下面主要介绍这两种方式。

1. 搜索引擎优化

搜索引擎优化（Search Engine Optimization，SEO）是一种利用搜索引擎的搜索规则来提高网站在搜索引擎内排名的方式。针对搜索引擎做最佳化的处理，就是让网站更容易被搜索引擎收录和排名。

2. 付费竞价推广

付费竞价推广就是网站付费后才能被搜索引擎收录并排名靠前，付费越高者排名越靠前。国内最流行的点击付费搜索引擎是百度。

值得一提的是即使是做了付费竞价排名，也最好对网站进行搜索引擎优化设计，并将网站发布到各大免费的搜索引擎中。

7.3.3 电子邮件营销

电子邮件营销是在用户事先许可的前提下，通过电子邮件向目标用户传递价值信息的一种网络营销手段。它主要有 3 个基本因素：用户许可、电子邮件传递信息以及信息对用户的价值。

电子邮件营销广泛应用于网络营销领域，是网络营销手法中最常用的一种。凡是给老客户或潜在客户发送电子邮件都可以看作电子邮件营销。电子邮件营销有如下特点：

1）方便快捷，成本低廉。电子邮件是目前使用最广泛的互联网应用。它方便快捷，成本低廉，不失为一种有效的联络工具。

2）具有一定的强制性。电子邮件营销类似传统的直销方式，属于主动信息发布，消费者被动接受，收到即阅读。

3）定向邮件系统针对性强。目前，市面上还出现了一种称为"定向邮件系统"的系统。该系统将邮件地址按行业进行分类，其针对性强，可以直达用户。

由于电子邮件营销具有方便、快捷、针对性强等特点，它如雨后春笋般成长。那么，企业如何实施有效的电子邮件营销呢？

1）建立邮件列表数据库。公司积累的客户资料，包括通过公司网站注册、邮件列表订阅、线下业务往来等。还可以租赁数据库，市场上有不少开展这项业务的数据租赁公司，也可以和相关网站合作，选定几家与自身目标客户重合度高的，在业内有一定知名度的咨询网站，他们往往掌握大量的用户数据资源。

2）明确电子邮件营销的目的。电子邮件营销的目的要与企业的营销战略一致。在开展电子邮件营销活动前，要明确电子邮件营销的目的，如是为了宣传推广品牌形象，以及具体的产品和服务，还是为了维护客户关系、拓展新客户。

3）选取电子邮件营销平台。可供选择的有专业级的邮件平台公司和小型邮件发送公司。当然，大型公司还可以自己开发自身电子邮件发送平台和营销数据分析平台，降低邮件列表泄露风险。

4）设计邮件内容。邮件内容如果使用得恰到好处，营销者可以立即与成千上万的潜在和现有顾客建立起联系，可谓成本低见效快。

然而，盲目地推行电子邮件营销存在着巨大风险，用户可能对收到的大量带有营销目的的电子邮件产生反感、抵触情绪，他们总是将那些邮件直接删除，甚至有可能投诉至邮箱服务提供商，使得企业在电子邮件营销中的大量努力付诸东流。

7.3.4 微博营销

微博营销就是借助微博这一平台进行品牌推广、活动策划、个人形象包装、产品宣传等一系列的营销活动。微博营销有以下几个特点。

1. 门槛比较低

微博 140 个字的发布信息，方便商家发布也方便客户阅读，可利用文字、图片、视频等多种展现形式。与传统的大众媒体相比较受众广泛，前期一次投入，后期维护的成本低廉。

2. 平台多样

支持在计算机、手机和平板电脑等多个平台上随时发布信息。微博营销比传统的广告更灵活，发布信息的主体不用经过繁复的行政审批，从而节约了大量的时间与成本。

3. 传播速度快

信息传播的形式多种多样，转发非常方便。微博最显著的特征之一就是其传播速度快，利用名人效应能够使事件的传播量呈几何级增长。

在日常生活中，微博得到了广泛应用，微博营销的影响力也越来越大。微博营销主要遵循的营销策略有内容营销、领袖营销、活动营销和情感营销。

1）内容营销就是通过让用户喜欢上你的内容从而吸引用户的眼球，因此需要巧妙利用视频、图片等工具，配合140字的微博，精心雕琢，真正与用户达成情感共鸣。用户所发布的微博内容如果配图，其关注度往往高于纯文字微博。

2）领袖营销就是锁定一些相关领域内的重要意见领袖，并引导意见领袖去讨论、传播产品信息的营销模式。能否得到意见领袖的关注对企业微博至关重要。

3）活动营销　企业微博要多进行活动营销，如送出免费产品或举办促销活动等，能够快速带来"粉丝"数增长，并且提升其忠诚度。

4）情感营销即通过发布轻松的话题，调动用户参与其中，深层次地进入用户内心，用情感链增强品牌的影响力。

企业在学会利用微博的一般功能的情况下，想要发挥出微博营销的作用，仍然需要运用一定的方法与策略，这样才能发挥微博与众不同的营销效果。

7.3.5　软文营销

软文是相对于硬性广告而言，由企业的市场策划人员或专业的文案人员撰写的文字广告。它通过特定的概念诉求、以摆事实讲道理的方式使消费者走进企业设定的"思维圈"，以强有力的具有针对性的宣传，获得消费者的信任，从而达到企业品牌宣传、提高知名度、销售产品的目的。

软文营销是企业利用互联网技术，把企业相关信息以软文的方式，及时、全面、有效、经济地向社会公众传播的一种网络营销方式。软文营销有如下特点。

1. 费用低

传统的硬广告费用昂贵，没有雄厚的资金支撑，是无法实现对企业的有效宣传的。而软文广告的费用低廉，即使刚起步的小企业，也可以负担得起宣传费用，不会使之成为企业的负担。

2. 内容丰富，形式多样，受众面广

软文由于文字资料的丰富性，传递的信息极其完整，并且不拘泥于文体，表现形式多样，可以发布在论坛、博客、新闻、娱乐专栏、人物专访，遍布网络的每个角落。因此，大部分网络用户都是其潜在消费者。

3．吸引力强，可接受度高

软文的宗旨是制造信任，它弱化或者规避了广告的强制和灌输，用极具吸引力的话题吸引网络用户，然后用细腻、具有亲和力或者诙谐、幽默的文字打动消费者，而且文章内容以用户感受为中心，使消费者易于接受。

4．传播效果好、效益高

传统的硬广告受到版面限制，传播信息有限，投入风险大，成本较高。相比之下，软文营销具有高性价比的优势，信息量大，而且不受时间限制，可以在网站上永久存在。此外，软文可以进行二次传播，发布在互联网上可以继续被其他网站转载。

软文营销作为如今最为重要的营销方式之一，深受营销者的喜爱。一篇好的软文对消费者的心理引导作用是非常大的，在营销过程中占有举足轻重的位置。营销软文写作方法如下：

1）巧妙安排重点。营销软文一般篇幅较长，现在很多人是没有耐心读完全文的，所以在编写软文的时候尽量将重点浓缩在第一段，先将读者的胃口吊起来，再继续解释为什么要看这篇文章，最后再强调产品的优势，助推读者产生购买欲。

2）核心内容扩展。即先将核心产品单独列出来，再从产品的销售方法、产品特点、产品效果等方面对核心内容进行扩展，这样软文就会显得条理清晰，文章对读者的引导力会更强。

3）精美图片增色。一篇成功的软文离不开精美图片的配合，结合时事新闻图片，将内容和图片合理地分布在文章内，一篇精美的软文就完成了。

4）用好标题吸睛。一篇好的软文离不开一个好的标题。软文标题的写作技巧也是很多的。了解 SEO 的软文写作者一般更有经验，标题既要吸引人更要包含产品的关键词，有时一篇软文的标题会使软文写作者花费很长时间斟酌考虑。

5）通过消费者案例来引导读者。就像我们在淘宝买东西会去看买家评论一样，消费过的用户说的话才更有分量，他们对产品的评价往往最能影响消费者的判断。要想迎合消费者的这种观望心理，需要软文写作者充分利用买家秀、买家心得等予以引导。

7.3.6 事件营销

简单地说，事件营销就是通过把握新闻的规律，制造具有新闻价值的事件，并通过具体的操作，让这一新闻事件得以传播，从而达到广告宣传的效果。

近年来，事件营销成为国内外流行的一种市场推广手段。事件营销对于企业来说是一把双刃剑，收益与风险并存，企业在使用这种营销手段时必须了解它的特性，以做到心中有数，趋利避害。事件营销有如下特点。

1．目的性

事件营销应该有明确的目的，这一点与广告的目的性是完全一致的。事件营销策划的第一步就是要确定目的，然后明确通过什么样的新闻可以让读者接受。

2．风险性

事件营销具有高度的风险性，其风险性主要来自于热点事件选择的恰当程度、媒体行为的不可控和新闻传递过程中的信息扭曲及新闻接受者对事件的理解程度。有时企业虽然通过事件营销扩大了自己的知名度，却产生了很多负面影响，让公众产生反感情绪，最终伤害到公司的利益。

3．成本低

现有绝大多数新闻都是免费的，事件营销是利用特定的新闻来达到对于品牌宣传的目的，其成本相对其他传统营销方式而言非常低廉。

4．多样性

事件营销是国内外十分流行的一种公关传播与市场推广手段，具有多样性的特性，它将新闻效应、广告效应、公共关系、形象传播、客户关系等集于一体来进行营销策划。多样性的事件营销已成为营销传播的一把利器。

5．新颖性

多数受众对新奇、反常的事件感兴趣。事件营销往往是通过当下的热点事件来进行营销，事件营销通过它的新颖性吸引用户点击。

6．速效性

事件营销的恰当运用对于产品的推广和品牌的树立几乎可以起到立竿见影的作用。因为热点事件本身已经聚集了数量庞大的关注者、传播者，当企业利用已有的热点推出自己的营销方案时立即会得到关注和传播，使产品和品牌得以迅速推广。

事件营销的具体实施，往往需要其他营销手段和平台辅助，如 EDM（电子舞曲）、视频、博客、论坛、SNS、IM、微博等。决定事件营销的关键是创意。下面介绍各种事件营销的策略。

1．名人策略

名人可以是歌曲界、影视界、体育界和文化界的。事实上，名人是社会发展的需要与大众主观愿望相交合而产生的客观存在。企业可以利用名人的知名度去加重产品的附加值。如可口可乐请鹿晗作为其最新的品牌代言人，为其品牌注入活力。

2．体育策略

体育赛事是品牌最好的新闻载体，体育背后蕴藏着无限商机，很多企业意识到并投入其中。可口可乐、三星等国际性企业都是借助体育进行深度新闻传播的。而作为中小型企业也可以做一些区域性的体育活动，或者国际赛事的区域性活动，如迎奥运××长跑等活动。

3．热点策略

每每出现社会热点话题时，媒体都会闻风而动，四处搜集相关的新闻素材。这些社会热点，更是老百姓关注的焦点。所以，如果能巧妙地围绕这些社会热点来策划营销事件，定会收到事半功倍的效果。即使策划得不够完美，也一样会被关注。

技能实操2　体验网络营销方法——微博营销

1．实操要求

通过实验使学生学会简单使用微博，并初步了解微博营销的方法。

扫码看视频

2. 实操步骤

1）在浏览器地址栏中输入"https://weibo.com",进入新浪微博,如图 7-7 所示。

图 7-7　打开新浪微博

2）单击右上角的"注册"按钮（有微博账号可以直接登录）进入注册页面,如图 7-8 所示。

图 7-8　注册新浪微博

3）单击"个人注册"按钮（可用手机号和邮箱注册），设置登录密码，单击"立即注册"即完成注册，如图 7-9 和图 7-10 所示。

图 7-9　输入注册信息

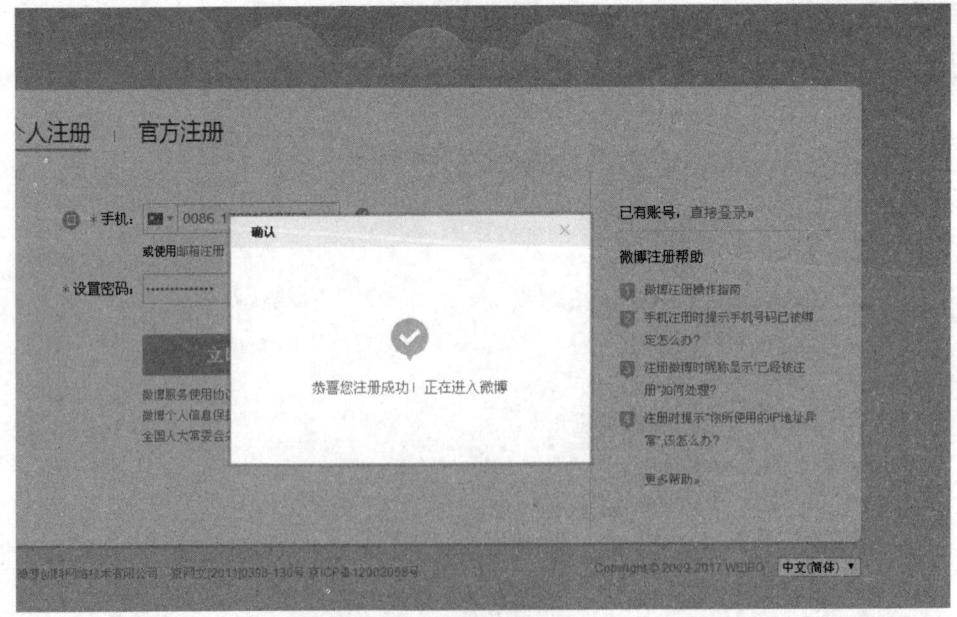

图 7-10　注册成功

4）注册成功后直接进入新浪微博首页，如图 7-11 所示。

第 7 章　网络营销

图 7-11　进入微博

5）成功案例——小米手机，小米公司每隔一段时间就会在微博搞活动，关注并转发微博就有机会得到一台小米手机，这抓住了人的趋利心理，小米以最少的付出获得了最大的回报，如图 7-12 所示。

图 7-12　小米公司有奖活动

6）成功案例——柒牌男装，柒牌男装发布微博频率较高，每天间隔时间较短，主要发布对新品的介绍，来吸引消费者，还有有奖活动，吸引了众多粉丝的参与，效果良好，如图 7-13 所示。

图 7-13　成功案例——柒牌

3．学生任务

1）学生进行微博注册。

2）了解小米手机、柒牌男装等品牌的微博营销方法。

7.4 客户关系管理

7.4.1 客户关系管理的定义

客户（Customer）是指用金钱或某种有价值的物品来换取财产、服务、产品或某种创意的自然人或公司。客户是商业服务或产品的采购者，他们可能是最终的消费者、代理人或供应链内的中间人。

客户关系（Customer Relationship）是指企业为达到其经营目标，主动与客户建立起的某种联系。这种联系可能是单纯的交易关系或通信联系，也可能是为客户提供一种特殊的接触机会，或为双方利益而形成某种买卖合同或联盟关系。

客户关系管理（Customer Relationship Management，CRM）是运用现代信息技术挖掘和积累客户信息，有针对性地为客户提供有价值的产品和服务，发展和管理企业与客户之间的关系，培养客户长期的忠诚度，以实现客户价值最大化和企业收益最大化之间的平衡。

客户关系管理的最终目标是吸引新客户、保留老客户以及将已有客户转为忠实客户，增加市场份额。

客户关系管理的内容非常庞杂，包括从客户资料（包括名称、地址、联系方法、联系人、联系人喜好等）、业务类别、交易价值、交易时间、交易地点、采购特点、特殊要求到对客户价值的评估、客户类别的划分与维护等方方面面。做好客户关系管理，需掌握基本的客户资料，关心客户的各类情况等。

7.4.2 客户关系管理的方法

客户是公司生存和发展的基础，市场竞争的实质就是争夺客户资源（客户数量与质量）。欲建立与维持同客户的良好关系，就必须树立客户利益至上的观念。客户关系管理方法如下：

1．树立全员"以客户为中心"的管理理念

企业向每个员工灌输客户关系管理意识，使所有网店认可"以创造客户价值为中心"的客户管理模式，鼓励员工做好客户信息的收集整理工作，并与客户建立紧密联系，实现企业之间客户信息资源的共享，确保客户关系管理的有效实施。

2．建立利于沟通的交流社区

交流社区是基于心理学的原理而创建。通过创造一种环境，让客户在其中找到归属感，体会到他们是被理解的，是一个强大集体中的一员，有利于实施客户关系管理。

3．整合资源

企业对客户的有效管理，是建立在整合各种资源基础上的。首先，客户关系管理与业务流程进行整合，优化现有业务流程，清除影响快速处理交易信息的障碍，使信息的传递模式向层次更少、更加扁平的趋向整合。

其次，客户关系管理与供应链管理集成，使客户关系管理形成一个闭合的环状，客户信息在整个供应链之间共享，使得企业能更好地了解客户需求，掌握客户需求的变化，并通过供应链企业之间的配合最大限度地满足客户需求。

最后，与物流企业之间进行资源整合，加强与各物流企业、邮政系统、货运系统及专业的快递公司合作，整合成一个覆盖范围广、性价比高的物流网络。

4．正确处理客户抱怨

客户抱怨是企业改进工作、提高客户满意度的一个契机。对于客户的不满与抱怨，应采取积极的态度来处理，这样才能够帮助企业重新建立信誉，提高客户满意度，维持客户的忠诚度。

（1）提供多种抱怨渠道

客户的愤怒就像充气的气球一样，当你让客户发泄后，他就不愤怒了。毕竟客户的本意是想表达他的感情并解决问题。处理客户抱怨可以利用客服电话、QQ 和微信、电子邮件、留言板等工具。

（2）以良好的态度应对顾客的抱怨

保持良好的态度是处理客户抱怨的前提，然而保持良好的态度，说起来容易做起来难，它要求企业员工不但要有坚强的意志还要有自我牺牲精神，只有这样，才能更好地平息客户的抱怨。

（3）了解客户抱怨背后隐藏的希望

应对客户抱怨，首先要做的是了解客户抱怨背后的希望是什么，这样有助于按照客户的希望处理，这是解决客户抱怨的根本。例如，客户向保险代理人抱怨，说她打电话要求保险公司处理一个简单的问题，等了好几天都没回应。表面上看，她是在抱怨服务，但深入地看，客户是在警告代理人，保单到期后，她会去找另一家保险公司续保。令人遗憾的是许多公司只听到了表面的抱怨,结果因对客户的不满处理不当,白白流失了大量客户。

(4)用行动化解客户的抱怨情绪

客户抱怨的目的主要是让员工用实际行动来解决问题,而不是口头上的承诺。如果客户知道你会有所行动自然放心,当然光嘴上说绝对不行,接下来你得拿出行动来。首先让顾客感觉到尊重,其次看到经营者解决问题的诚意,并且还要防止顾客的负面宣传对公司造成重大损失。

(5)通过一系列的补偿手段来弥补顾客抱怨

顾客抱怨之后,往往会希望得到补偿。如果顾客得到的补偿超出了他们的期望值,顾客的忠诚度往往会有大幅度提高,而且他们也会到处传诵这件事,公司的美誉度也会随之上升。所以,公司处理顾客抱怨要补偿多一点,层次高一点。

7.4.3 客户关系管理对电子商务的影响

在电子商务环境下,先进的客户关系管理系统借助互联网平台,同步、精确管理各种网上客户关系、渠道关系,支持电子商务的发展战略。客户关系管理对电子商务的影响具体可以总结为以下几点。

1. 塑造公司形象

对于一个电商公司而言,客户看到的商品都是一张张的图片和文字描述,既看不到商家本人,也看不到产品本身,无法了解各种实际情况,因此往往会产生距离感和怀疑感。这时候,客服就显得尤为重要了。客户通过与客服交流,可以逐步了解商家的服务和态度,让公司在客户心目中逐步树立起店铺的良好形象。

2. 提高成交率

通过客服良好的引导与服务,客户可以更加顺利地完成订单。电商客服的一个重要作用就是可以提高订单的成交率。

3. 提高客户回头率

当买家得到客服的优质服务,完成了一次良好的交易后,买家不仅了解了卖家的服务态度,也对卖家的商品、物流等有了切身的体会。当买家需要再次购买同样商品的时候,就会倾向于选择他所熟悉和了解的卖家,从而提高了客户再次购买的概率。

4. 更好的用户体验

电商客服在用户网上购物能否成交方面起着非常重要的作用。用户在线上购物出现疑惑和问题的时候,客服的存在会给用户带来更好的整体体验。

本 章 小 结

本章着重介绍了网络营销的定义和分类,重点阐述了网络市场调研的工具、方法和步骤以及网络营销的工具和使用方法;最后介绍了客户关系管理的定义、方法和客户服务的流程及职责。本章的第二和第四小节后都安排了具有针对性的技能操作,目的在于提高学生的认知和动手能力。

思考与练习

1．填空题

1）_____是建立在互联网基础之上，借助于互联网来更有效地满足顾客的需求和欲望，从而实现企业营销目标的一种手段。

2）_____就是计算机网络可以利用的各种信息资源的总和。它以数字化形式记录的，存储在磁介质、光介质以及各类通信介质上，并通过计算机网络传递。

3）网络市场调研活动内容主要包括：市场需求容量调研、_____和不可控制因素调研。

4）SEM 的方法包括_____、_____、精准广告以及付费收录。

5）_____是一种利用搜索引擎的搜索规则来提高网站在有关搜索引擎内的排名的方式。

2．判断题

1）网络营销作为一种全新的营销方式，与传统的营销方式相比具有明显的优势。（　　）

2）一份好的市场信息调研报告，能够给企业的市场经营活动提供有效的导向，能够为企业的决策提供依据。（　　）

3）开展网络营销需要一定的网络营销工具和方法，基本的网络营销工具包括企业网站、搜索引擎、电子邮件、微博、微信、论坛、即时通信工具、网络广告等。（　　）

4）搜索引擎营销就是"SEO"。（　　）

5）凡是给别人发送电子邮件都可以被看成电子邮件营销。（　　）

6）微博营销的门槛是比较高的，所以企业不轻易采用这种营销方法。（　　）

7）事件营销就是通过把握丑闻的规律，制造具有新闻价值的事件，并通过具体的操作，让这一新闻事件得以传播，从而达到广告的效果。（　　）

3．思考题

1）网络营销是如何分类的？请举例阐述。

2）网络信息调研一般包括哪些步骤？

3）网络营销的工具和方法有哪些？

4）微博营销遵循的营销方法和策略主要有什么？

5）事件营销的特点是什么？

6）客户关系管理的方法有哪些？

第 8 章

移动电子商务

 学习目标

> ● 知识目标
>
> 1）识记移动电子商务的概念、特点及模式。
> 2）熟记移动电子商务技术。
>
> ● 能力目标
>
> 1）熟练应用微信、手机淘宝等移动电子商务平台购物。
> 2）会操作各类移动电子商务平台。

 引导案例

移动电子商务带来的变革

一台全明星晚会，数场网络直播，开启了中国又一年"双十一"购物节。

从 2009 年开始，每年的 11 月 11 日，以天猫、淘宝为代表的大型电子商务网站都会利用这一天进行大规模打折促销活动。2016 年 11 月 11 日，阿里巴巴平台数据显示，0:6:58，天猫淘宝平台成交额超过 100 亿元。2015 年达到这一成绩，花了 12min28s。2014 年耗时为 38min，2013 年耗时接近 6h。

2016 年 11 月 11 日零点过后的 10 余分钟内，天猫、淘宝等 App 由于瞬间大量访问，还是出现了短暂的访问中断。这还只是阿里一家。

苏宁易购的数据显示，11 日 0:19，销售额已超过 2013 年"双十一"全天。零时后的 10min，订单量同比增长 306%，移动端销售占比 88%，单笔订单支付最快用时 0.03s。

此次移动端直播成为与用户互动的渠道，主打"社交电商"平台。天猫"双十一"晚会配以直播的方式，从 11 月 10 日晚上 8:00 持续到 12:00，阿里巴巴董事局主席马云以变魔术的方式请出了美国好莱坞女星斯嘉丽·约翰逊、大卫·贝克汉姆夫妇，梁朝伟、林志玲、陈奕迅、TFboys 也都前来"做广告"。淘宝的手机直播看上去有点像电视购物，

但更加直观、方便。比如在直播中看到一个模特的衣服比较好看，淘宝可能会自动跳出这件衣服的购买链接，用户可以直接下单，如图 8-1 所示。

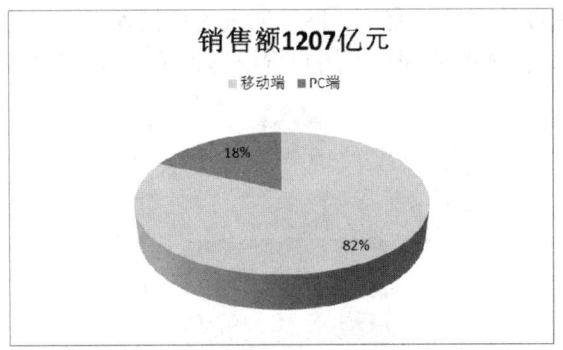

图 8-1　2016 年"双十一"天猫、淘宝交易额占比

从以上数据可以看出，用户购买行为已经从 PC 端向移动端转化，移动端购物对 PC 端乃至传统购物都会造成很大影响，这种影响不仅体现在对 PC 端和传统市场的抢夺，还会带来新的客户和市场空间。

通过天猫淘宝平台"双十一"数据分析，请思考以下问题：

1）移动电子商务有哪些优势？
2）目前移动电商的发展如何？

8.1　移动电子商务概述

移动电子商务，简单而言可以理解为"移动+电子商务"，其中"移动"为手段，"电子商务"为目的。从互联网电子商务角度来看，移动电子商务是电子商务的一个新的分支；从应用角度来看，它的发展是对传统电子商务的整合与扩展。移动电子商务将决定 21 世纪新企业的风貌，也将改变生活与传统商业的"地形地貌"。

8.1.1　移动电子商务的定义

互联网的普及推动了电子商务的迅速发展，随着人们的通信从有线到无线，工作场所从固定地点到随时随地的这种转变，移动电子商务应运而生。移动电子商务（M-Commerce）由电子商务的概念衍生而来，电子商务以 PC 为主要界面，是"有线的电子商务"；而移动电子商务，又称为无线电子商务，是通过手机、掌上电脑等无线终端，使人们可以在任何时间、任何地点进行各种商务活动。

与传统电子商务相比，移动电子商务具有以下特点。

1．不受时空限制

移动互联网终端设备主要包括手机、平板式计算机、POS 机等，这些设备均可随身携带，不论在家里、办公室还是路途中，用户都可以通过移动网络随时随地方便快捷地查找、选择并购买所需商品和服务。

2. 用户规模庞大

根据《第 45 次中国互联网络发展状况统计报告》，截至 2020 年 3 月，我国互联网用户为 9.04 亿人，手机网民数量达 8.97 亿人，网民通过手机接入互联网的比例高达 99.3%，如图 8-2 所示。以移动终端为载体的移动电商用户规模远大于传统电商用户规模。

图 8-2　中国网民规模

3. 移动支付方便快捷

商场、餐厅、超市，甚至是报摊、菜市，人们只需要掏出手机扫二维码就可以付款。这种无现金支付的方式免了出门带钱带卡的烦琐，给人们的生活带来了极大便利。随着网络支付企业进军海外市场，人们在境外旅游时也逐渐能享受到手机线下支付带来的便利。

8.1.2　移动电子商务的技术

移动互联网应用技术和无线数据通信技术是移动电子商务的技术基础。目前，支持移动电子商务发展的技术主要包括：无线应用协议（WAP）、蓝牙技术（Bluetooth）、移动定位系统和第四代移动通信系统等。

1. 无线应用协议

无线应用协议（WAP）是一个全球性的开放协议。它是开展移动电子商务的核心技术之一。通过无线应用协议，手机可方便快捷地接入互联网，真正实现不受时间和地域约束的移动电子商务。目前，许多电信企业已经推出了各种无线应用协议产品，包括 WAP 网关、应用开发工具和无线应用协议手机，向用户提供网上资讯、移动网银、票务订购和在线游戏等服务。移动 IP 通过网络层改变 IP，从而实现移动设备在互联网上的无缝漫游。

2. 蓝牙技术

蓝牙（Bluetooth）是一种支持设备之间 10m 以内的短距离通信无线电技术。该技术可以在手机、便携式计算机等移动通信终端进行无线信息交换，使数据传输更为快速高效。在日常生活中，手机、数字照相机、摄像机、打印机、传真机、家电等众多电子设备都采用了蓝牙技术，实现无线连通，而不必拖一条连接线。随着该技术的普及，蓝牙技术的广泛应用使人们的生活无比轻松。家庭装修时不再为电器的布线而烦恼；使用家电时，不必为一大堆遥控器而头疼，一部手机就能搞定一切。

3．移动定位系统

移动定位是指通过定位技术来获取手机或移动终端用户的经纬度坐标位置信息，在电子地图上标出被定位对象位置的技术或服务。移动定位系统广泛应用于企事业单位外出销售人员定位及调度、儿童和老人安全监护的服务与管理、物流配送人员与车辆的定位和调度、城市公共事业人员和车辆管理、租赁车辆的定位和安全监控等。

4．第四代移动通信系统

第四代移动通信系统简称"4G"。4G技术集WLAN与3G于一体，最大的数据传输速率超过100Mbit/s，能够传输高质量视频图像，图像传输质量与高清晰度电视不相上下。它与3G技术相比，具有频带利用率更高、速度更快的特点。

8.1.3 移动电子商务的模式

传统电子商务模式主要包括B2B（企业与企业之间的电子商务模式）、B2C（企业与消费者之间的电子商务模式）、C2C（消费者与消费者之间的电子商务模式）等几种常见的电子商务模式。随着智能终端的普及和移动通信网络的快速发展，移动电子商务模式不断创新，比传统电子商务模式更加灵活、高效。它可以使人们不受时空限制、随时随地进行支付，服务更加个性化。

1．APP商业模式

随着人们上网习惯由使用PC逐步转向使用手机APP客户端上网，APP这种商业模式取得了迅猛发展。APP是英文Application的简称，是智能手机的第三方应用程序。淘宝、京东、唯品会等众多商家纷纷开发了自己的APP手机客户端，用来开展各种商务活动。如手机京东APP，可以为用户提供便捷的移动购物平台，涵盖各大类商品特卖，应用于安卓、苹果、塞班、微软等10多个移动平台。

2．微信营销模式

随着微信公众平台的发展，微信营销逐渐成为一种新兴的电子商务模式。微信营销是网络经济时代企业营销模式的一种创新，是伴随着微信的火热而兴起的一种移动营销方式。该模式主要通过附近人搜索、O2O折扣店、品牌活动、在线支付等形式实现，常用的微信营销模式主要有漂流瓶、互动式推送微信、陪聊式对话微信、二维码营销等。

3．基于LBS的O2O模式

O2O（Online To Offline）模式，即线上购买，线下消费，是将线下商务机会与互联网结合起来，让互联网成为线下交易的前台。移动终端普及后，基于位置的服务（LBS），通过移动运营商的无线电通信网络或外部定位方式（如GPS）获取移动终端用户的位置信息，在GIS（地理信息系统）平台的支持下，用户可以通过移动终端随时随地筛选服务、在线支付和结算。

4. 移动支付模式

移动商务的迅速发展，使得移动终端支付成为一种重要的支付手段。移动支付是指允许用户使用移动终端（通常指手机）对所消费的商品或服务进行账务支付的一种服务方式。手机作为比较私密的物品公用现象少，比 PC 机病毒少，所以相比 PC 支付，移动支付更加安全可靠。现阶段，移动支付方式主要有微信支付和支付宝支付等，用户可以随时随地轻松地转账、理财、消费。

8.1.4 移动电子商务的发展

2015 年十二届全国人大三次会议上，李克强总理在政府工作报告中首次提出"互联网＋"行动计划。该计划将推动移动互联网、云计算、大数据、物联网等与现代制造业结合，促进电子商务、工业互联网和互联网金融健康发展，引导互联网企业拓展国际市场。

在我国电子商务网站迅猛增加、订单和交易额不断增长的背景下，移动电子商务被人们广泛应用。截至 2020 年 3 月，我国网络购物用户规模达 7.1 亿人，手机网络购物用户规模达 7.07 亿人。由于各大电商平台、品牌商陆续加大对移动端市场的投入，通过移动端进行消费的用户持续增多，预计未来移动电商市场仍将保持稳定的增长。

1. 移动电子商务更适合大众化的商务应用

由于基于固定网的电子商务与移动电子商务拥有不同的特性，移动电子商务不可能完全替代传统的电子商务，两者是相互补充、相辅相成的。移动通信所具有的灵活、便捷等特点，决定了移动电子商务应当定位于大众化的个人消费领域，应当提供大众化的商务应用。

未来的移动电子商务市场将主要集中在以下几个方面：自动支付系统，包括自动售货机、售票机和停车场计时器等；半自动支付系统，包括商店的收银柜机、出租车计费器等；日常费用收缴系统，包括水、电、燃气等费用的收缴；移动互联网接入支付系统，包括登录商家的移动站点购物等。

2. 移动电子商务与传统的电子商务相比具有一些独特的优势

与传统电子商务相比，移动电子商务的最大优势是"随时随地"和"个性化"。传统电子商务局限于 PC 携带不便，而移动电子商务则可以弥补这种缺憾，让人们随时随地购物，感受独特的商务体验。

从用户群体来看，手机用户中包含了白领等消费市场的中高端用户和容易冲动购买的学生群体，移动电子商务不论在用户规模上，还是消费能力上，都优于传统的电子商务。

对传统的电子商务而言，用户的消费信用问题是影响其发展的一大瓶颈，而移动电子商务在这方面显然拥有一定的优势。手机号码具有唯一性，从而可以确定用户的身份。对于移动商务而言，这就有了信用认证的基础。

3. 移动电子商务能够有效规避传统电子商务出现的泡沫

近年来，互联网经济大起大落，电子商务曾跌入低谷。传统的电子商务缺乏现实的用户基础，没有良好的盈利模式，搭建起的是一幢没有支撑的空中阁楼。

与传统的电子商务不同，移动运营商在手机钱包、手机银行等移动电子商务发展中，发挥着十分重要的作用。移动运营商不仅拥有庞大的用户群，而且拥有稳定的收费关系及收费渠道。更为重要的是，近年来，国内移动运营商已经构建起成熟的移动数据业务发展产业价值链以及与服务提供商进行利润分成的商业运作模式，这为移动电子商务业务的发展创造了良好的条件。此外，在移动电子商务发展初期，将主要面向大众市场，这使得移动电子商务的发展从一开始就有了现实的支点。因此，移动电子商务在某种意义上说可以避免传统电子商务所出现的泡沫和波折。

8.2 移动电子商务应用

移动电子商务作为一种新型的电子商务模式，利用了移动无线网络的优点，是对传统电子商务的有益补充。移动电子商务的应用领域十分广泛，在传统商务的各个层次和领域中都发挥着重要作用。

8.2.1 手机淘宝

阿里巴巴旗下的淘宝网是国内领先的个人交易网上平台。自成立以来，淘宝网相继推出个人网上商铺、支付宝、阿里软件、雅虎直通车、阿里妈妈等多种产品和增值服务。

随着智能手机的广泛应用，为方便用户淘宝网官方出品了一款手机应用软件，该软件开设 iPhone 版和 Android 版等多个版本，以满足不同手机用户生活消费和线上购物需求。该手机软件具有查看附近的生活优惠信息、商品搜索、浏览、购买、支付、收藏、订单查询、物流查询、旺旺沟通等在线功能，成为用户方便快捷的生活消费入口，如图 8-3 所示。

图 8-3 手机淘宝首页

手机淘宝的优势主要体现在以下几个方面。

1）购物比价。用户可以到沃尔玛、苏宁等任何一家大型超市或连锁店，通过关键词、条码、二维码等多种搜索方式实现和淘宝网商品比价，300 万条码库使条码扫描更方便，让购物更省钱。

2）便民充值。使用支付宝软件，用户可以随时随地更加快捷安全地进行话费充值和游戏币、Q 币等点卡充值，让生活更加简单方便。

3）折扣优惠。同步 Web 版淘宝，活动丰富，逛单品、逛店铺，活动专区优惠多多，同城生活购物更优惠。

4）分享惊喜。同步新浪微博，可以直接@好友名字，通过图片、文字、二维码与好友分享优惠，支持 8 亿淘宝商品的二维码分享。

5）具有默认登录及本地验证码功能。无须通过计算机或 WAP 再次验证登录。

8.2.2　微信营销

微信是腾讯公司推出的一款即时通信产品，可以通过网络快速发送免费语音短信、视频、图片及文字，并支持单人、多人参与。同时，也支持使用社交插件摇一摇、漂流瓶、朋友圈、公众平台等服务。

在日常生活中，微信逐渐成为人们不可或缺的一部分。伴随着微信的火热，兴起了一种新的网络营销方式——微信营销。在微信上营销不存在距离的限制，用户注册微信后，可与周围同样注册的朋友形成一种联系，用户自由订阅自己所需的信息，商家通过提供用户需要的信息，推广自己的产品，从而实现点对点的营销。

微信营销的优势主要体现在以下几个方面。

1. 信息至用户终端到达率高

网络营销效果的好坏，在很大程度上取决于所推送的信息是否能准确到达用户终端。在微博营销过程中，商家发布的微博很容易在用户信息流中被淹没。但微信则不然，只要用户关注了商家的公众号，每一条信息都以推送通知的形式发送，从而保证了信息可以百分之百地到达订阅者手机上。

2. 用户精准度高

微信作为一种便利的沟通工具，消耗的流量较小，现已成为超过手机短信和电子邮件的主流信息接收工具。商家通过开展活动引导用户主动订阅公众号，增加"粉丝"数量，这样所吸引的"粉丝"精准度非常高。此外，微信公众账号可以通过后台对用户进行分组，这样在推送信息时可以更有针对性地实现精准消息推送。

3. 更有利于开展营销活动

微信在推送消息时不仅支持文字，还支持语音等。公众账号可以群发语音、图片和文字，认证之后，将获得更高的权限。漂亮的图文信息能进一步拉近与用户的距离，提升用户的体验度。图文配合语音、视频，非常有利于开展营销活动，这种人性化的营销手段也促使微信营销能快速地被大众接受。

4. 有利于维护老客户

开发新客户的成本远远高于维护老客户。由于微信的受众人群更加精准，推送信息的高到达率和高曝光率，使得企业可以大大节省客户运营成本。垂直行业和更多的细分行业使用微信营销,可以更好地维护企业和客户之间的关系,真正体现出"情感营销"的本质。

8.2.3 移动支付

在日常生活中移动支付覆盖了大城市吃、穿、住、用、行等领域,人们既是创新支付的供给者,也是消费者,移动支付已经渗透到各个场景当中,推动无现金社会的发展。以下是几种生活中常用的移动支付方式。

1. 微信支付

微信支付是由微信及第三方支付平台财付通联合推出的移动支付创新产品。用户只需在微信中关联一张银行卡,设置支付密码并完成身份认证,即可将装有微信 APP 的智能手机变成一个全能钱包。用户在支付时只需在自己的智能手机上输入支付密码,即可完成支付,整个过程简便流畅,如图 8-4 所示。

图 8-4 微信——我的钱包

以下是人们常用的两种微信支付方式:

1)扫码支付。打开微信,启动微信的扫一扫功能,扫描商家按微信支付协议生成的支付二维码,之后输入支付金额,确认后输入微信的支付密码,即可完成支付。

2)条码支付。打开微信,在"我"的页面中选择"钱包",在子类目中选择"收付款",系统会自动生成付款条码,将此条码交给店员扫描,即可完成支付。

2. 支付宝支付

支付宝(ALIPAY)是国内领先的第三方支付平台,致力于提供"简单、安全、快速"的支付解决方案。随着智能手机的广泛应用,在日常生活中,人们除了使用微信支付以外,越来越多的人开始使用手机支付宝进行支付。只要手机上安装了支付宝客户端,就拥有了一个随身支付宝,在多重安全保障下随时随地完成交易和账户的管理。如今其功能还在日益丰富,支付宝支付方式已经渗透到生活中的每一个角落,如图8-5所示。其具体功能如下:

1)手机收、付款和转账功能。在支付宝中选择"收钱""付钱"后自动生成收款二维码和付款条码,让对方扫描即可完成收付款;知道对方手机号即可转账到其支付宝账户或银行卡,还可通过"摇一摇"进行转账,免手续费。

2)手机充值功能。在 7d×24h 手机缴费站,可随时随地为自己和亲朋好友进行话费充值服务。

3)信用卡还款。支持中、农、工、建、招等 30 余家银行的信用卡还款,免手续费,还有温馨还款提醒。

4)其他便民服务。全国 300 多个城市的用户,还可在手机上随时随地轻松地缴纳水、电、燃气等费用。

图 8-5　手机支付宝首页

8.2.4　移动商务

移动商务也称为移动办公,是一种新型电子商务模式,它利用移动信息终端通过移动通信网络参与各种商业经营活动。移动商务的强大功能让企业和移动终端用户都受益匪浅。

1. 移动医疗

医疗一直是中国老百姓的痛点,挂号难、排队等待时间长等都是人们看病时常遇到的痛点。随着移动医疗的出现,这些困难都迎刃而解。

移动医疗是人们通过使用手机、Pad 等移动通信工具来获取医疗信息与服务的一种新型医疗方式。目前移动医疗的范畴主要包括健康教育、医疗信息查询、健康电子档案、疾病风险评估、疾病在线咨询、电子处方、远程会诊及远程治疗等多种形式的健康服务。

用户应用较多的移动医疗 APP 主要有平安好医生、百度医生等，随着移动医疗 APP 的不断增多，各大医院也都陆续推出 APP 预约挂号和微信预约挂号平台等多种服务，逐步实现在移动端轻轻一点就能挂号、在线支付医药费、看检测报告、和大夫讨论病情等诊前诊中诊后服务。与传统的医疗相比，移动医疗在方便性、医生资源分配效率和疾病预防等方面都有了很大程度的提高。

移动医疗的应用，不仅能够大量节省之前用于挂号、排队等候的时间和成本，而且会更高效地引导人们养成良好的生活习惯，变治病为防病。

2．移动保险

无论是自然灾害还是人为灾难，都让越来越多的人意识到保险的重要性。从 2016 年李克强总理主持召开国务院常务会议，部署加快发展保险服务业，到习近平主席签署主席令，修改《保险法》，保险业的发展已经从行业意愿上升为国家意愿。

移动保险是保险企业利用移动网络来开展所有保险活动的一种新的经营方式。在"互联网+"的热潮下，手机 APP 逐渐成为用户与产品之间形成消费关系的重要渠道，传统保险业也在积极拥抱移动互联网，发力 APP 平台，抢占市场。比较知名的移动保险 APP 有平安人寿、中国人保、中国太保等。与传统保险业相比，移动保险的优势主要体现在以下 3 个方面。

（1）降低经营成本

在传统的保险销售模式下，业务人员需多次往返于客户和公司之间，造成人力、物力和财力的浪费。而移动模式下只需与客户见一次面，就能完成整个业务，从而促进完全无纸化的保险销售。

（2）提高业务效率和理赔时效

保险移动理赔系统通过简化理赔流程的方式，提高理赔时效。以车险为例，移动保险自助理赔系统无须公司理赔专员亲临现场，客户可使用手机自行拍照发送至公司后台，保险公司对客户上传的照片进行审核，然后确定是否理赔和理赔金额。通过移动终端，客户可以随时关注审核状态和结果。

（3）提高用户满意度和忠诚度

专业的移动营销设备可以提供给客户更全面的信息，在公司后台输入客户需求，可以为客户设计出更合适的保险产品，提供个性化服务，从而提高客户满意度和忠诚度。

3．移动理财

当今社会，理财已经比较普遍。自从余额宝诞生后，互联网理财就一直保持较高的热度。目前，移动支付交易额早已超过 PC 端，移动端理财兴起几乎是水到渠成的事。根据第三方数据研究机构 QuestMobile 发布的《移动互联网 2017 夏季报告》显示，截至 2016 年年底，我国移动金融 APP 安装数量已达到 8.7 亿人次。由此可见，移动理财已然成为新金融行业发展的大势所趋。

移动理财正成为一种全新的生活体验方式，走进普通大众的视野，改变着传统的理财方式，其优势主要体现在：用手机理财 APP 购买和管理理财产品，比在计算机上或者去柜台选购，更具便利性；移动端理财突破了时间和空间的限制，用户可以利用碎片时间随时随地查看行情、进行证券投资以及资金的支付和提现等，比 PC 端更为高效。

近几年来移动金融理财产品呈井喷式发展，各种理财 APP 层出不穷，不论是银行、证券机构还是互联网巨头，都纷纷推出了自己的理财产品。例如，平安银行推出的"平安盈"、华西证券的"华彩人生"、腾讯的"理财通"、阿里巴巴的"余额宝"等,各式各样的移动理财 APP 可以让用户尽情选择。如今很多移动理财 APP 还推出了"一站式"理财服务,不仅能为用户提供账户管理、财务数据分析等基础性功能,还能提供基金、保险等各类理财产品,以及在线快速借贷产品等更加丰富的金融服务。

8.2.5 移动生活

无论是在餐厅里、大街上还是在地铁中,人们"勤奋"地刷着手机屏幕的场景随处可见。

除了上网、听音乐、看视频,现在越来越多的人开始使用手机叫外卖、缴费、订票、骑单车等。飞速发展的移动互联网给人们的生活带来了巨大变化。

1. 手机外卖

随着移动互联网的发展和众多手机订餐 APP 的出现,使得手机外卖行业迅猛发展。2021 年,我国外卖行业市场规模达到了 6646.2 亿元,网上外卖用户规模和使用率不断增长。数据显示,截至 2020 年 6 月中国网上外卖用户规模达到 4.09 亿人,占网民整体的 43.5%。其中,手机网上外卖用户规模达 4.07 亿人,较 2020 年 3 月增长 1067 万人,占手机网民的 43.7%。

手机外卖的出现改变了消费者在饮食上的传统消费方式,也改变了部分餐饮店的经营模式。手机外卖 APP 可以让人们快速找到并浏览附近的餐饮小吃,查看外卖食品的详细信息,进而享受快速的点餐、送餐服务。常用的外卖软件主要有美团外卖、百度糯米、大众点评等。

除了送餐服务以外,现在的外卖平台也开始使用外卖物流系统提供配送日用百货、鲜花蛋糕以及药品、跑腿代办等多种生活服务。

2. 共享单车

共享单车是一种新型的交通工具租赁业务,是政府与企业合作,在公交地铁站、校园、住宅区、商业区等地方为人们提供的一种自行车共享服务。

自 2016 年下半年以来,基于移动互联网设备的普及和移动网络环境的改善,共享单车行业实现了快速发展。截至 2017 年 12 月,共享单车国内用户规模已达 2.21 亿。共享单车业务在国内已完成对各主要城市的覆盖,并渗透到 21 个海外国家。

"公共交通+共享单车"使人们出行更加简单、经济、高效。它在一定程度上减少了汽车的使用量,低碳环保,降低了对空气的污染。在满足人们安全、快捷、舒适出行的同时,还缓解了城市的交通拥堵。

3. 移动旅游

移动电子商务在旅游业中的应用,不仅为旅游企业和旅游管理者提供了降低成本、提高管理效率的机会,而且为旅行者提供了个性化、快捷、周到的服务。

1)信息服务。手机旅游 APP 提供快速浏览和查询服务,旅游者可以随时检索航班、景点、天气预报、注意事项、人文等多种信息。

2)订票服务。移动端订票已经发展成为移动商务的一项重要业务,用户可以随时随地进行购票和确认,还能在票价优惠或航班取消时立即得到通知。

3)基于位置的服务。通过对移动端的定位,运营商可以为用户提供基于位置的服务,如导航服务可以为旅游者和外地车辆提供基于地图的导航;当旅游者在城市观光旅游时,为其提供到达目的地的最佳路径指示等。

技能实操　体验手机淘宝注册及购物流程

扫码看视频

1．实操要求

学生以顾客身份体验手机淘宝新用户注册及购物流程。

2．实操步骤

（1）用户注册

首先，在手机上下载手机淘宝软件，如图8-6所示。

图 8-6　手机淘宝 APP

然后打开手机淘宝首页，作为新用户，单击右下角的"我的淘宝"图标，进入注册界面。输入手机号、验证码等信息，完成新用户注册，如图8-7和图8-8所示。

图 8-7　手机淘宝首页

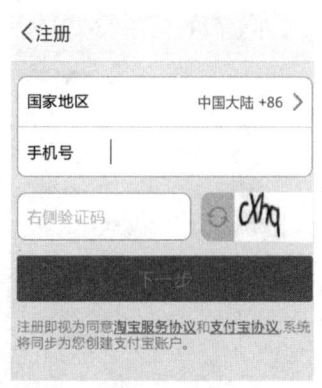

图 8-8　手机淘宝新用户注册

（2）商品选购

在手机淘宝首页最上方的搜索引擎中，可直接输入商品名称，精确查找所需商品，如图 8-9 和图 8-10 所示。

 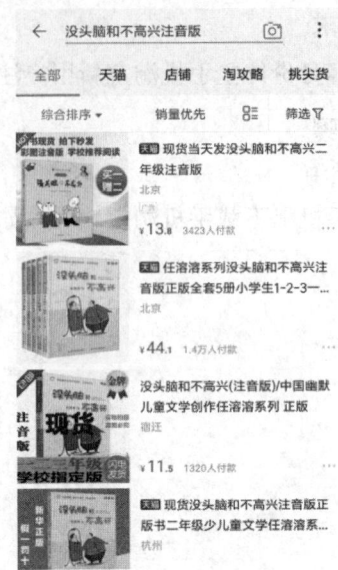

图 8-9　输入搜索内容　　　　　　　　图 8-10　检索商品

在搜索结果页面中，选择需购商品并浏览该商品详情。单击"加入购物车"按钮，将商品放入购物车。若需购买的单品数量多，则可在购物车界面中选择修改数量，如图 8-11 所示。

图 8-11　商品详情页

第8章 移动电子商务

（3）订单制定

在购物车中，确认所购商品信息后，单击"结算"按钮，进入订单制定界面。新用户需填写收货人姓名、电话、地址等信息。核准该订单的商品信息、收货信息、支付信息无误后，单击"提交订单"按钮，订单生成，如图 8-12 和图 8-13 所示。

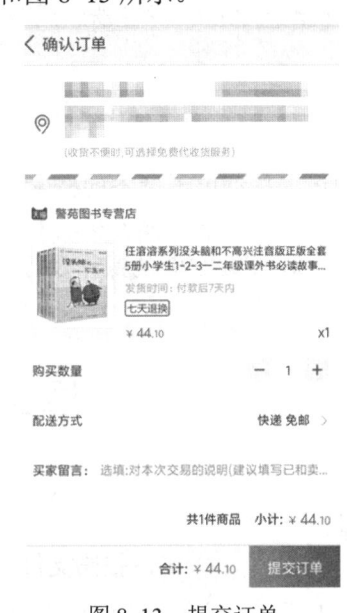

图 8-12　选择商品并结算　　　　图 8-13　提交订单

（4）订单在线支付

用户可选择支付宝、余额宝、银行卡等多种方式进行付款，完成在线支付，如图 8-14 所示。

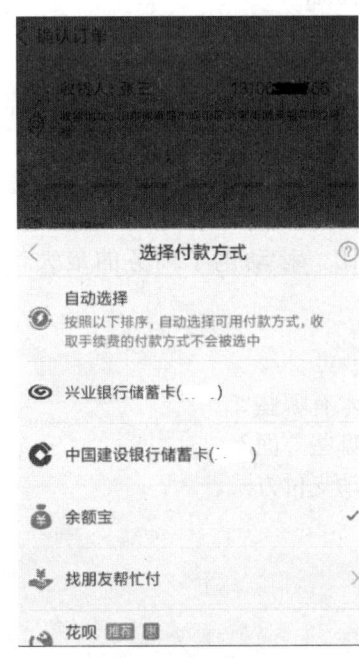

图 8-14　选择付款方式

（5）收货确认

用户在线支付成功后，等待商家配送商品。收货后确认支付信息并进行评价。

3．学生任务

尝试下载手机淘宝APP，并注册新用户，体验购物交易流程。

本 章 小 结

本章着重阐述了移动电子商务的概念、特点，重点分析了现阶段移动电子商务的技术及模式；应用部分主要让学生体验移动商务和移动生活方面的应用技巧。最后的技能操作训练旨在提高学生对移动APP的操作及应用，目的在于巩固学生对移动电子商务的认知与实操能力。

思 考 与 练 习

1．单选题

1）微信支付属于（　　）。

  A．短信支付   B．扫码支付   C．NFC支付   D．指纹支付

2）（　　）是一种支持设备之间短距离通信的无线电技术。

  A．移动IP   B．蓝牙   C．3G   D．4G

3）下列哪种行为不属于移动应用（　　）。

  A．用手机在室外收发邮件

  B．用PC在家下载游戏软件

  C．使用便携式计算机在汽车上看电子小说

2．填空题

1）电子商务以_____为主要界面，是"有线的电子商务"。

2）移动电子商务，又称为_____，是通过_____等无线终端，使人们可以在任何时间、任何地点进行各种商务活动。

3）与传统的电子商务相比，移动电子商务的最大优势是"_____"和"_____"。

3．思考题

1）现阶段移动电子商务技术有哪些？

2）微信营销的优势体现在哪些方面？

3）举例说明几种常用的移动支付方式。

第 9 章

跨境电子商务

 学习目标

> 知识目标
>
> 1）识记跨境电子商务的定义及模式。
> 2）识记各种跨境电子商务的支付方式。
> 3）熟识各类跨境电子商务物流。
> 4）熟记主要的跨境电子商务平台。
>
> 能力目标
>
> 1）会应用进口跨境交易平台，学会交易流程，体验与国内电商交易的异同。
> 2）能准确区分不同的跨境电商支付工具和物流渠道。

引导案例

用成熟的中国模式开拓欧洲市场

在全球做品牌并不是联想、华为、小米等国产大牌的专利，随着越来越多的海外消费者通过跨境电商平台接触中国商品之后，中国原生的小而美品牌也有可能"弯道超车"，借助平台之势"攻城略地"。

2014 年 7 月，道格手机 CEO 辛超一手创建的自主品牌"道格"（DOOGEE）手机继去年赞助西甲劲旅比利亚雷亚尔之后，如今又在西班牙人口排名靠前的 15 个大城市中都开设了装修不菲的手机体验店。"道格手机"创立于 2013 年 3 月，如今是凯威德国际集团旗下第三大自主品牌。在短短不到一年的时间，道格手机就通过线下市场以及敦煌网等电商渠道，成长为出口海外中国手机品牌的佼佼者。

对于辛超和他的公司而言，2009 年是一个分水岭。同深圳华强北电子一条街很多做手机的企业一样，当时他们主要生产制造 OEM 的手机，以及提供白牌手机。2009 年以前，辛超的公司主要做国内的业务，之后重心开始转向国外市场，最开始是做中东和南美市场，

瞄准的是中低端手机业务。2009年,由于手机品质过硬,物美价廉,很多敦煌网平台上的卖家商户开始在网上跨境销售辛超公司的手机产品。

目前,以西班牙为代表的欧洲市场是道格手机的重心所在。2013年,道格手机与西甲劲旅比利亚雷亚尔签订了直到2015年的合作协议,成为其球队的官方赞助商。而在西班牙投放广告的当天道格手机在敦煌网上就产生了300台的订单。

在辛超看来,欧洲的很多消费者还在使用非智能手机,所以市场潜力巨大。而且欧洲的智能手机大多是跟当地的运营商捆绑销售的,一捆绑就是两年,但是道格手机进入欧洲市场主打的卖点就是"不需要捆绑"。"我们的道格手机,换别的SIM卡也能使用,也许只是当地消费者第二部手机的选择,但这个市场已经足够大了。"辛超认为,正是找准了市场,所以道格手机在当地市场非常受欢迎。

当然,有了物美价廉的产品,辛超对于互联网市场推广也就有了更为强烈的需求:"全球做贸易只有通过互联网才能让更多用户接触到品牌,实现口碑传递。"自身过硬的品质是道格手机在海外市场站稳脚跟的根本,跨境电商平台的推广渠道又给道格提供了更广阔的走向世界舞台的机会。两方面因素共同决定了道格手机在未来广阔的成长空间。

敦煌网CEO王树彤对于中国制造建立世界品牌也充满了信心,她认为打造网络微品牌不失为一条切实可行、而且成本可控的新路径。借助于外贸电商平台,将品牌建设、售后服务、销售结合在一起,可以快速建立起线上品牌,快速抢占全球市场。

通过道格手机跨境电商平台开拓欧洲市场的介绍,请思考以下问题:
1)什么是跨境电子商务?
2)跨境电子商务有哪些优势?
3)跨境电子商务的发展现状如何?

9.1 跨境电子商务概述

跨境电子商务作为推动经济一体化、贸易全球化的技术基础,不仅冲破了国家间的障碍,而且正在引起世界经济贸易的巨大变革。对企业而言,跨境电子商务构建的开放、多维、立体的多边经贸合作模式,促进了多边资源的优化配置,极大拓宽了进入国际市场的路径;对消费者而言,通过跨境电子商务能更方便地获取国外的信息并买到物美价廉的商品。

9.1.1 跨境电子商务的定义

跨境电子商务(Cross-border Electronic Commerce)简称跨境电商,是指分属于不同国家的交易主体,通过电子商务平台达成交易、支付结算,并通过跨境物流或异地仓储送达商品、完成交易的一种国际商业活动。跨境电商的概念有狭义和广义之分。

1. 狭义的跨境电商

狭义的跨境电商相当于跨境零售,是指分属于不同关境的主体,通过电商平台达成交易、支付结算，并利用邮政小包或快件等跨境物流方式将商品送到消费者手中的商业活动。跨境零售通常包括 C 类个人消费者和小 B 类商家。

2．广义的跨境电商

广义的跨境电商相当于外贸电商，是指分属于不同关境的主体，利用网络将传统进出口贸易中的展示、洽谈以及成交等各个环节电子化，并借助跨境物流送达商品、完成交易的一种国际商业活动。从这个角度讲，国际贸易中凡是涉及电子商务应用的都可以纳入跨境电商范畴。

9.1.2 跨境电子商务的模式

1．按照货物流通方向分类

（1）进口跨境电商

进口跨境电商是指将国外产品进口到国内的市场，通过电子商务销售的过程。代表企业如网易考拉海购、蜜芽、小红书、洋码头等。

（2）出口跨境电商

出口跨境电商是指将中国商品通过互联网交易出口到国外的电子商务过程。代表企业如全球速卖通、亚马逊、Wish 等。

进口跨境电商让中国消费者购买到更多物美价廉的商品。出口跨境电商使中国商家直接面对外国消费者，这种结构的改变将有效提升中国相关行业的制造与服务水平。

2．按照产业终端用户类型分类

（1）B2B 平台

B2B 跨境电商平台所面对的最终客户为企业或集团客户，提供企业、产品、服务等相关信息。目前，中国跨境电商市场交易规模中 B2B 跨境电商市场交易规模占总交易规模的 90%以上。在跨境电商市场中，企业级市场始终处于主导地位。代表企业如敦煌网、中国制造网、阿里巴巴国际站、环球资源网等。

（2）B2C 平台

B2C 类跨境电商企业所面对的最终客户为个人消费者，以网上零售的方式针对最终客户，将产品售卖给个人消费者。

C 类跨境电商平台在不同垂直类目商品销售上有所不同，如 Focal Price 主营 3C 数码电子产品，兰亭集势则在婚纱销售上具有绝对优势。C 类跨境电商市场日益发展，且在中国整个跨境电商市场交易规模中占比不断升高。代表企业如速卖通、DX、兰亭集势、米兰网、大龙网等。

3．按照服务类型分类

（1）信息服务平台

信息服务平台主要是为境内外会员商户提供网络营销平台，传递供应商或采购商等商家的商品或服务信息，促成双方完成交易。代表企业如阿里巴巴国际站、环球资源网、中国制造网等。

（2）在线交易平台

在线交易平台不仅提供企业、产品、服务等多方面信息展示，并且可以通过平台在线上完成产品搜索、信息咨询与对比、下单支付、物流配送、售后评价等全购物链环节。在线交易平台模式正在逐渐成为跨境电商中的主流。代表企业如敦煌网、速卖通、DX、炽昂科技、米兰网、大龙网等。

4. 按照平台运营方分类

（1）第三方开放平台

第三方开放平台型电商通过线上搭建商城，整合物流、线上支付、网店运营等服务资源，吸引商家入驻，为其提供跨境电商交易服务。同时，平台以收取商家佣金和增值服务佣金作为主要赢利模式。代表企业：速卖通、敦煌网、环球资源网、阿里巴巴国际站。

（2）自营型平台

自营型电商通过在线上搭建平台，整合供应商资源通过较低的进价采购商品，然后以较高的售价出售商品，自营型电商主要以商品差价作为盈利模式。代表企业如兰亭集势、米兰网、大龙网、炽昂科技等。

9.1.3 跨境电子商务的发展

作为电子商务发展的新兴国家，我国跨境电子商务发展尤为迅猛。近年来，电商巨头相继布局跨境电商。据中国电子商务研究中心监测数据（100EC.CN）显示，2016 年中国跨境电商交易规模为 6.7 万亿元，同比增长 24%。其中，出口跨境电商交易规模为 5.5 万亿元，进口跨境电商交易规模为 1.2 万亿元，如图 9-1 所示。

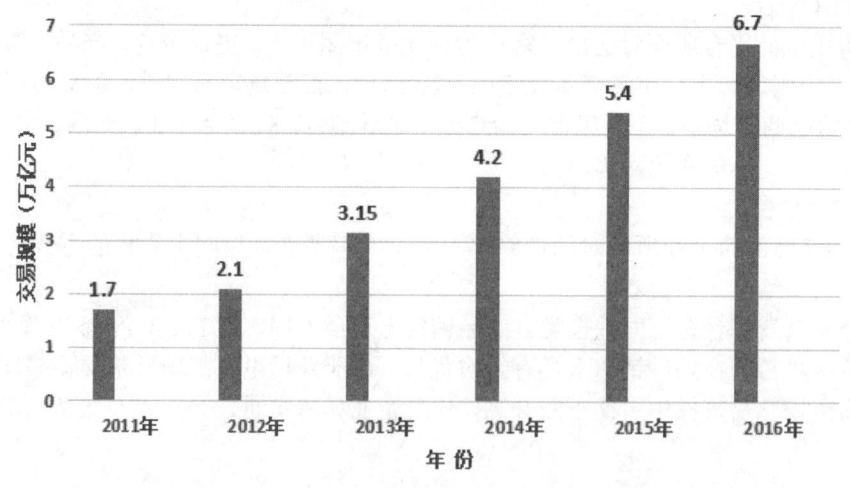

图 9-1　2011～2016 年中国跨境电商交易规模

随着中国传统外贸形势日趋严峻，越来越多的商家陷入议价能力差、毛利增加有限的困境，传统外贸企业积极寻找新型渠道转型，为跨境电商发展提供了持续增长动力。

中国的跨境电商市场规模与日俱增，叠加"一带一路"等政策效应，当前正处于跨境电商发展迅猛时期。2016 年中国跨境电商进出口结构占比情况，出口跨境电商占比 82.08%，进口跨境电商占比 17.92%，如图 9-2 所示。

第 9 章 跨境电子商务

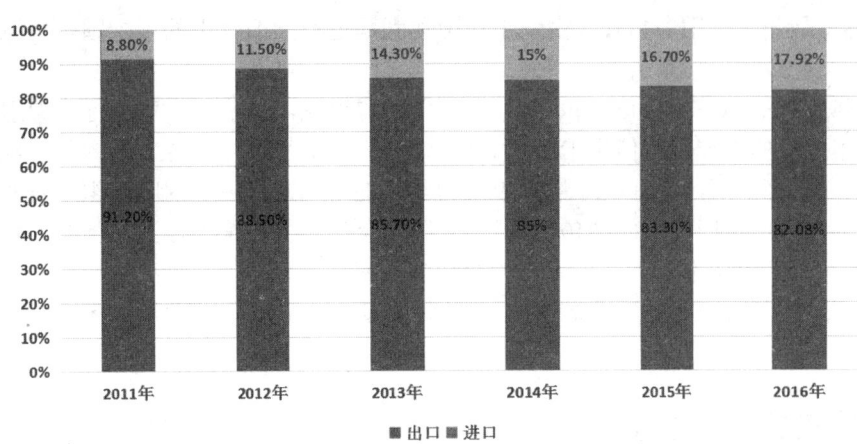

图 9-2 2011～2016 年中国跨境电商交易规模进出口结构

受国际经济下滑影响，传统贸易持续萎靡，出口跨境电商行业则进入黄金时代。出口跨境电商改革供应链效率，持续保持高增长，符合政府"互联网+"以及"中国质造"的战略方向。中国企业出口商品主要以服饰、小家电、数码产品等日用消费品为主，规模较大、增速较快。但是出口跨境电商有别于国内电商，其供应链较长，致使中后端服务痛点较多，物流、支付等环节改善空间较大。

进口跨境电商领域的竞争愈发激烈，行业高速发展带来资本的竞相追捧，具备国内电子商务运营经验的传统电商巨头以及具有资本、渠道和供应链优势的上市公司亦纷纷布局跨境进口业务。目前平台型进口电商日趋成熟，自营型 B2C 进口电商也已初具雏形。2014～2015年是跨境进口电商平台成立的高峰期，网易考拉海购、天猫国际、亚马逊海外购、京东全球购等平台均在这两年内成立。除了"巨头"的介入，国内也涌现出一大批跨境电商的新星，如洋码头、小红书、宝贝格子、蜜芽等。

9.2 跨境电子商务支付

在跨境电子商务交易的各个环节中，支付是非常重要的环节。支付方式不仅影响买家的购物体验，而且影响卖家提现收款的成本。因此，选择正确的支付方式对卖家非常重要。

买家的支付方式多种多样，主要分为：信用卡组织、第三方支付方式以及其他支付方式。

9.2.1 信用卡组织

MasterCard 信用卡和 VISA 信用卡在国际上拥有庞大的用户群。跨境电商平台可通过与 MasterCard 和 VISA 等国际信用卡组织合作，开通接收海外银行信用卡支付的端口。

1）MasterCard（万事达卡）成立于 1966 年，总部设在美国纽约。1987 年进入中国，成为第一个进入中国的国际支付公司，目前国内主要商业银行都是万事达卡的会员。

万事达卡国际组织（MasterCard International）是一个由超过两万五千个金融机构会员组成的信用卡国际组织。万事达卡国际组织本身不直接发卡，是由参加万事达卡国际组织的金融机构会员发行。

2）VISA 是一个信用卡品牌，由位于美国加利福尼亚州旧金山的威士国际组织负责经营和管理。

威士国际组织（VISA International）是一个联盟组织，是信用卡和旅行支票组织，其前身是 1900 年成立的美洲银行信用卡公司。1977 年正式改为威士（VISA）国际组织，成为全球性的信用卡联合组织，拥有全球最具规模的电子支付网络。威士国际组织本身并不直接发卡，VISA 品牌的信用卡是由参加威士国际组织的会员（主要是银行）发行的。目前其会员约 2.2 万个，发卡逾 10 亿张，商户超过 2 000 多万家。

MasterCard（万事达卡）在欧洲和北美更受欢迎，而 Visa 卡在亚洲、澳大利亚受理商户数量更多。

9.2.2 第三方支付方式

PayPal 和国际支付宝是跨境电商支付中最常见的第三方支付方式。

1．PayPal

PayPal 是目前全球使用最为广泛的网上交易工具，在线付款方便、快捷，同时还可解除买家付款收不到货的担忧。国外买家使用率在 80%以上，欧美买家居多，只需要一个邮箱即可免费注册开户。

PayPal 是全球最大的电子商务在线交易平台 eBay 旗下的子公司，个人或企业通过电子邮件标识身份，便可安全、简单、便捷地实现在线付款和收款。PayPal 拥有完善的安全保障体系，可有效降低网络欺诈的发生。

2．国际支付宝

国际支付宝（Escrow Service）是阿里巴巴与支付宝联合开发，专门针对国际贸易推出的第三方支付担保交易服务。该服务模式与国内支付宝类似。交易过程中先由买家将货款打到第三方担保平台的国际支付宝账户，然后第三方担保平台通知卖家发货，买家收到商品后确认收货，货款打入卖家账户，完成交易。

国际支付宝服务现已全面支持航空快递、海运、空运等常见物流方式的订单。国际支付宝能有效避免传统贸易中买家付款后收不到货、卖家发货后收不到钱的风险。

国际支付宝目前支持买家美元支付，卖家可选择美元和人民币两种收款币种。国际支付宝支持以下多种支付方式：信用卡、T/T 银行汇款、Moneybookers、借记卡等。

1）信用卡支付：买家可以使用 VISA 及 MasterCard 对订单进行支付，如果买家使用此方式进行支付，订单完成后，平台会将订单款项按照付款当天的汇率结算成人民币支付给卖家。

2）T/T 银行汇款支付：它是国际贸易主流的支付方式，大额交易更方便。不过如果买家使用此方式支付，其中会有一定的转账手续费用，卖家收到的金额可能会有出入。此外，银行提现也需要一定的提现手续费。

3）Moneybookers 支付：Moneybookers 是欧洲的电子钱包公司（类似于 Paypal），集成了 50 多种支付方式，是欧洲主流的支付服务商。

4）借记卡支付：国际通行的借记卡外观与信用卡一样，并在右下角印有国际支付卡机构的标志。它通行于所有接受信用卡的销售点。唯一的区别是，使用借记卡时，用户不能透支,只能从账户的余额支付。

9.2.3 其他支付方式

跨境电商支付方式的选择需要考虑多种因素。不同的支付方式有各自的优缺点和适用范围。卖家需要从中选择最适合自己的方式。除了上面介绍的支付方式外,还有一些常用的支付方式,其中以西联汇款和 Payoneer 为例。

1. 西联汇款

西联汇款是西联国际汇款公司(Western Union)的简称,是世界上领先的特快汇款公司,迄今已有 150 年的历史,拥有全球最大最先进的电子汇兑金融网络,代理网点遍布全球近 200 个国家和地区。它可以在全球大多数国际的西联代理所在地汇出和提款。中国邮政储蓄银行是西联公司在中国业务量最多的合作伙伴。西联手续费由买家承担,需要买卖双方到当地银行实地操作;在卖家未领取钱款时,买家随时可撤销已支付资金。

西联汇款对于卖家来说,可先提钱后发货,安全性好,收款迅速;但是对于买家风险极高,买家不易接受,因此只适用于 1 万美元以下的小额交易。

2. Payoneer

Payoneer 是一家总部位于纽约的在线支付公司,主要业务是帮助合作伙伴将资金下发到全球,同时也为全球用户提供美国银行/欧洲银行收款账号用于接收欧美电商平台和企业贸易款项。

用中国身份证号码即可完成 Payoneer 账号的在线注册,并自动绑定美国银行账号和欧洲银行账号;使用 Payoneer 账号能像欧美企业一样接收欧美公司的汇款,并通过 Payoneer 和中国支付公司的合作完成线上的外汇申报和结汇;电汇可设置单笔封顶价,人民币结汇最多不超过 2%。

9.3 跨境电子商务物流

在跨境电商中,跨境物流是联系国内卖家与国外买家的重要通道。目前,市场上有多种物流渠道:邮政物流、商业物流、专线物流和海外仓。

9.3.1 邮政物流

邮政物流是指各国邮政部门所属的物流系统,包括 EMS、ePacket、中国邮政航空大包和中国邮政航空小包等。通常邮寄 2kg 以下的商品,价格最便宜,速度最慢,海关通关能力强。

1. EMS

EMS(Express Mail Service)是邮政特快专递服务,由万国邮联管理下的国际邮件快递服务,在中国境内是由中国邮政提供的一种快递服务。该业务在海关、航空等部门均享有优先处理权,它以高质量为用户传递国际、国内紧急信函、文件资料、金融票据、商品货样等各类文件资料和物品。

2. 国际 E 邮宝

国际 E 邮宝（ePacket）是中国邮政储蓄银行电子商务快递公司与支付宝联合打造的一款国内经济型速递业务，专为中国个人电子商务所设计，采用全程陆运模式，其价格较普通 EMS 有大幅度下降，大致为 EMS 的一半，但其享有的中转环境和服务与 EMS 几乎完全相同，主要发往美国、加拿大、英国、澳大利亚、法国和俄罗斯。

3. 中国邮政航空小包

中国邮政航空小包（China Post Air Mail）邮寄的包裹重量在 2kg 以内，外包装长宽高之和小于 90cm，且最长边小于 60cm，价格低。通过邮政空邮服务几乎能将包裹邮寄到全球任何地方，但是时效慢，丢件率高。它包含挂号、平邮两种服务。中国邮政航空小包出关不产生关税或清关费用，但在目的地国家进口时有可能产生进口关税，具体根据每个国家海关税法的规定而各有不同（相对其他商业快递来说，航空小包能最大限度地避免关税）。

4. 中国邮政航空大包

中国邮政航空大包（China Post Air Parcel），适合邮寄重量超过 2kg 且体积较大的包裹，可寄达全球 200 多个国家。此渠道全程航空运输，可以到达世界各地，只要有邮局的地方都可以到达。

中国邮政航空大包服务是中国邮政区别于中国邮政小包的新业务，是中国邮政国际普通邮包裹三种服务方式中的航空运输方式服务，可寄达全球 200 多个国家，对时效性要求不高而重量稍重的货物，可选择使用此方式发货。

9.3.2 商业快递

商业快递方式包括 UPS、TNT、DHL、FedEx 等。不同的国际快递公司具有不同的渠道，在价格、服务、时效上都有所不同。

1. UPS

UPS 快递（United Parcel Service），即联合包裹服务公司，总部位于美国华盛顿州西雅图，是一家全球性的公司。它是世界上最大的快递承运商与包裹递送公司，同时也是运输、物流、资本与电子商务服务的提供者。

UPS 的特点：

1）速度快，服务好，适合发 6~21kg，或 100kg 以上的货物。
2）可送达全球 200 多个国家和地区，可在线发货，在全国 109 个城市有上门取货服务。
3）擅长美洲等线路，特别是美国、加拿大、南美、英国、日本，适于发快件。
4）对托运物品的限制较严格。

2. TNT

TNT 总部位于荷兰，是全球最大的快递公司之一，为企业和个人客户提供全方位的快递和邮政服务。TNT 快递在欧洲、中东、非洲、亚太和美洲地区拥有航空和公路运输网络。TNT

快递运费包括基本运费和燃油附加费,一般货物在发货次日即可实现网上追踪。

TNT的特点:

1)速度快,通关能力强,提供报关代理服务。

2)可免费、及时、准确地追踪查询货物。

3)在欧洲、西亚、中东及政治、军事不稳定的国家有绝对优势。

4)对所运货物限制较多。

5)价格相对较高。

3. DHL

DHL是全球知名的邮递和物流集团Deutsche Post DHL旗下公司。DHL的业务遍布全球220个国家和地区,有涵盖超过120 000个目的地(主要邮政区码地区)的运输网络,向企业及私人顾客提供专递及速递服务。

DHL的特点:

1)适合寄发5.5kg以上,或介于21~100kg之间的货物。

2)在西欧、北美有优势,适宜寄送小件物品。

3)一般2~4个工作日可送达,欧洲一般3个工作日,东南亚一般2个工作日。

4)网站更新货物状态较及时,但对托运物品限制较严格,拒收许多特色商品,部分国家不提供DHL包裹寄递服务。

4. FedEx

FedEx(Federal Express),即联邦快递,总部设于美国田纳西州,是一家国际性速递集团,分为中国联邦快递优先型服务(International Priority,IP)和中国联邦快递经济型服务(International Economy,IE)。联邦快递提供隔夜快递、地面快递、重型货物运送、文件复印及物流服务。

FedEx的特点:

1)适宜寄送21kg以上的大件,南美洲的价格较有优势。

2)网站信息更新及时,网络覆盖全,查询响应快。

3)价格较贵,对托运物品限制也比较严格。

9.3.3 专线物流

专线物流一般是通过航空包舱的方式将货物运输到国外,然后通过合作公司对货物进行目的地国内派送。专线物流一般速度较快,但是部分有重量规格限制,只能发往指定区域。以下是几种常用的专线物流:

1. Special Line-YW

Special Line-YW(航空专线-燕文),简称燕文专线,是北京燕文物流有限公司的一项国际物流业务。它通过整合全球速递服务资源,利用直飞航班配载,由国外合作伙伴快速清关并进行投递。

燕文专线目前已开通拉美专线、俄罗斯专线、印度尼西亚专线。拉美专线直飞欧洲并在此中转,使投妥时间大大缩短;俄罗斯专线实行一单到底,可实行无缝可视化跟踪。

2. Aramex 快递

Aramex 快递（中外运安迈世），简称中东专线，是发往中东地区的国际快递的重要渠道，可通达中东、北非、南亚等 20 多个国家。总部位于中东，是中东地区的国际快递巨头。具有在中东地区清关速度快、时效高、覆盖广、经济实惠的特点。但 Aramex 快递的主要优势地区在中东，其他国家和地区并不存在这些优势。因此，其区域性很强，对货物的限制也较严格。

3. 速优宝-芬兰邮政

速优宝-芬兰邮政是由速卖通和芬兰邮政针对 2kg 以下小件物品推出的香港口岸出口的特快物流服务，分为挂号小包和经济小包，运送范围为俄罗斯及白俄罗斯全境邮局可到达区域。速优宝-芬兰邮政具有在俄罗斯和白俄罗斯清关速度快、时效高、经济实惠的特点。

4. Russian Air

Russian Air（中俄航空专线）是通过国内快速集货、航空干线直飞、在俄罗斯通过俄罗斯邮政或当地落地配进行快速配送的物流专线合称。截止到 2015 年 6 月，中俄航空专线下有 Ruston 专线，后续还将上线更多的中俄航空专线。

Ruston 又称俄速通，是黑龙江俄速通国际物流有限公司（Ruston）打造的针对俄语系国家跨境电商物流企业线上发货的小包航空专线，也是俄罗斯跨境电子商务行业的领军企业。该渠道时效高、稳定，提供全程物流跟踪服务。

9.3.4 海外仓

海外仓是指由跨境电商交易平台或物流服务商为卖家在物品销售目的地提供的货品仓储、分拣、包装、派送等一站式控制与管理服务。整个流程包括头程运输、订单操作费、仓储管理费、海外本地配送费四个部分，即卖家将要销售的货物存储在当地的仓库，当有买家需要时，仓库立即做出响应，并及时对货物进行分拣、包装以及递送。海外仓发货速度最快，没有重量、规格限制，但是只能发往固定区域。

海外仓作为跨境电商交易过程中的一种新型仓储物流模式，越来越受到 B2C 卖家的青睐。无论是亚马逊卖家还是自建电商平台，海外仓都让企业更接近终端客户，从而提高到货速度，降低物流成本，增加产品的曝光率和下单率，提升客户体验。

9.4 跨境电子商务平台

9.4.1 全球速卖通

全球速卖通（Aliexpress）是阿里巴巴旗下唯一面向全球市场打造的在线交易平台，致力于跨境电商业务，被称为国际版"淘宝"。全球速卖通于 2010 年 4 月上线，目前业务覆盖 220 多个国家和地区，拥有近 20 个语言分站，产品类型涵盖服装服饰、3C、家居、饰品等共 30 个一级行业类目，每天海外买家流量超过 5000 万，最高峰值达 1 亿，已成为全球最大的跨境交易平台。

全球速卖通最大的特点是"价格为王",卖家只有低价才有优势。同时全球速卖通还重视营销推广,平台免费为卖家提供四大营销工具:限时限量折扣、店铺优惠券、全店铺满立减和全店铺打折。卖家还可通过参加平台的直通车活动,在短时间内获得大量的曝光和流量。

9.4.2 亚马逊

亚马逊公司(Amazon)成立于 1995 年,是美国一家大型网络电子商务公司,位于华盛顿州的西雅图。亚马逊是网络上最早开始经营电子商务的公司之一,以销售书籍和音像制品起家,2000 年开始通过品类扩张和国际扩张,成为全球商品品种最多的网上零售商和全球第二大互联网企业。

在所有的跨境电子商务第三方平台中,亚马逊对卖家要求最高。要求卖家不仅有产品质量优势,而且要有品牌。亚马逊鼓励用户自助购物,将用户对于售前客服的需求降到最低,但要求卖家提供详细、准确的产品描述和图片。亚马逊支持货到付款,拥有自己的付费会员群体 Amazon Prime,全球会员人数有 6000~8000 万,会员满意度达 93%。这些会员主要来自欧美的高端消费群体,他们是亚马逊最具价值的财富之一。

9.4.3 Wish

Wish 公司于 2011 年 12 月在美国硅谷成立,最初只是类似于蘑菇街和美丽说的导购平台。2013 年 3 月,Wish 在线交易平台正式上线,同年 6 月推出移动 APP,年经营收益超过 1 亿美元。Wish 是一款根据用户喜好,通过精确的算法推荐技术,将商品信息推送给感兴趣用户的移动优先购物平台。

Wish 最大的特点是专注于移动端。在 Wish 平台上,98%的流量和 95%的订单来自移动端。Wish 基于搜索引擎的匹配技术,力求给买家带来便捷的购物体验,将商品推送到精准客户面前,而不是被动地依赖买家搜索。瀑布流的推送形式开启了手机端购物的新境界,Wish 让产品有了积极主动性,而不是被动地等待。

技能实操　在亚马逊国际站注册并体验跨境购流程

扫码看视频

1.实操要求

学生以顾客的身份体验亚马逊国际站新用户注册与跨境购买流程。

2.实操步骤

(1)用户注册

1)在浏览器的地址栏中输入"https://www.amazon.com/",打开亚马逊国际站的首页,如图 9-3 所示。

2)单击右上角的"Sign in"按钮,如果已有亚马逊账号,则可直接输入 Email 登录,如图 9-4 所示。

3）作为新顾客，单击底部的"Create your Amazon account"按钮，进入注册界面输入 Your name、Email、Password 等信息，单击"Create your Amazon account"按钮完成用户注册，如图 9-5 所示。

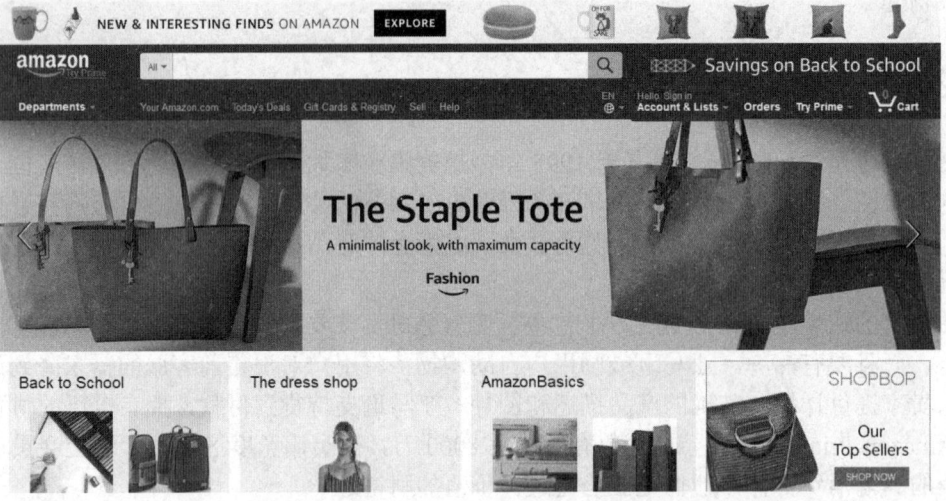

图 9-3　亚马逊国际站首页

图 9-4　亚马逊账户登录 　　　　　　图 9-5　亚马逊国际站新用户注册

（2）商品选购

1）登录亚马逊国际站，在首页左上角找到"Departments"，显示商品分类，按类型搜索商品或者在网站首页上方的搜索引擎中，输入商品名称，精确查找所需商品，如图

9-6 所示。

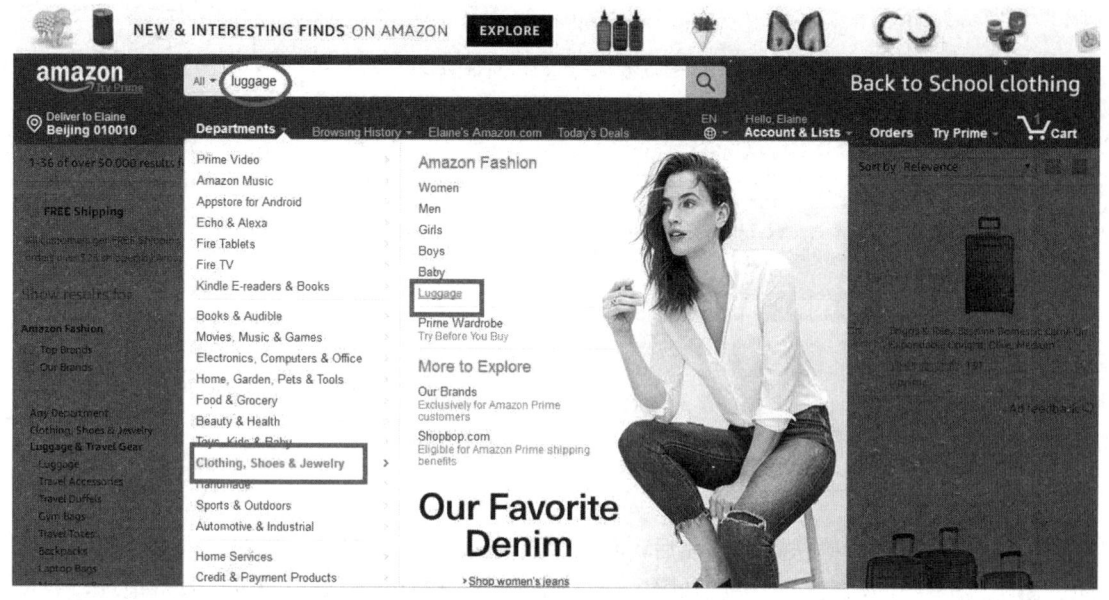

图 9-6　商品搜索页面

2）在结果页面中，选择需购商品并浏览该商品详情信息。商品标有"This item ships to China"方可购买，单击"Add to Cart"按钮，将商品放入购物车，如图 9-7 所示。

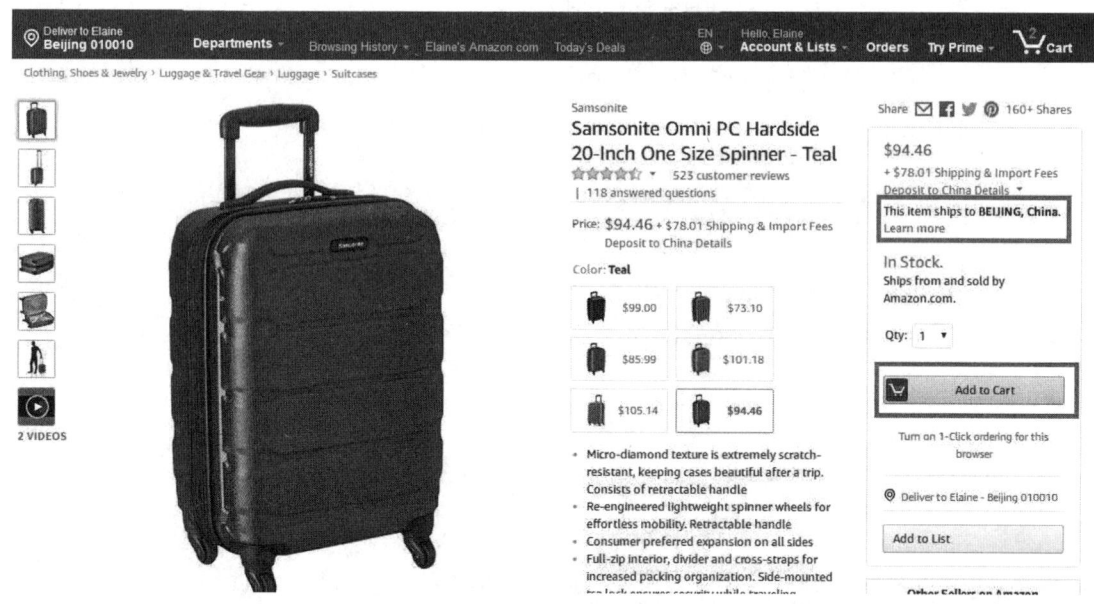

图 9-7　商品详情页

若需购买的单品数量多，可在购物车界面中选择修改。若需购买两件及两件以上商品，可分别将各单品加入购物车，并在购物车界面选择合并，以方便支付结算，如图 9-8 所示。

图 9-8　购物车界面

（3）订单制定

1）在购物车中，确认所购商品后，单击"Proceed to checkout"按钮，进入订单制定界面。新顾客需填写收货信息，包括姓名、身份证号码、电话、邮编以及具体收货地址，并根据顾客自身要求选择送货的时间和方式，如图 9-9 所示。

图 9-9　填写收货信息

根据需要选择国际物流方式，如图 9-10 所示。

第 9 章 跨境电子商务

图 9-10 选择国际物流

2）选择付款方式，信用卡选项中注意亚马逊支持中国银联卡支付，但只能是信用卡，如图 9-11 所示。

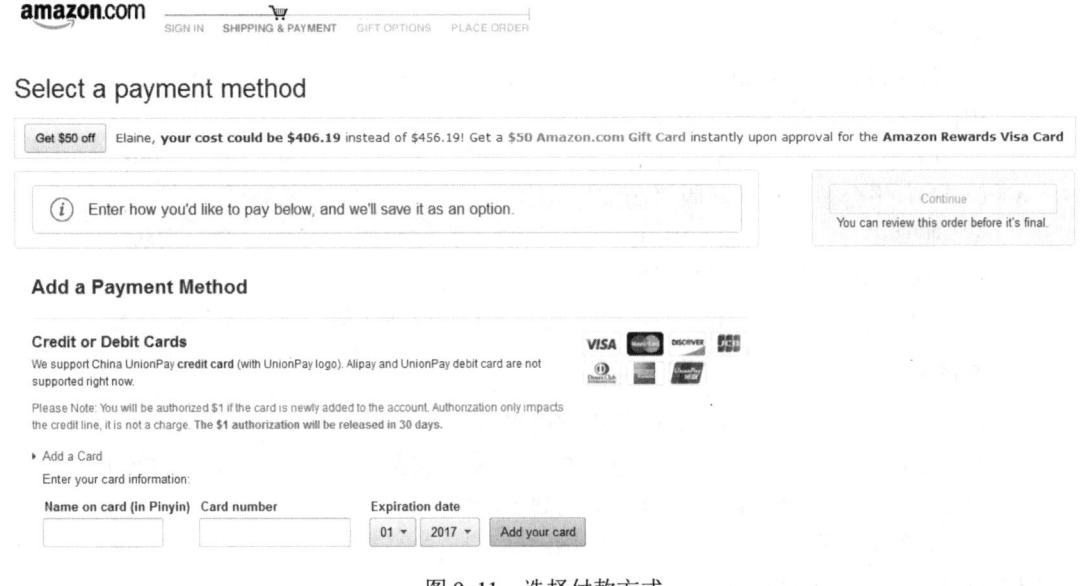

图 9-11 选择付款方式

3）核实该订单的商品信息、收货信息、支付信息以及关税信息无误后，选择美元或人民币支付，单击"Place your order in CNY/USD"按钮，生成订单。

（4）订单在线支付

用户选择在线支付后，需要在在线支付的网上银行输入支付账户的用户名与支付密码，单击"提交"按钮完成在线支付。在没发货前可以取消订单，一般发货后才正式扣款。

（5）收货确认

支付成功提交后注册的邮箱会收到订单邮件，通过亚马逊账户可以查看订单，追踪物流信息。耐心等待物流配送人员送达商品并签字确认。

3. 学生任务

尝试在网易考拉海购网上商城注册新用户，体验进口跨境电商平台网上商城的交易流程，对比亚马逊国际站和网易考拉海购二者的差异。

本章小结

本章主要介绍了跨境电子商务的发展概况及相关生态圈，重点阐述了跨境电子商务的交易模式、支付方式、物流以及主流平台。本章最后的技能操作训练旨在加深学习者对跨境电子商务的进出口操作的理解，目的在于提高学生对跨境电商的认知和实操能力。

思考与练习

1. 单选题

1) 专注于移动端的跨境电商第三方平台是（　　）。
   A. 亚马逊　　　　B. Wish　　　　C. 速卖通　　　　D. eBay
2) 跨境电商的英文全称是（　　）。
   A. Cross-border commerce　　　　B. Cross-border trade
   C. Cross-border communicate　　　D. Cross-border electronic commerce
3) 中国邮政小包的包裹重量一般不超过（　　）。
   A. 1.0kg　　　B. 1.5kg　　　C. 2kg　　　D. 2.5kg
4) （　　）平台被称为国际版"淘宝"。
   A. 亚马逊　　　　B. Wish　　　　C. 速卖通　　　　D. eBay
5) 海关通关能力强的物流渠道是（　　）。
   A. 邮政物流　　　B. 商业物流　　　C. 专线物流　　　D. 海外仓

2. 多选题

1) 以下（　　）网站属于进口跨境电商平台。
   A. 网易考拉海购　　B. 全球速卖通　　C. 蜜芽　　　D. 敦煌网
2) 以下（　　）网站属于出口跨境电商平台。
   A. 京东全球购　　B. 阿里巴巴国际站　C. 兰亭集势　　D. 敦煌网
3) 以下（　　）网站属于 B2C 平台。
   A. 阿里巴巴国际站　B. 敦煌网　　　C. 兰亭集势　　D. 速卖通
4) 属于第三方支付方式的有（　　）。
   A. PayPal　　　B. VISA　　　C. MasterCard　　D. 国际支付宝
5) 属于商业快递的是（　　）。
   A. 中国邮政小包　B. TNT　　　C. UPS　　　D. DHL

3. 思考题

1) 请用自己的语言分别从狭义和广义的角度描述跨境电商的含义。
2) 通过查阅资料，谈一谈跨境电商与传统国际贸易的区别。

附录　思考与练习参考答案

第 1 章

1. 单选题

1）B　　　　　　2）B　　　　　　3）C　　　　　　4）D

2. 多选题

1）A B D　　　　2）A B C　　　　3）A C D　　　　4）A B C D

3. 填空题

1）交易前的准备　贸易的磋商　合同的签订与执行　资金的支付

2）电子商务实体　电子市场　交易事务

4. 思考题

1）所谓电子商务，通俗地讲就是在网上开展的商务活动。它是在计算机技术与网络通信技术的互动发展中产生和不断完善的。当企业将它的主要业务通过企业内部网（Intranet）、外部网（Extranet）以及 Internet 与企业的职员、客户、供销商以及合作伙伴直接相连时，其中发生的各种活动就是电子商务。

2）企业与消费者之间的电子商务（B to C）、企业与企业之间的电子商务（B to B）、消费者与消费者之间的电子商务（C to C）、企业与政府之间的电子商务（B to G）、消费者与政府间的电子商务（C to A）。

第 2 章

1. 单选题

1）C　　　　　　2）A　　　　　　3）C　　　　　　4）D

5）A

2. 多选题

1）B C D　　　　2）A B C D　　　3）C D　　　　　4）A B C

5）A B C D

3. 思考题

1）按照交易双方买卖关系分类：卖方企业对买方个人电子商务、买方企业对卖方个人电子商务；按照交易客体分类：无形商品和服务的电子商务模式、有形商品和服务的电子商务模式；按平台商品的种类分类：综合型电子商务商城、垂直型电子商务商城、水平型电子商务商城。

2）卖家流程：①账户注册；②实名认证；③绑定支付工具；④商品发布；⑤在线洽谈、处理订单并发货；⑥评价与售后处理。

买家流程：①会员注册；②选购商品；③下单并付款；④收货和评价。

3）电子商务模式，就是指在网络环境中基于一定技术基础的商务运作方式和赢利模式。电子商务模式有 B2C、B2B、C2C、B2G、O2O、C2B、P2P 模式等。举例略。

第3章

1. 选择题

1）C   2）A   3）C   4）A

2. 填空题

1）EDI 软件和硬件   通信网络   数据标准化

2）E 类

3）传输层   应用层

4）数据交换   资源共享   分布处理

5）传递信息   邮件服务   在线交谈   文件传输   网上游戏

3. 思考题

1）工作过程：①甲企业的商务应用系统产生一个原始文件，如订货单。②EDI 转换软件自动将订货单转换成平面文件，作为向标准化格式转换的过渡。③EDI 翻译软件将上步生成的平面文件转化成标准化格式报文。④通信软件将标准化报文放在含有乙方 EDI ID（识别号码）标识的电子信封里，并同时进行安全加密处理，然后通过 EDI 通信系统传输给乙方。⑤贸易伙伴乙收到电子信封后再进行反向操作，直到得到原始订货单，这样就完成了一次电子数据传输。

2）计算机网络的功能：①数据交换。计算机网络为分布在各地的用户提供了强有力的通信手段。用户可以通过计算机网络传送电子邮件、发布新闻消息和进行电子商务活动。②资源共享。a）硬件资源共享。可以在全网范围内提供对处理资源、存储资源、输入输出资源等昂贵设备的共享。b）软件资源共享。互联网上的用户可以远程访问各类大型数据库，可以通过网络下载某些软件到本地机上使用，可以在网络环境下访问一些安装在服务器上的公用网络软件，可以通过网络登录到远程计算机上使用该计算机上的软件。③分布处理。通过算法可将大型的综合性问题交给不同的计算机同时进行处理。用户可以根据需要合理选择网络资源，就近快速地进行处理。

3）TCP/IP 出现后，TCP/IP 参考模型也在 1974 年由卡恩（Kahn）提出。TCP/IP 参考模型由上到下可以分为四个层次：应用层、传输层、互联网层和网络接口层。①应用层。应用层是用户打交道的部分，即用户在应用层上操作，必须通过应用层表达出自己的意愿，才能达到目的。②传输层。即 TCP 层，它的功能主要包括：对应用层传递过来的用户信息进行分段处理，然后在各段信息中加入一些附加的说明，如说明各段的顺序等，保证对方收到可靠的信息。传输层包括两种协议：传输控制协议 TCP，用户数据报协议 UDP。③互联网层。互联网层用于把来自互联网上的任何网络设备的源分组发送到目的设备，而且这一过程与它们所经过的路径和网络无关。管理这一层的协议称为互联网络协议（IP）。④网络接口层 网络接口层负责网络发送和接收 IP 数据报。TCP/IP 参考模型允许主机连入网络时使用多种现成的和流行的协议，如局域网协议或其他协议。

第 4 章

1．选择题

1）C 2）D 3）C 4）B
5）C

2．填空题

1）支付网关 2）发卡银行 3）收单银行 4）信用卡
5）近场支付

3．思考题

1）借记卡、信用卡、智能卡、支付宝、QQ 钱包、百度钱包、微支付。

2）支付宝、财付通、PayPal。

3）第一，PayPal 是全球性的，通用货币为加元、欧元、英镑、美元、日元、澳元 6 种货币；支付宝是中国的，以人民币结算。

第二，PayPal 是一个将会员分等级的机构，会向高级帐户收取手续费，利益保障也更牢靠。支付宝则不存在分级。

第三，PayPal 账户投诉率过高会导致账户永久性关闭，因此卖家是很谨慎的。支付宝不会轻易关闭账户。

4）动态口令牌、USB Key 证书、动态密码卡、数字证书、Active X 安全控件。

第 5 章

1．单选题

1）A 2）D 3）C

2．多选题

1）ABCD 2）ABCD

3．思考题

1）主要用了数字证书、支付密码、移动验证方式、个人征信记录、网上交易记录、网络诚信体系。

2）影响体现在对商业信息的保护、对消费者隐私信息的保护、对电商企业的品牌形象的保护等方面。

3）发表自己的作品或者发明科技产品之后进行明确的产权声明、遇到侵权行为要积极地维权打击盗版侵权行为、可以通过网站的申诉渠道和法律手段来进行维权。

第 6 章

1．单选题

1）D 2）A 3）A 4）A

5）D

2．判断题

1）√　　　　　　2）√　　　　　　3）×　　　　　　4）×
5）√　　　　　　6）×

3．思考题

1）物流是指为了满足客户的需要，以最低的成本，通过运输、保管、配送等方式，实现原材料、半成品、成品及相关信息由商品的产地到商品的消费地所进行的计划、实施和管理的全过程。

2）1）备货。备货包括筹集货源、订货或购货、集货、进货及有关的质量检查、结算、交接等，是配送的基础工作。

2）储存。配送储存的储备量比较大、结构比较完善，按一定时期的配送经营要求，形成对配送的资源保证叫储备。

3）分拣配货。分拣与配货是指使用各种拣选设备和传输装置，将存放的货物，按客户的要求分拣出来，配备齐全，送入指定发货区。

4）配装。在配送运输前，需要对不能达到车辆的有效载运负荷的单个用户配送数量，采取集中的配送货物的方式进行配装，通过配装以解决充分利用运能、运力的问题。

5）运输。配送运输的特点表现在距离较短、规模较小、额度较高。合理进行配送运输路线规划与选择，才能节省运营成本，提升物流经济效益。

6）送达服务。配送的最后一个环节是送达服务，即将配好的货运输给用户，圆满地实现到货的交接，并有效、方便地处理相关后续工作和结算，如卸货地点、卸货方式等。

第7章

1．填空题

1）网络营销

2）网络信息

3）可控因素调研

4）搜索引擎优化（SEO）、付费竞价排名（PPC）

5）搜索引擎优化

2．判断题

1）√　　　　　　2）√　　　　　　3）√　　　　　　4）×
5）×　　　　　　6）×　　　　　　7）×

3．思考题

1）①以服务的对象不同划分可分为 a）个人网络营销，典型如众多的"淘宝卖家""某自媒体""某大V"等。b）企业网络营销，如小米公司、华为公司的网络营销。

②以应用范围划分可分为广义的网络营销和狭义的网络营销。

③以推广方式划分可分为口碑营销、网络广告、媒体营销、事件营销、搜索引擎营销

（SEM）、Email 营销、数据库营销、短信营销、电子杂志营销、病毒式营销、问答营销、针对 B2B 商务网站的产品信息发布以及平台营销等。

2）确定市场调研目标；确定所需信息资料；确定资料搜集方式；搜集现成资料；设计调查方案；统计分析结果；准备研究报告

3）基本的网络营销工具包括企业网站、搜索引擎、电子邮件、微博、微信、论坛、即时通信工具、网络广告等。其基本方法包括网络广告、搜索引擎营销、电子邮件营销、微博营销、软文营销、事件营销等。

4）微博营销遵循的营销方法和策略主要有内容营销、领袖营销、活动营销和情感营销。

5）目的性、风险性、成本低、多样性、新颖性、速效性。

6）树立全员"以客户为中心"的管理理念；建立利于沟通的交流社区；整合资源；正确处理客户抱怨。

第8章

1．单选题

1）B   2）B   3）B

2．填空题

1）PC

2）无线电子商务　手机　便携式计算机

3）随时随地　个性化

3．思考题

1）现阶段移动电子商务技术有无线应用协议、蓝牙技术、移动定位系统、第四代移动通信系统。

2）微信营销的优势体现在以下四个方面：

① 信息至用户终端到达率高。

② 用户精准度高。

③ 更有利于开展营销活动。

④ 有利于维护老客户。

3）常用的移动支付工具主要包括微信支付和手机支付宝支付两种。

微信支付主要包括以下两种方法：

① 扫码支付。打开微信，启动微信的扫一扫功能，扫描商家按微信支付协议生成的支付二维码，之后输入支付金额，确认后输入微信的支付密码，即可完成支付。

② 条码支付。打开微信，在"我"的页面中选择"钱包"→"收付款"，系统会自动生成付款条码，将此条码交给店员扫描，即可完成支付。

手机支付宝支付方式如下：

① 打开手机支付宝首页，选择"付钱"后自动生成付款条码，让对方扫描即可完成付款。

② 知道对方手机号即可转账到其支付宝账户或银行卡，还可通过"摇一摇"功能进行转账。

③ 打开手机支付宝首页，选择"扫一扫"功能，扫描商家支付宝二维码，输入付款金额

及支付密码后,即付款成功。

第9章

1. 单选题

1) B   2) D   3) C   4) C
5) A

2. 多选题

1) AC   2) BCD   3) CD   4) AD
5) BCD

3. 思考题

1) 狭义的跨境电商相当于跨境零售,是指分属于不同关境的主体,通过电商平台达成交易、支付结算,并利用邮政小包或快件等跨境物流方式将商品送到消费者手中的商业活动。

广义的跨境电商相当于外贸电商,是指分属于不同关境的主体,利用网络将传统进出口贸易中的展示、洽谈以及成交等各个环节电子化,并借助跨境物流送达商品、完成交易的一种国际商业活动。

2) 商品和服务信息获取更加便利;企业直接面向全球市场;在线交易更加便捷;跨境网上交易批量小、频率高。

参 考 文 献

[1] 白东蕊，岳云康．电子商务概论[M]．3 版．北京：人民邮电出版社，2016．
[2] 郑丽，付丽丽．电子商务概论[M]．北京：北京交通大学出版社，2013．
[3] 方玲玉，李念．电子商务基础与应用：学·用·做一体化教程[M]．3 版．北京：电子工业出版社，2015．
[4] 宋文官．电子商务概论[M]．3 版．北京：高等教育出版社，2013．
[5] 王忠诚．电子商务安全[M]．2 版．北京：机械工业出版社，2010．
[6] 李再跃．电子商务概论[M]．3 版．北京：科学教育出版社，2016．
[7] 杨丽萍，熊学发．网络营销基础与实践[M]．北京：科学教育出版社，2016．
[8] 成都职业技术学院电子商务教研室．移动电子商务[M]．北京：人民邮电出版社，2015．
[9] 杜一凡，胡一波．移动电商[M]．北京：人民邮电出版社，2017．
[10] 邓志超，崔慧勇，莫川川．跨境电商基础与实务[M]．北京：人民邮电出版社，2017．
[11] 肖旭．跨境电商实务[M]．北京：中国人民大学出版社，2015．
[12] 张卓其，史明坤．网上支付与网上金融服务[M]．大连：东北财经大学出版社，2006．
[13] 马莉婷．电子商务概论[M]．北京：北京理工大学出版社，2016．